弄潮逐浪 镜水周回

童秉纲 口述人生

赵硕 李秀波 陈琳琳 ◎ 整理

科学家学术成长资料采集工程
中国科学院院士传记丛书

老科学家学术成长资料采集工程
中国科学院院士传记丛书

海潮逐浪 镜水周回
童秉纲口述人生

赵硕 李秀波 陈琳琳 ◎ 整理

寄怀 调寄北京

建设边疆壮志宏 南鸿北鹄喜相逢
晴空雪树光照影 松石探甫䟣波送
云滚风雷袭太穹 雨洒鸳鸯多西东
抖擞比翼破南飞 喜鹊拂来霞花浓

六〇年写于哈尔滨

中国科学技术出版社
上海交通大学出版社

图书在版编目（CIP）数据

海潮逐浪　镜水周回：童秉纲口述人生／赵硕，李秀波，陈琳琳整理．—北京：中国科学技术出版社，2017.5

（老科学家学术成长资料采集工程丛书；中国科学院院士传记丛书）

ISBN 978-7-5046-7448-7

Ⅰ.①海… Ⅱ.①赵… ②李… ③陈… Ⅲ.①童秉纲-传记 Ⅳ.① K826.16

中国版本图书馆 CIP 数据核字（2017）第 065244 号

责任编辑	余　君
责任校对	杨京华
责任印制	张建农
版式设计	中文天地

出　　版	中国科学技术出版社　上海交通大学出版社
发　　行	中国科学技术出版社发行部
地　　址	北京市海淀区中关村南大街 16 号
邮　　编	100081
发行电话	010-62173865
传　　真	010-62173081
网　　址	http：//www.cspbooks.com.cn

开　　本	787mm×1092mm　1/16
字　　数	260 千字
印　　张	16
彩　　插	2
版　　次	2017 年 5 月第 1 版
印　　次	2017 年 5 月第 1 次印刷
印　　刷	北京华联印刷有限公司
书　　号	ISBN 978-7-5046-7448-7 / K・207
定　　价	60.00 元

（凡购买本社图书，如有缺页、倒页、脱页者，本社发行部负责调换）

老科学家学术成长资料采集工程
领导小组专家委员会

主　任：杜祥琬
委　员：（以姓氏拼音为序）
　　　　巴德年　　陈佳洱　　胡启恒　　李振声
　　　　齐　让　　王礼恒　　王春法

老科学家学术成长资料采集工程
丛书组织机构

特邀顾问（以姓氏拼音为序）
　　　　樊洪业　　方　新　　谢克昌

编委会
主　编：王春法　　张　藜
编　委：（以姓氏拼音为序）
　　　　艾素珍　　崔宇红　　定宜庄　　董庆九　　郭　哲
　　　　韩建民　　何素兴　　胡化凯　　胡宗刚　　刘晓勘
　　　　罗　晖　　吕瑞花　　秦德继　　王　挺　　王扬宗
　　　　熊卫民　　姚　力　　张大庆　　张　剑　　周德进

编委会办公室
主　任：孟令耘　　张利洁
副主任：许　慧　　刘佩英
成　员：（以姓氏拼音为序）
　　　　董亚峥　　冯　勤　　高文静　　韩　颖　　李　梅
　　　　刘如溪　　罗兴波　　沈林苣　　田　田　　王传超
　　　　余　君　　张海新　　张佳静

老科学家学术成长资料采集工程简介

老科学家学术成长资料采集工程（以下简称"采集工程"）是根据国务院领导同志的指示精神，由国家科教领导小组于2010年正式启动，中国科协牵头，联合中组部、教育部、科技部、工信部、财政部、文化部、国资委、解放军总政治部、中国科学院、中国工程院、国家自然科学基金委员会等11部委共同实施的一项抢救性工程，旨在通过实物采集、口述访谈、录音录像等方法，把反映老科学家学术成长历程的关键事件、重要节点、师承关系等各方面的资料保存下来，为深入研究科技人才成长规律，宣传优秀科技人物提供第一手资料和原始素材。

采集工程是一项开创性工作。为确保采集工作规范科学，启动之初即成立了由中国科协主要领导任组长、12个部委分管领导任成员的领导小组，负责采集工程的宏观指导和重要政策措施制定，同时成立领导小组专家委员会负责采集原则确定、采集名单审定和学术咨询，委托科学史学者承担学术指导与组织工作，建立专门的馆藏基地确保采集资料的永久性收藏和提供使用，并研究制定了《采集工作流程》《采集工作规范》等一系列基础文件，作为采集人员的工作指南。截至2016年6月，已启动400多位老科学家的学术成长资料采集工作，获得手稿、书信等实物原件资料73968件，数字化资料178326件，视频资料4037小时，音频资料4963小时，具有重要的史料价值。

采集工程的成果目前主要有三种体现形式，一是建设"中国科学家博物馆网络版"，提供学术研究和弘扬科学精神、宣传科学家之用；二是编辑制作科学家专题资料片系列，以视频形式播出；三是研究撰写客观反映老科学家学术成长经历的研究报告，以学术传记的形式，与中国科学院、中国工程院联合出版。随着采集工程的不断拓展和深入，将有更多形式的采集成果问世，为社会公众了解老科学家的感人事迹，探索科技人才成长规律，研究中国科技事业的发展历程提供客观翔实的史料支撑。

总序一

中国科学技术协会主席　韩启德

老科学家是共和国建设的重要参与者，也是新中国科技发展历史的亲历者和见证者，他们的学术成长历程生动反映了近现代中国科技事业与科技教育的进展，本身就是新中国科技发展历史的重要组成部分。针对近年来老科学家相继辞世、学术成长资料大量散失的突出问题，中国科协于2009年向国务院提出抢救老科学家学术成长资料的建议，受到国务院领导同志的高度重视和充分肯定，并明确责成中国科协牵头，联合相关部门共同组织实施。根据国务院批复的《老科学家学术成长资料采集工程实施方案》，中国科协联合中组部、教育部、科技部、工业和信息化部、财政部、文化部、国资委、解放军总政治部、中国科学院、中国工程院、国家自然科学基金委员会等11部委共同组成领导小组，从2010年开始组织实施老科学家学术成长资料采集工程。

老科学家学术成长资料采集是一项系统工程，通过文献与口述资料的搜集和整理、录音录像、实物采集等形式，把反映老科学家求学历程、师承关系、科研活动、学术成就等学术成长中关键节点和重要事件的口述资料、实物资料和音像资料完整系统地保存下来，对于充实新中国科技发展的历史文献，理清我国科技界学术传承脉络，探索我国科技发展规律和科技人才成长规律，弘扬我国科技工作者求真务实、无私奉献的精神，在全社会营造爱科学、学科学、用科学的良好氛围，是一件很有意义的事情。采集工程把重点放在年龄在 80 岁以上、学术成长经历丰富的两院院士，以及虽然不是两院院士、但在我国科技事业发展中作出突出贡献的老科技工作者，充分体现了党和国家对老科学家的关心和爱护。

自 2010 年启动实施以来，采集工程以对历史负责、对国家负责、对科技事业负责的精神，开展了一系列工作，获得大量反映老科学家学术成长历程的文字资料、实物资料和音视频资料，其中有一些资料具有很高的史料价值和学术价值，弥足珍贵。

以传记丛书的形式把采集工程的成果展现给社会公众，是采集工程的目标之一，也是社会各界的共同期待。在我看来，这些传记丛书大都是在充分挖掘档案和书信等各种文献资料、与口述访谈相互印证校核、严密考证的基础之上形成的，内中还有许多很有价值的照片、手稿影印件等珍贵图片，基本做到了图文并茂，语言生动，既体现了历史的鲜活，又立体化地刻画了人物，较好地实现了真实性、专业性、可读性的有机统一。通过这套传记丛书，学者能够获得更加丰富扎实的文献依据，公众能够更加系统深入地了解老一辈科学家的成就、贡献、经历和品格，青少年可以更真实地了解科学家、了解科技活动，进而充分激发对科学家职业的浓厚兴趣。

借此机会，向所有接受采集的老科学家及其亲属朋友，向参与采集工程的工作人员和单位，表示衷心感谢。真诚希望这套丛书能够得到学术界的认可和读者的喜爱，希望采集工程能够得到更广泛的关注和支持。我期待并相信，随着时间的流逝，采集工程的成果将以更加丰富多样的形式呈现给社会公众，采集工程的意义也将越来越彰显于天下。

是为序。

总序二

中国科学院院长　白春礼

由国家科教领导小组直接启动，中国科学技术协会和中国科学院等12个部门和单位共同组织实施的老科学家学术成长资料采集工程，是国务院交办的一项重要任务，也是中国科技界的一件大事。值此采集工程传记丛书出版之际，我向采集工程的顺利实施表示热烈祝贺，向参与采集工程的老科学家和工作人员表示衷心感谢！

按照国务院批准实施的《老科学家学术成长资料采集工程实施方案》，开展这一工作的主要目的就是要通过录音录像、实物采集等多种方式，把反映老科学家学术成长历史的重要资料保存下来，丰富新中国科技发展的历史资料，推动形成新中国的学术传统，激发科技工作者的创新热情和创造活力，在全社会营造爱科学、学科学、用科学的良好氛围。通过实施采集工程，系统搜集、整理反映这些老科学家学术成长历程的关键事件、重要节点、学术传承关系等的各类文献、实物和音视频资料，并结合不同时期的社会发展和国际相关学科领域的发展背景加以梳理和研究，不仅有利于深入了解新中国科学发展的进程特别是老科学家所在学科的发展脉络，而且有利于发现老科学家成长成才中的关键人物、关键事件、关键因素，探索和把握高层次人才培养规律和创新人才成长规律，更有利于理清我国科技界学术传承脉络，深入了解我国科学传统的形成过程，在全社会范围内宣传弘扬老科学家的科学思想、卓越贡献和高尚品质，推动社会主义科学文化和创新文化建设。从这个意义上说，采集工程不仅是一项文化工程，更是一项严肃认真的学术建设工作。

中国科学院是科技事业的国家队，也是凝聚和团结广大院士的大家庭。早在 1955 年，中国科学院选举产生了第一批学部委员，1993 年国务院决定中国科学院学部委员改称中国科学院院士。半个多世纪以来，从学部委员到院士，经历了一个艰难的制度化进程，在我国科学事业发展史上书写了浓墨重彩的一笔。在目前已接受采集的老科学家中，有很大一部分即是上个世纪 80、90 年代当选的中国科学院学部委员、院士，其中既有学科领域的奠基人和开拓者，也有作出过重大科学成就的著名科学家，更有毕生在专门学科领域默默耕耘的一流学者。作为声誉卓著的学术带头人，他们以发展科技、服务国家、造福人民为己任，求真务实、开拓创新，为我国经济建设、社会发展、科技进步和国家安全作出了重要贡献；作为杰出的科学教育家，他们着力培养、大力提携青年人才，在弘扬科学精神、倡树科学理念方面书写了可歌可泣的光辉篇章。他们的学术成就和成长经历既是新中国科技发展的一个缩影，也是国家和社会的宝贵财富。通过采集工程为老科学家树碑立传，不仅对老科学家们的成就和贡献是一份肯定和安慰，也使我们多年的夙愿得偿！

鲁迅说过，"跨过那站着的前人"。过去的辉煌历史是老一辈科学家铸就的，新的历史篇章需要我们来谱写。衷心希望广大科技工作者能够通过"采集工程"的这套老科学家传记丛书和院士丛书等类似著作，深入具体地了解和学习老一辈科学家学术成长历程中的感人事迹和优秀品质；继承和弘扬老一辈科学家求真务实、勇于创新的科学精神，不畏艰险、勇攀高峰的探索精神，团结协作、淡泊名利的团队精神，报效祖国、服务社会的奉献精神，在推动科技发展和创新型国家建设的广阔道路上取得更辉煌的成绩。

总序三

中国工程院院长 周 济

由中国科协联合相关部门共同组织实施的老科学家学术成长资料采集工程，是一项经国务院批准开展的弘扬老一辈科技专家崇高精神、加强科学道德建设的重要工作，也是我国科技界的共同责任。中国工程院作为采集工程领导小组的成员单位，能够直接参与此项工作，深感责任重大、意义非凡。

在新的历史时期，科学技术作为第一生产力，已经日益成为经济社会发展的主要驱动力。科技工作者作为先进生产力的开拓者和先进文化的传播者，在推动科学技术进步和科技事业发展方面发挥着关键的决定的作用。

新中国成立以来，特别是改革开放30多年来，我们国家的工程科技取得了伟大的历史性成就，为祖国的现代化事业作出了巨大的历史性贡献。两弹一星、三峡工程、高速铁路、载人航天、杂交水稻、载人深潜、超级计算机……一项项重大工程为社会主义事业的蓬勃发展和祖国富强书写了浓墨重彩的篇章。

这些伟大的重大工程成就，凝聚和倾注了以钱学森、朱光亚、周光召、侯祥麟、袁隆平等为代表的一代又一代科技专家们的心血和智慧。他们克服重重困难，攻克无数技术难关，潜心开展科技研究，致力推动创新发展，为实现我国工程科技水平大幅提升和国家综合实力显著增强作出了杰出贡献。他们热爱祖国，忠于人民，自觉把个人事业融入到国家建设大局之中，为实现国家富强而不断奋斗；他们求真务实，勇于创新，用科技为中华民族的伟大复兴铸就了辉煌；他们治学严谨，鞠躬尽瘁，具有崇高的科学精神和科学道德，是我们后代学习的楷模。科学家们的一生是一本珍贵的教科书，他们坚定的理想信念和淡泊名利的崇高品格是中华民族自强不息精神的宝贵财富，永远值得后人铭记和敬仰。

通过实施采集工程，把反映老科学家学术成长经历的重要文字资料、实物资料和音像资料保存下来，把他们卓越的技术成就和可贵的精神品质记录下来，并编辑出版他们的学术传记，对于进一步宣传他们为我国科技发展和民族进步作出的不朽功勋，引导青年科技工作者学习继承他们的可贵精神和优秀品质，不断攀登世界科技高峰，推动在全社会弘扬科学精神，营造爱科学、讲科学、学科学、用科学的良好氛围，无疑有着十分重要的意义。

中国工程院是我国工程科技界的最高荣誉性、咨询性学术机构，集中了一大批成就卓著、德高望重的老科技专家。以各种形式把他们的学术成长经历留存下来，为后人提供启迪，为社会提供借鉴，为共和国的科技发展留下一份珍贵资料。这是我们的愿望和责任，也是科技界和全社会的共同期待。

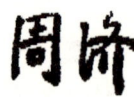

童秉纲（张建设摄）

采集小组为童秉纲庆祝八十九岁生日（2016年9月。前排左起：逄金辉、童秉纲、樊利平；后排左起：王智慧、方芳、沈昊嫣、朱博闻、王仲威、李玉川、赵硕。）

李秀波、樊利平、赵硕（左起）在讨论采集工作（2014年11月）

寄 语

《寄语》,童秉纲作于 1971 年 12 月。

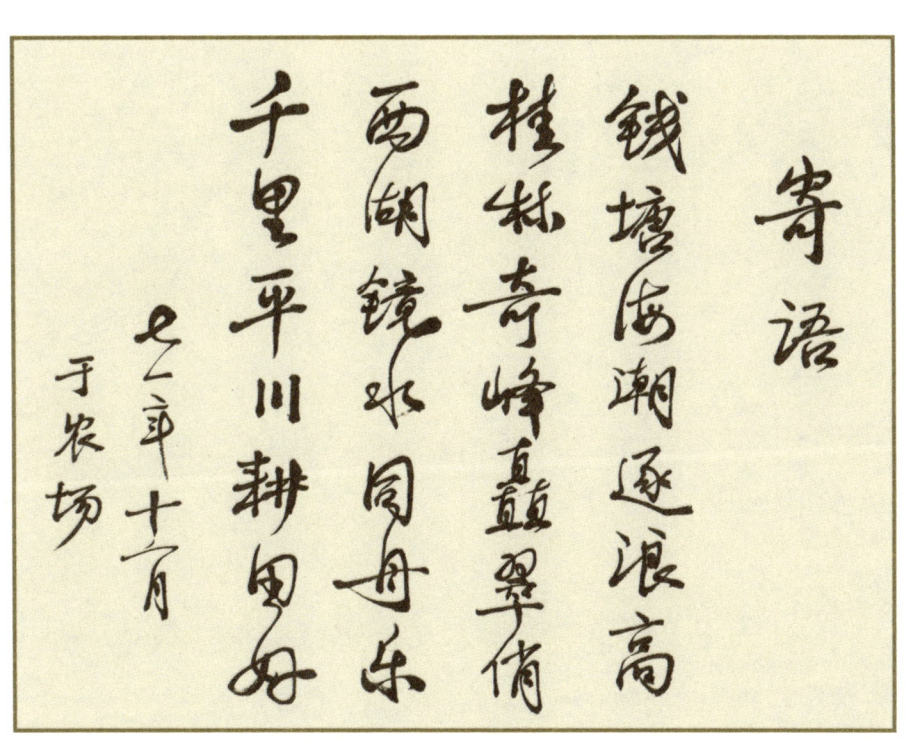

童秉纲手书诗作《寄语》

> 钱塘海潮逐浪高，桂林奇峰矗翠俏。
> 西湖镜水同舟乐，千里平川耕田好。

  书名中的"海潮逐浪"源于童秉纲先生诗作《寄语》，借指童院士在顺境中拼搏、奋进；"镜水周回"，源自唐诗"镜水周回千万顷"，暗喻童院士在逆境中依然宁静、豁达。我们以一种写意的方式拟定了本书题目，借景喻人、寓意其中。

目 录

老科学家学术成长资料采集工程简介

总序一 ································· 韩启德

总序二 ································· 白春礼

总序三 ································· 周 济

寄 语 ···································· 1

导 言 ···································· 1

| 第一章 | 动荡中成长 ························ 9

  我的家庭 ···························· 9

  逃难生活 ···························· 12

  沦陷区的日子 ······················· 14

  少年苦读 ···························· 16

伟大的母亲 ………………………………………………………… 23
重考大学 …………………………………………………………… 24
国立中央大学 ……………………………………………………… 27

第二章 | 分配至哈尔滨工业大学 …………………………………… 32

分配至哈工大 ……………………………………………………… 32
初登讲台——向苏联专家学习教学 …………………………… 36
教学法研究 ………………………………………………………… 40
26岁的教研室主任 ………………………………………………… 43
撰写教学工作总结报告 …………………………………………… 46
结婚生子 …………………………………………………………… 48
"中右"帽子 ……………………………………………………… 50
《理论力学》讲义 ………………………………………………… 53
我与李昌校长、高铁副校长 ……………………………………… 56
附：黄文虎谈与童秉纲共事 ……………………………………… 58

第三章 | 调入中国科学技术大学 ……………………………………… 65

与钱学森一起 ……………………………………………………… 65
主讲力学补习课 …………………………………………………… 72
《气体动力学》教材 ……………………………………………… 76
附：韩肇元谈童秉纲在中科大（60年代初）的教学 ………… 82

第四章 | 在艰难中开始科研 …………………………………………… 85

批斗关押 …………………………………………………………… 85
"劳动改造" ……………………………………………………… 88
科研起点 …………………………………………………………… 91

第五章 | 浴火重生 · · · · · · 94

动导数研究 · · · · · · 94
临危受命 · · · · · · 100
教研室的组织建设 · · · · · · 103
科研管理工作 · · · · · · 107
流体力学教研室的"中兴"之路 · · · · · · 108
附：邓国华谈童秉纲在中科大流体力学教研室的管理工作 · · · · · · 112
附：韩肇元谈双波干扰项目的申请与实施 · · · · · · 116

第六章 | 游学北美 · · · · · · 119

滑铁卢大学 · · · · · · 120
访学见闻 · · · · · · 124
巧遇鱼游 · · · · · · 128

第七章 | "很晚创业，小有成就" · · · · · · 132

三维波动板理论 · · · · · · 132
调入中国科学院研究生院 · · · · · · 136
组建空气动力学实验室 · · · · · · 137
非定常流与涡运动和涡控制 · · · · · · 138
《涡运动理论》简明教程 · · · · · · 143
航天器气动加热的气动热力学研究 · · · · · · 145
当选中国科学院院士 · · · · · · 148
创建"生物运动力学实验室" · · · · · · 150
原创性成果 · · · · · · 157
附：童秉纲漫谈"成功之道" · · · · · · 161
附：《涡运动理论》成书过程 · · · · · · 164

第八章　育人之道 ·········· 169

合格博士生的三条要求 ·········· 170
选题至少要有三个创新点 ·········· 171
"拔高"的博士论文要求 ·········· 176
论文写作与口头表达 ·········· 178
人文素养的培育要放在第一位 ·········· 183

结　语　一路走来：何以成就今天的童秉纲？ ·········· 194

个人品性 ·········· 194
"三起两落" ·········· 196
大器晚成，成绩斐然 ·········· 197

附录一　童秉纲年表 ·········· 203

附录二　童秉纲主要论著目录 ·········· 224

后　记 ·········· 229

图片目录

图 1-1　母亲与兄妹五人的合影 ···································· 12
图 1-2　梁丰中学初中童秉纲所在班级的名单 ······················· 21
图 1-3　梁丰中学初中童秉纲的成绩单 ······························ 21
图 1-4　江阴私立梁丰中学高中部第三届理科第一班同学毕业照 ······· 22
图 1-5　南京大学机械工程系四年级部分同学在中山陵郊游合影 ······· 29
图 1-6　童秉纲国立南京大学毕业证书，背面附有成绩单 ·············· 31
图 2-1　五十年代的哈尔滨工业大学校园 ···························· 33
图 2-2　克雷洛夫与童秉纲 ·· 39
图 2-3　《我国力学及机械学发展简史》 ······························ 42
图 2-4　童秉纲研究生毕业论文 ······································ 47
图 2-5　童秉纲在研究生毕业论文答辩会上 ·························· 48
图 2-6　童秉纲、晋晓林结婚仪式现场 ······························ 49
图 2-7　童秉纲与妻子晋晓林、儿子童卫平 ·························· 49
图 2-8　童秉纲与妻子晋晓林钻石婚合影 ···························· 50
图 2-9　童秉纲手书之一 ·· 51
图 2-10　童秉纲手书之二 ··· 53
图 2-11　童秉纲调离哈尔滨工业大学时人事处的行政介绍信 ·········· 53
图 2-12　《理论力学》获全国高等学校优秀教材奖 ···················· 55
图 2-13　黄文虎 ·· 58
图 3-1　中国科学技术大学专业教研室主任和副主任名单 ············· 69
图 3-2　学生胡文友写给童秉纲的信 ································· 71
图 3-3　尹协远保存的补课时候的笔记 ······························ 75
图 3-4　童秉纲在科大近代力学系讲授《理想气体动力学》讲稿 ······· 77
图 3-5　童秉纲与徐立功的来往邮件 ································· 79

图 3-6	邓国华给童秉纲写的信	80
图 3-7	优秀教材申报表及国家科学技术奖励推荐书	80
图 3-8	张炳暄教授对《气体动力学》一书的书评	81
图 3-9	林同骥院士对《气体动力学》的评价	81
图 3-10	俞鸿儒院士对《气体动力学》的评价	81
图 3-11	韩肇元	82
图 4-1	童秉纲手书《割中稻》	89
图 4-2	童秉纲手书《插队油坊村》	90
图 4-3	童秉纲手书《返渡中秋节》	90
图 4-4	童秉纲写给夫人晋晓林的诗作（手书）	90
图 5-1	童秉纲被任命为中国科学技术大学力学副教授	97
图 5-2	童秉纲被聘为中科大近代力学系高级职务教师	97
图 5-3	关于童秉纲等同志职务任免的通知	102
图 5-4	邓国华	112
图 6-1	许为厚到中科大访学及请童秉纲到加拿大访学的信	122
图 6-2	童秉纲在滑铁卢大学留影	122
图 6-3	《航天器与火箭杂志》对童秉纲、许为厚的论文给出的审稿意见	123
图 6-4	童秉纲在 1984 年 5 月至 1985 年 5 月期间，访问单位和所作报告列表	124
图 6-5	童秉纲在美国田纳西大学空间学院访问	128
图 6-6	童秉纲在美国加州理工学院工程科学系做访问学者	129
图 6-7	加州理工学院给童秉纲的聘请函	130
图 7-1	王智慧的科研成果获军队科技进步奖二等奖	147
图 7-2	童秉纲中科院院士证	150
图 7-3	余永亮博士学位论文答辩会合影	159
图 7-4	中国科学院大学刘庚博士论文答辩合影	160
图 7-5	尹协远	164
图 8-1	童秉纲、余永亮游览浙江莫干山合影	173
图 8-2	鲍麟博士学位论文答辩后合影	174

图 8-3　王智慧博士学位论文答辩后合影……………………………………176
图 8-4　段占元与童秉纲合影……………………………………………………187
图 8-5　中秋节聚会………………………………………………………………188
图 8-6　童秉纲课题组学生集体春游合影………………………………………189
图 8-7　庆祝教师节暨童秉纲八十八岁米寿聚会………………………………193

导 言

科学事业是由科学家的才智不断承继而发展前进的。老科学家是承载过科学使命、又传承着科学使命的科学人，对老科学家学术成长过程的反观是对科学历程的尊重，同时又能够为未来科学创新人才的成长提供启迪。这种理解正符合"老科学家学术成长资料采集工程"推动形成新中国的学术传统、激发科技工作者的创新热情和创造活力的使命定位。我们领悟到其中的深刻，带着好奇而又忐忑的心情开始了"童秉纲学术成长资料采集工程"的采集工作。

传主简介

童秉纲，1927年9月28日出生于今江苏省张家港市杨舍镇，力学教育家，流体力学家。1933年，童秉纲在家乡杨舍小学开始读书。1937年，受到抗战影响，其父童灏培领着一家七口人到宜兴市湖㳇镇的山里逃难。逃难归来，一家人在沦陷区艰难生活。1938年，在纱厂当工程师的父亲不幸去世，家境更是急转直下。兄弟五人全赖母亲郭南珍辛苦抚养。母亲重视孩子的教育，全力支持他们读书。1939年，童秉纲进入梁丰中学；1945年，在沦陷区完成初高中学习；因抗战时期的"大学内迁"，延迟一年高考，在1946年，被国立中央大学机械工程系录取，直至1950年毕业。民族危难、抵御外侮的时代印记镌刻在了青少年的童秉纲身上。

大学毕业后，童秉纲就开始教学工作。1950年8月，被分配到哈尔滨工业大学（以下简称"哈工大"）工作，进入师资研究生班，并于1953年毕业。实际上，他从1952年9月起就开始讲授理论力学课程，担任新成立的哈工大理论力学教研室代主任，并于次年转正。他在苏联专家克雷洛夫指导下开始教学工作，并主持创建该教研室的教学平台，当时这在国内是一项开创性的教育实践工作。1961年7月，他调到北京，在新成立的中国科学技术大学（以下简称"中科大"）近代力学系任教，后又担任该系高速空气动力学专业教研室副主任，协助系主任钱学森和室主任林同骥建设该专业教学体系。到1965年，按照钱学森培养技术科学人才的理念，完成了1958、1959、1960三个年级的专业教学全过程，这是依靠"所系结合"开展教学实践的一项创举。1978年，童秉纲被任命为近代力学系副主任，到1983年又被任命为系主任；同时，又兼任流体力学专业教研室主任两届，共四年。他和同事一起，致力于使流体力学专业乃至整个力学系走上一条中兴之路。1981年，国务院学位委员会批准童秉纲为首批博士生导师，并成立中科大流体力学专业博士点；后又批准成立固体力学专业博士点。这也是中科大近代力学系崛起的里程碑。

童秉纲的科研之路开启于"文化大革命"期间。"文化大革命"伊始，童秉纲就遭受了磨难。在1972年，被中国科学技术大学派到沈阳的飞机工厂和导弹工厂实习，协助设计人员开展研究工作。这是他从事空气动力学和流体力学研究的起点。从三年半的磨难立即转到科研活动，人的态度是很容易摇摆的，而他一直坚信"人生总还是要做点事情的"。于是，他选择了忘却苦痛。45岁的童秉纲一头扎入科研工作。此后，童秉纲开始了对导弹动态稳定性导数的计算方法研究，成绩显著。该研究课题持续到上个世纪80年代中期。

1984年至1985年，年逾半百的童秉纲获得了出国访问的机会。本打算只是出去"见识"一下的他，却迎来了科研黄金期。他从加州理工学院吴耀祖教授处，了解到生物运动力学这一新的前沿学科分支，回国后开始了该领域的研究，并首次提出了模拟鱼游三维流动效应的"三维波动板理论",得到国际同行的公认；后又在非定常流与涡运动的若干问题和航天器气动加热的气动热力学等方面都取得了进展。

1997年，童秉纲当选为中国科学院院士。这一殊荣并不是他成就的最终荣誉，反而激发他在古稀之年开启了新的科研征程。到了21世纪，童秉纲继续与中国航天空气动力技术研究院姜贵庆教授合作，开展航天器气动加热的研究，还主导与中科大成立仿生力学联合研究团队，并在中国科学院研究生院（现在的中国科学院大学，简称国科大）成立了生物运动力学实验室，推进生物运动力学在国内的发展。他在该领域取得了若干有国际影响的研究成果，也推动了更广泛的国内外合作交流，从而为中国开展该领域研究奠定了基础。

从教学到科研，童秉纲实现了完美对接，融会贯通。但是，他个人最为看重的还是育人，始终投入身心于工程科学研究人才的培养。从1981年到2014年，童秉纲培养了22名博士生，也逐渐形成了一套培养模式，即由导师、副导师和博士生组成科研团队，将博士生培养与科学研究融为一体。同时，他也形成了自己的育人理念与方法。这些学生中，有的已经成为国内流体力学领域的中坚，如清华大学朱克勤教授、中国科学技术大学陆夕云教授；有的已经在航天部门担任重要角色，如中国航天空气动力技术研究院的艾邦成所长、俞继军室主任；有的正在快速成长，如中国科学院大学的余永亮教授、鲍麟副教授、王智慧副教授等。直到今天，童秉纲仍坚持工作日到办公室，与实验室的学生在一起讨论问题，交流思想。

对于自己的经历，童秉纲用"逆境很长，服务很多，很晚创业，小有成就"这十六个字来描述。初读之，谦逊、随和、坚持、豁达，跃然眼前；待对其人生经历了解之后，再品之，还有更多故事和优秀品质，值得后辈不断学习。

采 集 过 程

"童秉纲学术成长经历采集项目"于2013年10月正式立项，但实际上在2013年春就已经启动。中国科学院大学工程科学学院副教授宋元涛、北京理工大学副教授逄金辉等，在立项之前就开始了对童先生的部分音频采访、资料整理、文案准备等采集的前期工作。这些准备成为后期采集工作的基础，为之后的采集工作理清了脉络。

项目在启动之初，就引起国科大校党委高度重视，童秉纲院士本人更是积极配合。时任国科大党委书记邓勇教授、时任国科大党委副书记马石庄教授均签批文件，指示由宣传部副部长赵硕任项目组组长，负责开展相关工作；时任国科大副校长叶中华教授也帮助项目组协调沟通，推动项目开展；童秉纲院士对项目非常支持，多次与校领导和项目采集组成员沟通、提建议、查资料，亲自修改文字，俨然成了项目组的工作人员。

另外，项目也得到了中国科协党组成员、书记处书记王春法，老科学家采集工程首席专家张藜教授、中科院科技政策与管理科学研究所研究员樊洪业的支持和指导，他们对采集的方法、内容、撰写方式等，都提出了宝贵的建议，使得采集工作更为高效、规范和严谨。

秉天时，承地利，我们更具"人和"。本项目组建了一支高效、团结的工作团队，保证了采集工作有条不紊地实施。团队构成兼顾了采集所需的不同方面工作，形成了合理的人员架构，包括科技哲学、图书情报学、流体力学、视频制作、中文写作等不同专业背景的人，最终形成了分工明确、目标一致的工作集体。项目组详细讨论了童院士的成长经历，拟定了详细的采集计划，定期例会、分工协作、统筹配合，利用节假日和业余时间完成了大量采集、整理和撰写等工作。

1. 对童秉纲及相关人员的访谈工作

作为一本口述史书籍，针对口述者本人以及相关人员的访谈工作显得尤为重要。童秉纲院士历经新中国成立前后的社会、政治变动，不仅个人成长经历曲折，带有明显的历史印迹，其思想变化更值得分析，而且与其关系密切的人员也颇多，线索和内容也很繁杂。如何有条理地、高效地、深入地完成大量的访谈工作，获得有价值的第一手资料，成为了项目组面对的首要问题。

童秉纲院士身体状况颇佳，年近九旬仍然每天到办公室工作，亲自指导学生论文、参与实验室课题讨论，而且其记忆清晰、表达流畅、准确，其个人口述历史成为了本次采集工作的主要内容，所占比例颇高，为本书成稿奠定了基础。

鉴于此，项目组决定采用"以童为主、他人为辅"、"预访谈加正式访谈"的方式开展音视频采集工作。根据童秉纲个人口述和已有文字资料，项目组理清童秉纲个人成长的时间主线，明晰重要时间节点和关键事件，由此确定对其个人的重点访谈内容以及重要的相关人员。"以童为主、他人为辅"，即以童秉纲口述内容为主体，对于涉及的历史细节、故事，通过访谈相关其他人员进行补充、挖掘和佐证。"预访谈加正式访谈"是具体工作方式，即与被访谈者提前交流，带着问题启发被访谈者的回忆，待对方"脑洞"大开之后，项目组再开始正式访谈，按照双方讨论确定的访谈提纲，开始音视频录制。这种方式看似劳心费力，实则省心省力。被访谈者大多年事已高，时间太长，身体难以支撑。按照这种方式，被访谈者可提前准备，时间虽短，但内容丰富且主题明确。项目组曾在两天之内，完成了七位人员的访谈，高效而准确地获得了所需信息。

最终，项目组访谈童院士17次，音视频累计时长1482分钟；访谈其他人员48名，音视频累计时长3149分钟；整理访谈稿达40余万字。

2. 实物类资料的采集及编目工作

实物类资料收集和编目是一项技术性较强、需要耐心和细心的工作。庆幸的是，采集工程领导小组对于各类实物资料，都有明确的要求和规范，对于我们初次做采集工作的人来说，如同操作手册一样，快捷而实用。

童院士的实物类资料主要包括手稿、信件、档案、照片、著作等，分布于张家港市档案馆、中科大档案馆和校史馆、国科大档案馆和校史馆、哈工大校史馆等单位，以及与其交往密切的同事、学生、合作者等手中。其数量较多，分类、标注工作量较大。北京理工大学逄金辉副教授、樊利平老师、赵霞老师等对该项工作非常熟悉，带领项目组人员完成了资料的采集、数字化、编目及校对等工作。

最终，项目组收集实物类资料1333件，其中数字化资料903件、实物类430件，为后续的资料长编、年表和口述历史的整理提供了史料支撑。

3. 资料长编、年表及口述历史的文字撰写和整理工作

基于对访谈和实物资料的消化吸收，完成资料长编、年表和口述历史的撰写工作，是采集工程最重要的内容。

项目组在进行访谈和实物资料采集的同时，就开始了资料长编、年表的撰写；在对资料消化吸收之后，成立了专门的写作小组，负责书稿撰写。在撰写中，项目组遇到了比较大的问题——如何取舍童院士和相关被访谈者的口述内容。二者有时相关，有时互补，有时还有差异，这就带来了后期写作时候的不定期补采工作。在张藜教授、樊洪业研究员的指点下，项目组采用了童院士口述历史为主，相关人员口述内容或插入、或补充的方式来撰写，这样既突出了童院士的史实和观点，也凸显了相关的结果和作用，全书以一种灵活而立体的方式，呈现了童院士的学术成长经历。

代表性的采集成果

在采集到的资料中，项目组对于能反映童院士在关键历史节点中的资料十分重视，把这些资料视为代表性采集成果，并在本书中展示。

（1）童秉纲在梁丰中学及国立中央大学期间的成绩单。童院士在青少年时期打下了扎实的教育基础。这些成绩单能够直观地反映出他在当时所接受的教育情况，这对于了解当时的教育模式及童秉纲的知识基础也有重要作用。

（2）童秉纲在哈工大任教期间的照片和档案资料，包括童秉纲研究生毕业答辩、与苏联专家克雷洛夫交流、理论力学教研室相关照片等，以及其所书的教学法研究及"我国力学及机械学发展简史"的文章，80年代谈开孚写的关于哈工大理论力学教研室室志事宜、黄文虎院士写的回忆哈工大当年执教过程的信等。童秉纲在"文化大革命"前一直从事教学工作，而且成就突出。这些资料真切地反映了童秉纲当时的成长环境和影响因素，对于剖析其成长过程至关重要，对了解哈工大的学习苏联教学历史也有裨益。

（3）童秉纲在"文化大革命"前的中科大讲授"理想气体动力学"和"力学讲稿"部分讲稿的原件，童秉纲调入中科大，在钱学森的领导下从事教学工作的资料。该类资料对于了解其教学思路和业务成长有很大帮助，也有助于了解中科大建校之初近代力学系的教学体系及施教特点。

（4）教材《气体动力学》写作中的书信来往以及对教材评价的资料，呈现出了该精品教材出炉的过程及其反响。

撰 写 思 路

本书是采集工程的重要成果之一，是项目组倾注心血最多的工作。项目组希望以口述历史的方式，结合收集整理的资料，挖掘历史细节、理清发展脉络，让"口述"客观、平实。采集资料中口述部分所占比重很大，足以为将"口述历史"作为行文方式提供资料支撑。

我们以童秉纲院士"三起两落"的人生经历和"很晚创业、小有成就"的学术轨迹，来构建叙述主线，把关键人物、关键事件、关键因素凸现出来，将童秉纲看作是历史进程中的一分子，编织进其所处的微环境和社会时代大背景的网络中，在历史演进的画面内，尽可能客观、真实、准确地呈现出童秉纲的成长过程和思想发展历程。

全文一直在努力回答一个问题——何以成就今天的童秉纲？对该问题的回答，项目组在"结语"进行了较为深入的论述，此处简单概括为三个方面。

一是：内心强大，品性优良。个人品性是他取得成就的内在因素。在"三起两落"的人生起伏中，童秉纲内心的强大与坚持帮他实现了一次次转折。本书的第一章展现了童秉纲的家境、家教和学校教育的全景，让读者了解理解童秉纲的品性是如何形成的。第五章和第七章展示出童秉纲的品性和人格魅力发挥了巨大作用，在科研合作和学术研究上开拓进取，取得了骄人的学术成绩。

二是：教研相长，融会贯通。童秉纲的学术生涯最大的特点就是长期从事教学活动，而科研则起步很晚，最令人称奇的是，其学术黄金期竟然发生在60岁之后。第二章和第三章，对童秉纲在教学和教材编写上的成就做了详细介绍，旨在让读者看到其如何通过教学工作获得了从事科研工作的方法、思维和能力，从而能够在后期的科研工作中快速进入角色。第七章展现了他从事科研工作的思路和方法。读者可以看到他如何通过在学术合作和协作中抓住时代需求，取得卓著成果的。

三是：科研育人，相辅相成。童秉纲人生中最大亮点在于他对育人事业的倾心投入。第八章重点介绍童秉纲培养博士生的理念和方法，他将人才培养看作是比科研更重要的事情，将其视为根本，倾其心血。这一方面促进了科研的传承和再生；另一方面使育人成为其科研创新的源泉，也成就了其在科研工作中的帅才地位。

第一章
动荡中成长

1927年，我出生于江苏张家港，11岁那年父亲不幸去世。我的童年期间，家境很是困窘，又赶上国难当头。整个中学时代都在抗战烽火中度过，所幸学业并没有因战争中断。1946年，考入当时的国立中央大学机械工程系，从此开始了我的学术生涯。

我 的 家 庭

我的家乡在江苏省张家港市，早先叫杨舍镇，现在是苏州所辖的县级市。我小的时候，杨舍镇上就几千人，不到万人。当时，杨舍镇属江阴县管辖，后来归沙洲县管辖。据说在太平天国的时候，杨舍镇是一个有城墙的城池，城的北门靠着长江边，由于长江的岸边每年不断往北移动，现在到江边已经差了好几十里地了。后来，那一块地被划出来，成立了沙洲县。沙洲县政府所在地就在杨舍镇。1986年，把沙洲县从县变成市，借用了县域内长江边上的一个港口——张家港的名字，改为张家港市。张家港市政府所在地就在杨舍镇。

当时，杨舍镇上的第一大姓是郭姓，据说郭姓可以追溯到唐朝郭子仪，镇上还有他的祠堂和塑像。童姓是第二大姓，人数比郭姓要少一点。我们童姓人，具体也不知道从哪儿搬来的，可能是从安徽某个地方搬到镇上的，当时童家还有一个家谱，现在丢了。

我是1927年的阴历九月初三出生，也就是阳历的1927年9月28日。最近两年我才知道，9月28日也是孔子的生日，真是巧合。据说，母亲在家生我大哥的时候难产，后来，母亲怕生我时再次难产，就由父亲陪着到江阴县的医院去生，结果，在去医院的路上突然就有动静了，这时刚好有个轿子路过，把我母亲送到医院，这才顺利地生下我。现在看来，我的出生还是有点惊险的。

我的家庭还算不上知识分子家庭，也谈不上乡绅家庭，但还是有一定的文化底蕴。我的祖父叫童育泉，1945年去世，享年70岁。祖父去世时的情形我还依稀能记得起来，是由于患了严重的中风。祖父具体的职业我不太记得了，只是印象中的祖父有比较深厚的文化修养。他有一间书房，上了年纪以后他就经常在书房读书。我很小的时候就在祖父的书房里看过《曾国藩家书》，开始接触一些传统文化。他有很多临摹写字的书帖。中学暑假期间，我经常到祖父的书房中临摹欧阳询《九成宫》碑帖，渐渐地，我的字也有了欧体的风格，算是有一个比较好的书法底子，直到现在我偶尔还写一点毛笔字。在我稍微懂事的时候，祖母就去世了，因此，我对祖母没有什么印象。

我的父亲叫童灏培（1901—1938），37岁英年早逝，他去世的时候我才11岁。父亲是南通纺织专门学校①毕业的，当时念大学的人并不多，专科学校已经很了不得。父亲曾经先后在外地的几个纱厂工作，最后在无锡的一家纱厂当工程师，每个月的工资有100块大洋，在那个一个烧饼只要3个铜板的时代，这算是相当高的收入了。我母亲叫郭南珍（1902—1982），她小学文化水平，能自己写信，我外出求学期间她给我写了很多

---

① 1912年，张謇借用资生铁厂车间创办"纺织染传习所"。同年秋，传习所扩大规模，改称南通纺织学校。纺织学校分本科和预科两班，本科招收旧制中学毕业生，学制3年，预科招收高小毕业生，学制5年，采用美国费城纺织学校的课程内容。南通纺织专门学校是当时全国仅有的以纺织命名的高等院校，被国内外认定为中国唯一的单科性纺织技术教育高等学府。1985年1月，经国家教育部批准，南通市重建南通纺织专门学校于城东南文化风景区，定名为"南通纺织工学院"。

信。总的来说，我的家境在父亲去世前还是比较殷实的，特别是还有祖上留下来的30亩田。

我还有一个伯父叫童贞白，我小的时候一直没有见过他，直到抗日战争快胜利的时候才见过面。伯父在天津启新洋灰①公司②上班。在那个时候，一些大公司里的领导往往需要诗词书画方面的文化应酬，我伯父这方面的功底很好，就在公司里当一名高级文化秘书。伯母一直留在老家，1944年，伯父曾经回老家探亲一个月。他文字功夫很好，送给我们每人一把扇子，扇面上都题了字。从那之后，我有意无意地效仿伯父的笔法，当时我大概十六七岁，渐渐地，我写的字也有了一点伯父的风格。我姑姑家的一个表兄徐世通③，比我大一岁，上中学时和我一直是同班同学，他对我说："表弟啊，你的字写得跟我大舅的差不多一样了。"后来，我祖父去世后不久，伯父也去世了。

我家里有5个兄弟姐妹，我排行第二，按年龄顺序依次为：童秉权④、童秉纲、童秉彝⑤、童秉慈⑥(女)、童秉枢⑦。我大哥童秉权比我大3岁，毕业于复旦大学中文系，因家里没有收入，生活很困难，中途曾休学两年。

---

① 洋灰即水泥，是水泥的早期称谓。
② 启新洋灰公司是由中国近代著名实业家周学熙于1906年首次创办的股份制民营企业，厂址在唐山，总理处设于原天津启新洋灰公司办公楼，周学熙自任总办。原办公楼始建于1913年，坐落于当时天津法租界的大沽路与威尔顿路交口处（原和平区大沽北路与承德道交口处大沽北路111号），原建筑已于2005年拆除。
③ 徐世通（1926-），江苏张家港人，1949年毕业于复旦大学商学院统计专修科。曾于上海某化工厂任高级经济师。
④ 童秉权（1924-2016），童秉纲的大哥，1952年毕业于复旦大学中文系。长期在华东师范大学中文系任教。
⑤ 童秉彝（1931-2012），童秉纲的三弟。1949年高中毕业后，曾在江阴长寿小学代课。1951年，到上海新德小学担任艺术老师，后来调到上海市16中学担任物理老师。"文化大革命"中被打成小右派，下到吴忠市师范学校，先后被评为宁夏回族自治区劳动模范和优秀共产党员。
⑥ 童秉慈（1934-），童秉纲的四妹，1948年梁丰中学初中部毕业，1951年8月高中毕业后参加工作，曾任职于常熟文化馆，后担任常熟市越剧团团长。"文化大革命"时期，被下放到句容县葛村，1979年。调回张家港市实验小学，直至退休。
⑦ 童秉枢（1937-），童秉纲的五弟，1952年9月考取南菁中学高中部，1955年12月南菁中学高中毕业，当年考取清华大学，1961年2月，童秉枢毕业，留校当教师。1978年，工作回归正常，他开始涉足科研，并将目标锁定在新兴的计算机辅助设计技术研究上，后成为清华大学教授、博士生导师，直至退休。

图 1-1 母亲与兄妹五人的合影（摄于 1950 年 7 月 27 日。前排中郭南珍，二排右起童秉慈、童秉枢，后排右起童秉权、童秉纲、童秉彝）

他在华东师范大学中文系任教。三弟童秉彝是一名优秀的中学教师，曾被搞为"小右派"，被发送到宁夏，后来成为宁夏的"劳动模范"和优秀共产党员。当时，为了保证大哥、二哥和五弟的学业，成绩优秀的四妹童秉慈放弃了考大学的机会，和三弟童秉彝一起参加工作，挑起养家的重担。后来，五弟考上了清华大学，在清华大学精密仪器系任教。他读大学期间，我和大哥已经工作了，我们就每月给他寄生活费。

逃 难 生 活

我的整个少年时代都是在杨舍镇与母亲一起度过的。母亲是独生女，刚出生几个月外祖父就去世了，外祖母一直守寡。父亲后来到无锡的纱厂工作，母亲带着我们兄妹五人留在杨舍镇照顾外祖母，我们也就不得不与父亲两地分居。直到1936年秋冬之际，在外祖母去世后，我们一家搬到无锡市，在父亲工作的那家纱厂附近住下。这样全家才得以团聚。

好景不长，我们一家在无锡团聚不久，就爆发了"七七事变"。随后，上海"八一三"战役开始。开战之后，日军的炸弹频繁投向上海，还波及到周围的其他城市，无锡也未能幸免。为了躲避轰炸，母亲带着我们兄妹几个又搬回杨舍老家。之后，日军轰炸越来越猛烈，父亲也只能离开无锡，返回老家。上海守了一段时间，后来大概到了11月底，日本兵就到了南京。战争从上海到南京的推进过程是非常迅速的。

南京沦陷之前，我父亲觉得战争形势不好，日本兵很快就要打到我们老家。于是父亲决定带着我们举家逃难。他联合几户亲友一起租了一艘小船，一共四个家庭驶向江苏宜兴市湖㳇镇①的山里避难。逃难的一路上很不太平，我们在路上遇到一群战败的国民党散兵游勇，他们要和我们搭乘同一条船。当时是冬天，他们身上穿着各色各样的皮袄，甚至有些还穿着女皮袄，这显然是一路上抢来的。他们上了船之后，大家自然会怕被他们抢劫。那时，我父亲便陪那些人坐在船头，给士兵做思想工作，有时候还要到岸上的有关司令部打通关系。这样一来，这些士兵一直比较安分，没给我们带来太多的麻烦。

路上也有一些突发的紧张状况。当时，水路上的桥已被日本人占领了，我们只能在晚上偷偷地行船。我们在船上经常看到飞机随处丢炸弹，有时候直接炸到别的船，大家总是胆战心惊的。有一天晚上，我们的船要偷偷经过一座被日本人占领的桥，五弟童秉枢才一岁多，他经常哭，母亲怕哭声被日本飞机和桥上的日本兵听到，只好一直捂着他的嘴。

经过一番颠簸，我们终于到了宜兴的湖㳇镇，湖㳇镇当时还没有被日军占领，我们就在那里住了一夜。然而，第二天，镇上就有人说日本兵要过来了，我们又马上就转移到山里。我当时才十岁，拿了一个热水瓶走，不小心砸碎了，母亲也没说什么。在山里面，我们躲了大概一两个月，直到时局稍好些才回家。南方的大山竹林茂密，当时我是一个小孩子，还觉得住山间林子里是很好玩的。

---

① 宜兴市湖㳇镇地处苏浙皖三省交界，拥有11万亩山林，山上生长着很多毛竹、板栗和银杏等植被。

从杨舍镇出来时，我们带了几个大箱子的行李，有些留在无锡，这些东西后来都不见了。而带出来的东西，也是一路走一路丢弃，尤其为了轻装步行到山里避难，我们的不少东西都扔在湖汊镇上。到山里时，身边基本不剩什么东西了。

沦陷区的日子

1938年的春节前后，弥漫在我家乡周边的战火渐渐远去，我们回到了老家杨舍镇。从1938年开始，一直持续到1945年，杨舍镇一直被日军占领，好在进驻的日本兵数量很少，管控不是很严密。但是，在那段日子里，我们整个家的生活遇到不少困难，日子过得比较艰苦。特别是父亲的突然离世，更使我们的生活雪上加霜。

由于战争，无锡的纱厂解散关门，逃难回来的父亲也就失去了工作。不久，在1938年的阴历五月间，我父亲突患伤寒病，当时在我的家乡有很多中医，但西医却很少见，父亲的病情很急，得不到及时的救治，很快去世了。父亲去世的情景我还历历在目。我们老家的习俗是，老人还活着的时候就要预备好后事，先把棺材做好。父亲去世的时候，我的祖父还健在，祖父只好将为自己准备的棺材用来葬我的父亲。虽然家里稍微有点家产，但是父亲这一去世，他的工资收入就没有了，家庭也就变得很困难。

日军的管制还使得日常物资匮乏，我们的日子过得尤为拮据。我记得，当时镇里还没有通电灯，早前大家都点煤油灯，日本人来了以后，煤油被控制起来，不让在市面上卖，我们只能放三根灯草，用植物油点灯。植物油点的灯光线比较昏暗，我记得整个中学时代，每天晚上都只能在这样微弱的灯光下看书。

当时我们吃的东西也很节约。我们冬天吃的菜就是"老三样"，一是腌的雪里蕻，二是腌的黄鱼，还有一样是自己家做的腐乳，就是臭豆腐。现在黄鱼是金贵的东西，那个时候可不是。我们老家靠着长江，在海上捕捞的渔船很多,黄鱼被一担一担挑了卖,非常便宜。我们当时常买一担黄鱼先腌起来,然后每天蒸着吃。这老三样啊,吃久了实在没有味道。

那个时候,我祖父在我家和我伯母家按月轮流吃饭。祖父在我们家用餐的时候,饭菜还稍微像样一点,因为要孝敬老人家。吃饭的时候,我们兄弟几个坐桌子上面,还有一些帮家里干活的人,大家差不多围一桌子,如果没有约束,只要一动筷子,饭菜一下子就光了,祖父根本就吃不上。所以,大家夹菜的时候都得看看母亲,看她点不点头。这个事我三弟记得很清楚,他说每次夹菜前先看母亲脸色,都成了家里的规矩。现在独生子女的生活好,饭菜都全吃了,哪会考虑这个呀!当时我只要闻到邻居家炖肉的那个香味,就会感到很馋。

沦陷区的氛围十分压抑,我们的人身安全总是受到威胁,日子过得胆战心惊。有一次,日本人发现我们那一带有游击队活动,要进行"清乡"。在"清乡"之前,日本人会先扔炸弹。有一天,我在家门外看见投炸弹的飞机,那时候我还小,对飞机比较好奇,就跑到远处去看飞机了。在家里,我母亲拉着三弟和表姐躲在了床下,三弟张口就来了句:"今天我们仨会死在这里的。"我母亲听到他说这种倒霉话,觉得非常不吉利,拉起他和表姐就往外跑,刚到厨房间,炸弹就下来了。那颗炸弹比较小,先炸在我们家和邻居家相隔的山墙上,然后又迅速滚向我家,把我家的屋顶开了一个大天窗。后来,我们在家里的地板上能清楚地看到炸弹爆炸后留下的弹片小洞,如果当时母亲没带着三弟他们跑出去,那很可能会有生命危险。日本兵扔完炸弹之后就开始"清乡"。"清乡"就是他们拿着刺刀挨家挨户地搜查。当时大家都很害怕日本兵来"清乡",各家各户的大大小小抱成一团。我还记得,当时母亲总是紧紧带着我们几个孩子。

我们上学的路上有座青龙桥,那座桥上面有日本兵站岗,我们要过这座桥时,都得向他鞠躬。我们每天要到梁丰中学[①]上学,总要在这座桥上

[①] 现为张家港第一中学。前身为清梁丰书院,后改为梁丰小学。1925 年增办初中班,1941 年增办高中。1956 年,由私立改为公立。1978 年列为沙洲县重点中学。1980 年被定为江苏省首批办好的重点中学。1986 年随沙洲县撤县建市,改为梁丰中学。1925 年到 1938 年、1941 年 8 月到 1966 年 8 月期间,张文贵担任校长。

来往。大家心里都很恼火，我们是中国人，都有一颗爱国之心。

那个时候，我还听镇里的人说，1937年冬，日本兵打过来时，他们一个什么长官被打死了，要在我家乡的某一个广场上火化，火化的时候非要抓个中国人杀头。抓到的第一个人，一脱帽子发现是癞痢头，日本兵觉得不吉利就放了他，后来又抓了另外一个人杀了。另外，日本兵奸淫妇女这种事情更是很常见的。

还有，当时我们在学校里被强制学习日语。我们有个老师到日本留学过，便担任日语老师。每年开学，第一节课都在教字母，老师念完一遍，大家也都不跟着念。尽管我后来觉得学日语还是挺有用的，但当时大家就是这种十分抗拒的心理。日语老师是中国人，所以尽管他教了，大家没念，他也不管。我们大概学了6年的日语，但连字母也没识全。

我幼时读书就处于这样的双重环境下：一个是国难当头，一个是家庭贫困，大概也是这样艰难的生活境遇，磨炼了我吃苦耐劳的意志，让我更有发愤图强的信念。

少 年 苦 读

我6岁（1933年）开始在杨舍小学读书，小学四年级（1936年）时随家庭来到无锡继续读书，七七事变后，全家逃难回杨舍镇后，我一直在那里读到高中毕业（1945年）。

当时杨舍镇实际上人口很少。小学有两个，杨舍小学和梁丰小学，中学只有一个，就是梁丰中学。我读小学先到杨舍小学，杨舍小学又叫范贤小学，我猜测让我到这里上学主要是因为杨舍小学离我家近。我5岁的时候就被送过去上学，但是年龄太小、胆子小，比我大几岁的孩子吓唬我、拿拳打我，吓得我就不敢上学了。家里也觉得我太小了，就让我第二年（1933年）再去上学，这件事后来怎么解决的呢？我家里找了一个桂姐，比我大五六岁，陪着我去上学，她坐在教室后面，陪了我一年。她也识字，所以这点我印象深刻。

杨舍小学[①]

杨舍小学，现为张家港市实验小学。光绪三十年，邑人缪抡俊等发起，假址杨舍城西文昌宫，创办范贤初等小学堂，是为本校前身。1913年，郭聘之接任校长，迁址城中广湾街郭氏支祠，兼招女生，立"端、勤、毅"为校训，规模渐大。1916年改校名为杨舍乡立第二初级小学，1917年设女子高小补习班，校舍向东邻城隍庙扩展。1924年办高小班。1928年更名为江阴县杨舍小学。1937年抗战爆发杨舍沦陷，学校曾停课数月。1938年春，张文贵等筹组临时学校，借民房上课；秋，回原校复课。1945年抗战胜利后，学校曾先后更名为杨舍镇三余乡联立学校、杨舍镇三余乡中心学校、杨舍自治示范镇中心国民学校。

新中国成立后由人民政府接管，校名改为江阴县杨舍中心小学。1957年原梁丰小学并入本校。1962年沙洲建县，学校更为沙洲县杨舍中心小学，12月，定为县重点小学。1981年被江苏省教育厅正式命名为首批省级实验小学，乃更名为沙洲县实验小学，1986年撤县建市又更名为张家港市实验小学。

现在的学校把一切学习跟高考联系在一起，当时的学校和现在不同，再加上也没有什么额外要求，就让孩子边玩边学，而且孩子本身也没有负担。我记得在小学时，我大哥比我大三岁，他喜欢抓蛐蛐，放风筝，我就跟着他。还有下大雨发水以后，沟里面的水就多了，就捕鱼，就干这些事儿，当他的帮手，跟着他。我在杨舍小学就这样念了三年。

四年级时，我随着家庭来到无锡读书。当时我家到学校陆路距离很远，而无锡恰是水乡之地，河流众多，一出家门就是水边，有很多船在那里往返。水路更为方便，我们上学需要摆渡，坐着船经过城里到达学校。无锡的小学比杨舍小学条件要好，整体的教学设备更好了。我们中午不回家吃饭，自己带着午饭，下午课间学校还有点心给我们吃。

[①] 张家港市实验小学百年校史.张家港市实验小学网站，http://www.zjgsyxx.com/Item/62.aspx，2016年2月14日。

以前我念书完全没有抱负的，跟着念，说的不好听就是随大流，并没有什么志向一定要念好，没有这种观念，自然学习成绩就很一般。但是父亲去世以后家境贫寒，就逐渐有了要奋发的意识。而且家乡也有一些有出息的人，比如吴培亨[①]外婆家，他的舅舅郭斌佳[②]就是留学美国的。郭的堂兄郭斌龢[③]也是国外留学的，是有名的教授，成为我们的榜样。所以，当时自己立了志气，也要奋发图强，否则没出路。

我在梁丰小学读六年级的时候，成绩一般，到初中二年级以后，我的成绩就相对好了，大概在班里数一数二，这是我奋发图强的结果。我每天早上要比家里人都早起一个小时，晚上又睡得晚。当时，语文和英语注重读、背，我每天早都要背书，晚上就在小油灯底下看书。那时候冬天很冷，脚冻得特别难受，刚开始我还时不时站起来跺跺脚，后来觉得这样很浪费时间，我就削了一根圆滑的木棍，放在脚底下，一边读书，一边来回用脚搓木棍。这样一来，等搓暖了脚，我就能安心读书了。由于很刻苦，我在中学的成绩是相当好的，一直名列前茅。当时我各门课的平均分有80分，那个时候的分数评价和现在不太一样，老师的要求更高，得90分是不可能的事情，能考80分已经很不简单了。

我是1939年入梁丰初中，1942年进梁丰高中，当时我是第二届或者第三届招的高中生。在沦陷区，大家求学不方便，所以梁丰中学就在初中部办了高中。当时，梁丰中学的老师们文化水平还是挺高的。为什么呢，因为当时的人如果去当公务员，就会被认为是汉奸，所以很多人，尤其是

---

① 吴培亨（1939-），生于1939年11月，江苏张家港人。超导电子学家，南京大学教授。1961年毕业于南京大学物理系，长期从事超导电子学的研究，2005年当选为中国科学院院士。

② 郭斌佳（1908-？），江苏杨舍人。1929年毕业于光华大学，1933年获哈佛大学博士学位。1963年起历任南伊利诺斯大学历史教授、系主任、名誉教授、南伊利诺斯大学亚洲研究委员会主席。著有《对中国怎么办》、《中国》。

③ 郭斌龢（1906-1987），字洽周，江苏张家港人，著名语言文学家，"学衡派"的重要代表。1917年考入南京高等师范学校文科，1919年转入香港大学，专攻中西文学，获文学士学位。1924年8月，去东北大学任教。1927年考取庚款公费留美赴哈佛大学研究院深造，师从新人文主义者白璧德（Irving Babbitt）深研西洋文学。1930年获硕士学位后，再往英国牛津大学研究院进修。于12月20日回东北大学继续任教时，他已是当时国内屈指可数的精通中文、英文、希腊文、拉丁文，并通晓法文和德文的权威学者。新中国成立后，他一直在南京大学任教，直到1986年12月退休。

大学毕业生，怕被熟悉的人介绍去当公务员，更愿意到中学去教书。梁丰中学的老师大多数是大学毕业生，有些甚至是很有经验的老师，他们都认为在中学教书最为安全。

我中学期间的语文学习受到了两位先生的指点。一位是前清的秀才郭聘之[1]。初二的时候，我表兄徐世通和我是同班同学，他家当时很富裕，就找了个前清的秀才郭聘之给我们做家教。郭聘之喜欢穿一身布衣长衫，为人谦和，大家都尊称他郭老夫子。郭老夫子给我上课的时候已经70多岁了，他每个星期给我和表兄上一次课，持续了将近一年，到了第二年，很不幸，由于家庭矛盾，郭老夫子跳河自杀了。郭老夫子的古文造诣极深，文章讲解精辟动人，尤其独到的是作文教学。郭老师每个星期让我们写一篇作文，他在课上布置命题作文，我们在课后完成，到下节课的课上再交给他，他当面给我们批改作文。郭老夫子批改作文一丝不苟，他会圈点出文章的精彩之处，也会一针见血地指出文章的缺陷。他特别注重细节，总会把错别字一一勾出来，让我们数个数，再与我们立下约定："以后你自己看，数数，下次你的作文错别字不能多于这一次，要少！"在他的严格要求下，我写作文的时候越来越认真，作文也写得越来越好。

还有一位是我的高中语文老师，叫郭翼舟[2]。郭翼舟先生采用《古文观止》作为教材，他特别主张作文要言而有物，讲求作文以立意为上，所以他特别推崇韩愈的《师说》。《古文观止》里面收集了很多好文章，郭老师从中挑一部分经典的篇目带着我们进行精读。他向我们讲解文章的时候，不仅整体梳理文意，还会向我们介绍文章写作的文学史背景、历史问题等，这使得我们对文章的理解更为深入。这样一来，《古文观止》里最优

---

[1] 郭聘之（1870-约1942），原名郭莘同，字聘如，后改聘之，自号菊叟，张家港市杨舍镇人。早年家境贫寒，父母壮年去世，年少立志奋发图强，勤学苦练，熟读四书五经，研习诗词，寒窗十载，终于江阴县考得中秀才，1903年又在全县选拔进师范学校培训人才的考试中名列第一，一年后从江阴师范讲习所毕业，进入了学校工作。辛亥革命后，郭聘之竭力倡办女学。1913年，在他接任范贤小学第二任校长时，实行了改革，把范贤小学创建成了一所男女生兼收的学校，定校训为"端、勤、毅"。

[2] 郭翼舟（生卒年月不详），童秉纲的语文教师。在梁丰中学高中部执教多年，抗战胜利后受聘于著名的苏州中学任教，后被人民教育出版社聘任为专职中学语文教材编委。著有《副词、介词、连词》。

秀的作品我基本都学过一遍，有些著名的篇目，像骆宾王的《讨武曌檄》、王勃的《滕王阁序》、李华的《吊古战场文》这些名作，我还能背出来。郭翼舟先生批改作文也很认真，他会给每个学生写上一段评语，指导我们改进写作的方法。后来，郭翼舟被调到苏州中学去当老师，又去了人民教育出版社工作，成为全国中学语文教材的编委。我和我的爱人大概在60年代还曾探望过他，"文化大革命"后就没有了联系。

我们高中的英语老师是张文贵[1]先生，是当时梁丰中学的校长，他毕业于东南大学[2]英语系，当时的东南大学就是后来的国立中央大学。那个时代的英语老师听说能力一般比较弱，但像张文贵这样的英语老师，英语底子还是很好的，尤其是英语文学修养深厚。他特别注重经典文献的阅读与背诵，在他的严格要求之下，我们阅读了大量经典的英语著作，像美国总统华盛顿的《独立宣言》、林肯的《葛底斯堡演讲》等演说文之类，都是我们的必读作品。

我们的语文和英语课都很重视写作。我们被要求每星期写一篇作文。我们班里有偷懒的同学，他们有时会请我代写一些。例如，我的表兄就时常说："表弟，来，你来替我写一篇吧。"这样一来，我有时候一星期要写六七篇文章，而且怕被老师发现，还要努力用不同风格写。现在想想，其实老师一看就知道，我们这些孩子还能瞒得过他？他心里也明白的。战乱时期梁丰中学的学生管理确实不是很好。不过，也正因如此，我的中文和英文写作得到了相当充分的训练，我后来的高考成功也得益于这两门基础课的扎实功底。

我初中的几何课程和高中的数理化课程用的全是英文教本，这给我打下了扎实的英语基础。像初中的几何老师解释"几何"一词的来历，说它的英文是geometry，前面geo就音译成"几何"，这个事我到现在还有印象。我家里原先就有父亲留下的几何英语课本，也是原装的英语教材，所

---

[1] 张文贵（生卒年月不详），号亦良，毕业于当时的东南大学英语系。曾任梁丰中学校长6年以上。

[2] 东南大学，源于创建于1902年的三江师范学堂，1921-1927年称国立东南大学，1928年4月改名为国立中央大学。

以我对英语教材一点都不陌生。大量的英文教材阅读使我具备了良好的英语阅读能力。而且,我们学校虽然用的是英语教材,但老师讲的还是中文,所以有一些专业术语的理解,就需要课后自己去对照字典。另外,老师的英语发音不怎么标准,我也常常要自己查字典,对着字典校正读音。这样一来,我自学英语的能力就迅速提高了。进了大学之后我几乎没有英文方面的困难。在当时,大家在大学里最难攻克的科目是英语,英语不过关的话,书读起来就很费劲。我上大学的第一年就有阶段性的英语测验,由英语老师组织综合测验,检测学生的英语水平。这个英语测验实行严格的淘汰制,如果不合格就要留级。当时有部分同学大为受挫,我们机械工程系的四十多个同学在第一学年就被淘汰了三分之一。但对我来说,由于我的英语底子很好,这些考核对我来说都很轻松。所以我读大学的第一年特别顺利,没有像其他同学那样有一种阶梯陡上的压力感。我想梁丰中学的这种教育,对我还是很有帮助的。

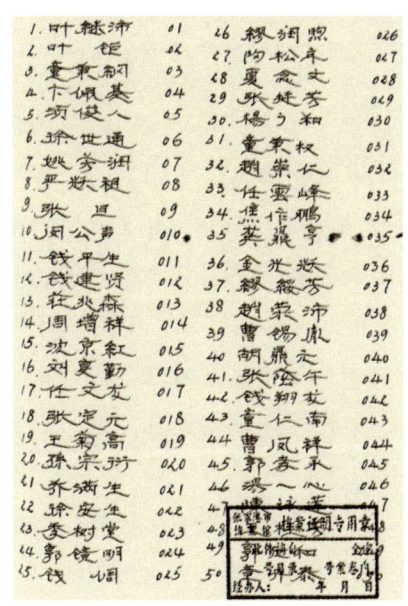

图 1-2　梁丰中学初中童秉纲所在班级的名单(1941年,部分)[①]

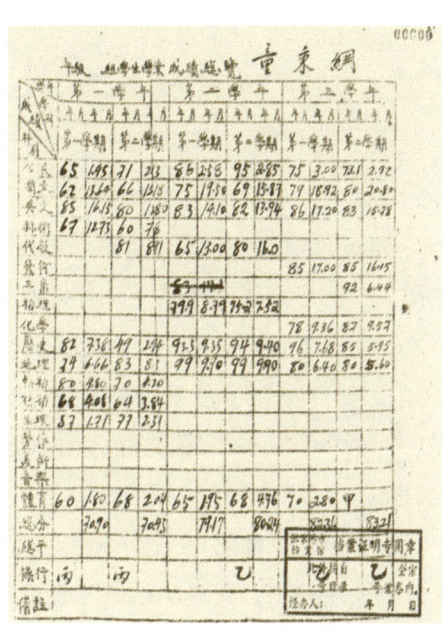

图 1-3　梁丰中学初中童秉纲的成绩单[②]（1941年）。

---

① 资料存于采集工程数据库,档案号:DA-001-172。
② 同①。

图 1-4　江阴私立梁丰中学高中部第三届理科第一班同学毕业照（摄于 1945 年 6 月，后排左四为童秉纲）

我读书的时候在老家有点名气。1944 年，我读完高二的暑假，有一个杨舍镇上的沈姓首富，请我为他的儿子沈玉成和几个小伙伴（他们刚读完初一）补习英语和语文。此外，在我读完高三的暑假，还有低年级的学生要求我给他们补习英文和中文。吴培亨在他的一篇回忆录[①]里这样写道："我还记得外婆家和童秉纲院士是儿时的邻居，外婆常常鼓励我们，向童家几位好学的兄长学习。"过了好几十年，他竟然还记得这几句话，要拿我们兄弟作为榜样。

我十分感念家乡对我的培养。我全部 12 年的小学和中学教育，都是在杨舍镇完成的，我的品格修养也都是在那儿奠定基础的，这说明我的中小学教育不仅仅教会了我一些知识，还培养了我思维各方面的能力。这是非常重要的。

---

① 参见毛冀主编：《天南地北张家港人》。上海：百家出版社，2006 年，第 11 页。

伟大的母亲

  我母亲对我的一生产生了极大的影响。我们一家兄弟姐妹五人，个个都受到了良好的教育，取得了好的成就，饮水思源，都归功于我们伟大的母亲。

  我的外祖母郭吴氏（1882—1936）只生了我母亲这一个孩子，由于外祖父很早过世，她长年守寡，日子过得很不好。尤其年龄大了以后，脾气变得更加暴躁，但我母亲在她跟前总是忍气吞声，连一句大声的话都没有说过。不仅对外祖母非常孝顺，母亲对祖父母也同样孝敬。而她对待我们，在做人的原则上要求很严格，是非分明，但在生活中又宽厚，从不打骂我们。有一次，三弟在堂屋的桌台上用榔头敲伪军丢弃的子弹，想把里面的火药倒出来，填充到自己制作的手枪里，不想子弹一下飞出去，差点儿炸伤他。当时，母亲就在桌台对面做鞋子，被他的响动吓坏了，但宽容的母亲并没有过多责备三弟，只是对三弟讲了一些多加小心的道理。我们兄弟姐妹几个相处得很融洽，在困难的时候都懂得互相扶持，大概也是来自母亲的言传身教。

  母亲中年丧夫（1938年），父亲去世时，大哥14岁，最小的弟弟不到两岁。父亲的去世使家里一下子失去了最主要的经济来源，一大家子的生计成了问题。当时，我们兄妹几个经常看到母亲为此发愁。一些邻居就对母亲说："你是不是可以把你家老大和老二送到店里去当学徒？"但是我母亲始终咬紧牙关，"不行，他们还要上学。"母亲虽然知识文化水平不高，但是她的眼界却不狭小，她矢志要将儿女培养成才。为了把我们这个家撑下去，她宁愿自己承受千辛万苦，绝不让自己的儿女受到干扰。母亲祖上是杨舍镇上比较富裕的旺族，父亲去世后，母亲为了维持我们的家庭，一度把我们带回了吴义庄，凭借她的智慧争得了一份家产，稍微缓解了我们的家庭困境。无论生活如何贫穷，母亲总是鼓励子女上进，并竭尽全力为我们创造可能有的条件。

母亲不仅全力支持我读书上进，而且还注重我们的人格塑造，这在当时乡下那个比较朴素的社会是很重视的。我从小就受到母亲的教育，要做正人君子，不要做小人，要时刻注意自己的品行。国难当头，家庭困窘，在母亲的教导下，我特别珍惜时间，所谓"一寸光阴一寸金，寸金难买寸光阴"，我在中学时代就有了明确的志向，要读书上进，回报整个家庭，回报国家。

母亲的种种言行对我的整个人生都产生了莫大的影响。她的家教概括而言，有这么几条：孝敬父母，关爱家人；与人为善，诚实守信；认真读书，努力上进；端正品行，遵守规矩。

重考大学

1945年夏天，我高中毕业。8月15日，中国抗日战争胜利，当时，许多沿海的大学，如浙江大学、国立中央大学[①]、上海的国立交通大学[②]等（目前中国有五所交通大学，包括台湾交通大学在内，当时只有一个交通

[①] 国立中央大学起源于1902年开始筹建的三江师范学堂，1905年更名为两江优级师范学堂，1911年辛亥革命后停办。1914年，在两江优级师范学堂原址筹建南京高等师范学校，1915年开学。1921年，以南京高等师范学校各专修科组建国立东南大学，1923年南京高师全部并入。1927年，国立东南大学等江苏省9所专科以上学校合并为国立第四中山大学，1928年先更名江苏大学，随即定名为国立中央大学。1937年中国抗日战争爆发后西迁重庆，1946年还校南京。1949年更名为国立南京大学，1950年去"国立"二字改称南京大学。1952年，该校在中华人民共和国实施的院系调整中与金陵大学等校有关院系合并调整，成为南京大学、南京工学院、南京农学院、南京师范学院、华东水利学院、华东航空学院、南京林学院、第五军医大学；1958年至1960年，南京工学院又陆续调整出无锡轻工业学院、南京化工学院、镇江农业机械学院；1962年，国立中央大学校友在台湾重建"国立中央大学"。至此，国立中央大学在海峡两岸共衍生出12所高校。参见：王德滋主编：《南京大学百年史》。南京：南京大学出版社，2002年。

[②] 交通大学的前身是诞生于1896年的南洋公学、创建于1896年山海关北洋铁路官学堂和创建于1909年的交通管理传习所。1921年，上海工业专门学校、唐山工业专门学校、北京铁路管理学校和北京邮电学校合并，定名为交通大学，下设京、沪、唐三校。1928年6月15日，国民政府在南京成立。9月重组国立交通大学，归交通部管辖，本部设在上海。

大学），在此前由于战乱搬到内地，抗战胜利后无法马上搬回原校区，无法按时在原校区招生。中学毕业以后，我母亲希望我继续读大学，尽管当时我家的生活条件很差，但母亲还是多次表示，无论如何都要让我上大学读书。

当时的国立中央大学，在抗战期间由南京搬到重庆，在南京仅有一所公立的中央大学，被人称作"伪中央大学"[1]，这所学校是汪精卫办的，我们都不愿意与日伪沾边，不会去这所大学，所以，我高中一毕业就没有公立大学可读，私立的大学学费高昂，我又读不起。那段空隙时间里，我需要找份工作，恰巧梁丰小学找到我，希望我去当小学教师，我就在家乡当了小学五年级的班主任。过了两个月，我打听到一个南京临时大学补习班[2]。这种"临时大学"是一个过渡阶段的产物，因为那些重要的大学还没有搬回来，我们可以先上这种临时大学补习班，之后再真正分配到大学去。于是，我离开了梁丰小学，和几个同学到南京报考南京临时大学补习班，地点就在原来的南京金陵大学。我在南京临时大学补习班读的是机电工程系。这个系把机械工程与电工两个专业合在一起，称为机电工程系。我在那里读了不到一年时间。我们也等着读完一学年后，临时大学把我们分配到正规大学。后来，我们感觉等待临时大学分配也许不靠谱，就另寻出路，到了次年直接重新报考了大学。当时的临时大学后来将我分配到江西的英士大学，这所大学不太好，我当时立志要上名校，自然就不会去。这样子，一年的补习班只是白白耽误了一年我的时间，没什么收获。

1946年夏，我报考了两所学校，一个是国立中央大学，一个是国立交通大学。中央大学要到南京去考试，交通大学到上海去考试。当时的高考

---

[1] 中央大学（汪精卫政权）是在抗日战争时期国立中央大学西迁重庆后，汪精卫政权在南京建立的学校。该校被后来蒋介石的国民政府称为伪中央大学。

[2] 1945年8月，日本投降后，汪伪政权随之垮台。同年9月，国民政府下令解散"伪中央大学"，10月，在北平、天津、上海、南京四地设立临时大学补习班，后改为南京临时大学。1946年6月，临时大学撤销，应届毕业生修业期满者，发给毕业证书，并授予学士学位。南京临时大学未毕业的学生则按其所学院系与地区，分配到中央大学、安徽大学、上海交大、江苏医学院等校继续学习。参见：王德滋主编：《南京大学百年史》。南京：南京大学出版社．2002年第253-254页。

第一章　动荡中成长　　*25*

形势，就如同"文化大革命"之后77级、78级一样。因为抗战八年，沦陷区的很多地方都没有大学可上，抗战胜利后，沦陷区恢复高考，多年积压了众多考生，录取难度很大。不过我报考的两所学校都考上了，一个是国立中央大学的机械工程系，一个是交通大学的电信管理系。为什么报考机械工程系呢？因为民国时期，大学毕业生都要自己找工作，有些人告诉我，机械工程系的学生好找工作，而且中央大学在这方面的校友多，容易帮上忙，于是我就选择了机械工程系。

当时考大学不像现在这样全国统考，而是各个大学单独考试，我去了一趟南京，又去了一趟上海。到两个大学赴考真的不容易，这两所大学都没有为考生提供住宿，需要自己联系。我家里很穷，不舍得住旅馆。正好我有个同学认识南京的一个小学校长，小学教室晚上是空的，我和几个同学就结伴住在小学教室里。由于准备匆忙，我们去南京时都没有带铺盖卷和蚊帐，把课桌一拼就睡上去了。南京的蚊子特别多，臭虫也很厉害，桌子底下和缝里都是臭虫，早晨起来，身上、背上都被咬了一串一串的包。我们就在这样的条件之下报考大学。去上海的时候，情况稍微好一些，因为我在上海有一个中学同学，他的哥哥是国立交通大学的助教，他在学校有宿舍，而他宿舍刚好有几个同事出去度假了，于是空出几张床给我们住。所以我其实还是比较幸运的，当时参加考试的有很多穷学生，他们只能在校园里露天睡觉，这样子很容易生病，甚至有发病了死在了学校里面的情况。

考试的时候，学校在招生通知中通告登载录取名单的时间和报纸。但是在我家乡杨舍镇上能找到报纸的地方不多啊，我费了好大的功夫才找到相关的报纸。好在一看呢，录取名单里有我！也就是说我一个小地方的学生，考得好一样可以录取。对于高考，我很有信心，这也是意料之中的事。

考试录取中有这样的规矩，正式的录取名额和他的招生名额一样，后面还公布很多的备取生，比如说我们当时机械工程系当时可能是招四十几个人，正式录取的就四十几个，后面还要有一长串备取生。为什么呢，因为大家报考几个学校，有些人改变主意不到某个学校去了，所以录取学生里会有不少空额，空额就按照次序一个一个替补。

那时候的大学教育，公立大学不用交学费，理工农医四个领域的学生吃饭公费，除了零用钱以外，其他钱几乎都不需要。我为什么选择国立中央大学？除了专业好找工作之外，还因为国立交通大学多少要收点杂费。而我母亲只是一个家庭妇女，家里没有稳定的经济来源，生活得很困难，我就选择了一分钱也不收的国立中央大学。

国立中央大学

1946年，我到国立中央大学报到，开始了我的大学生活。

国立中央大学的文昌桥宿舍旁边有个池塘，据说1937年12月南京大屠杀时候，池塘里边都是血水，日本人杀人的血水。因为当时是1946年，离南京大屠杀才九年，大家的印象还比较深刻。

刚上大学时，我们的生活条件比较艰苦。当时中央大学的文昌桥宿舍容纳不下所有学生，就让我们这些新生住到了离文昌桥不远的丁家桥分部，在那里，学校利用日本人留下的大筒仓改建成了学生宿舍。大筒仓很狭长，左右开两个门，其中摆满了双层床和小书桌，几十个学生住在一起，没有洗漱间。那是我第一次睡上铺，而且不像现在的双层床，当时的上铺没有挡板，一不小心一翻身就会掉下来。南京冬天很冷，夏天又很热，这么多学生挤在一个仓库里，居然连一个洗脸间也没有，我们只好跑到外面，用露天的水龙头。一到了冬天，水龙头流出来的水特别的冷。现在想想，在这么恶劣的条件下，我当时居然也把书都读了下来。

我在南京上大学期间，正值解放战争的几年。那个时候，学生运动风起云涌，学校的布告栏里到处都贴着大字报。学生里面有拥护共产党的，有拥护国民党的，也有中间人士。我就算是中间偏左。我当时一心想专心读书，将来要养家，很少跟着同学闹事。学校食堂当时的伙食很差，饭菜没什么味道，非常难吃。我们只有到月底一两天打打牙祭，改善一下生活。当时，共产党和国民党的斗争甚至都反映到了竞选伙食团上，学生看两个竞选的伙食团，看谁办的伙食好就选谁。

学生们一有运动就罢课，1947年爆发了著名的"五二〇运动"[①]。这次学生大游行我也参加了。我在运动中挨了水龙头冲，冲过了警戒线之后，被木棍追打，幸好没被打着。在这样的形势之下，国民党不敢明目张胆地抓"进步学生"，怕抓了之后遭到群起反抗。他们总是在半夜三更，偷偷地潜入宿舍楼抓学生，抓着了就马上弄走，抓不着就迅速撤离。我们同学中有一些是地下党员，后来我们才知道他们的身份。在风声紧的时候，他们就到我们宿舍躲一躲，睡在我们宿舍的一个空床铺上。

我在大学最主要的收获是培养了独立学习的能力。我就读的中央大学其实还是旧式大学，实行较严格的淘汰制。有个形象的比方，如何让学生学会游泳呢？把学生扔到河里，让他在水中挣扎，浮起来的自然就学会游泳，没浮起来的就会被淹死，也就是会被淘汰掉，就是这样的逻辑。第一年，我们班48个同学中，差不多三分之一的同学英语考试不及格，需要留级。我毕业的时候，班上相当多的同学是上一个年级留下来的。

我对一门课印象尤为深刻，这门课叫"锅炉设计"，任课老师叫范从政，是一位很有名的教授。我们当时每次课上两节，每节45分钟。在前一个45分钟里，范老师在黑板上写他的讲义，让大家抄他的板书，后一个45分钟，他就照着黑板讲讲就过去了。我们对他讲课的方式很不喜欢。后来有一次，他布置锅炉设计作业，不给我们任何提示，甚至在课上也没有提及相关内容。后来我和同班同学龚家彪[②]，在图书馆找到一本书，那本书几乎涵盖了范老师讲的所有内容，包括锅炉设计的方法。通过这门课，我明白所谓的独立工作能力，就是你要具备能力去找到那一本书来解决问题。

---

① "五二〇"运动是指1947年5月，由中央大学始发而后扩展到京沪苏杭平津等全国60多个大中城市的反饥饿、反内战、反迫害的青年学生爱国民主运动。

② 龚家彪（1928-1998），生于1928年3月，无锡钱桥人。东南大学（南京）动力工程系教授。曾就读于无锡辅仁中学。1946年考入中央大学机械系，1950年毕业，留校任助教。历任南京工学院副教授、教授等。著有《热工测量和仪表》等。

当时有一位叫钱钟韩①的教授，后来是工学院的院长。他是留英归来的老师，他给我们讲课的方式和范从政教授完全不一样。他没有在黑板上一字一句地抄写，而是用简练的语言与明晰的符号，深入浅出地演示他的思路。在他的课上，我们学到了逻辑思维，如何知其然，也知其所以然。从此，我一直以此为做事的榜样，培养自己的逻辑思辨能力。

1949年夏，我参加了为期一个月的实习活动。当时我们机械工程专业分为制造组和动力组两个部分，我和龚家彪一起参与了动力组的实习。当时实习的场所是戚墅堰电厂下属的无锡电厂，我们参观了电厂生产的各个环节，观摩学习了电厂的各种仪器操作，了解了电厂的各种发电设备等等，收获还是比较丰富的。

其实，由于我高中打下了很好的基础，我的大学过得比较轻松，生活也比较丰富多彩。到南京读书是我第一次到大城市生活，一切对于我来说都是陌生与精彩的，所以上大学之后，除了完成课内的学习任务之外，我对大城市的文化生活也非常感兴趣。当时我有两个好朋

图 1-5　南京大学机械工程系四年级部分同学在中山陵郊游合影（摄于 1950 年 4 月。后排左二为童秉纲）

---

① 钱钟韩（1911-2002），江苏无锡人。工程热物理和自动化专家。1933 年 7 月毕业于上海交通大学电机系。1934 年赴英国伦敦大学理工学院深造，1936 年 6 月毕业。回国后，1937 年任贵州浙江大学机械系教授。1945 年任昆明西南联合大学电机系教授。1946 年抗战胜利后，任南京中央大学机械系教授，1949 年中央大学改名南京大学后，任南京大学工学院院长。1952 年，南京大学工学院独立组建南京工学院，任南京工学院教授，曾兼自动化研究所所长，并任南京工学院副院长。1981 年任南京工学院院长。1988 年南京工学院改名东南大学后，任东南大学名誉校长。1981 年当选为中国科学院技术科学部学部委员（院士）。

友,一个是沈思约①,他也是梁丰中学的学生,比我高两届,我到中央大学时,他已经是三年级的学生了。另一个是龚家彪,我和他也很要好。沈思约曾经带我看电影,教我打桥牌等等,这些对于大学阶段的我都是非常新鲜的,我产生了极大的兴趣。而龚家彪与我,则一起走遍了南京城的各种名胜古迹,可以说大大拓展了我的视野。另外,在大学阶段,我还有一个榜样,那就是郭斌龢。郭斌龢是沈思约的舅舅,他是梁丰中学的校董,在香港大学毕业之后,考取庚款公费留美赴哈佛大学深造,后来在中央大学外文系任教。他是著名的语言文学家,精通多门语言,在中央大学时,我因和沈思约要好,多次去郭斌龢家里拜访,非常敬佩他的学问。后来80年代的时候,我去南京之时还专门去看望了他。

在上大学期间,我普通话说得不好,因为我之前一直在家乡的中学读书,接受的语文课大多是用家乡话讲的。到了大学,我同宿舍的同学有不少是上海人,我虽不会讲上海话,但大家讲的也都是南方话,缺乏讲普通话的环境。新中国成立前,学生政治运动很频繁。在学生运动高涨的时候,有些同学在集会上发表演说,他们在台上一开口就能吸引全场的注意,他们的演讲往往抓住要害,一针见血,让我感到相形见绌,自愧不如。

没想到,我上大学的最后一年(1949—1950年),当时中共地下党同学推举我当班长,我虽然心里不是很有底,但也还是承担了班长的职务,并被发展为第一批新民主主义青年团(中国共产主义青年团的前身)团员。其实,我高二的时候,就带领过全班同学一起罢课抗议梁丰中学突然涨学费;高三毕业之后的暑假,我组织了一个补习班。这些都积累了一定的组织协调能力,但是真正开始得到历练的还要算大学当班长的时候。

我上大学的前三年,正值解放战争,学生运动频繁,大家没有班级概念。到了大四,由于解放了,学校开始重视班级建设。我当班长的时候,正在新中国成立初期,需要承担不少政治教育的任务,比如组织高年级学生与老师进行日常的政治学习等等,还要主持一些公开的集会活动,有时

---

① 沈思约(1926—),江苏无锡人。1948年毕业于中央大学化学系,获学士学位。高级工程师。专长化学、高分子材料,曾从事塑料工业材料工作。

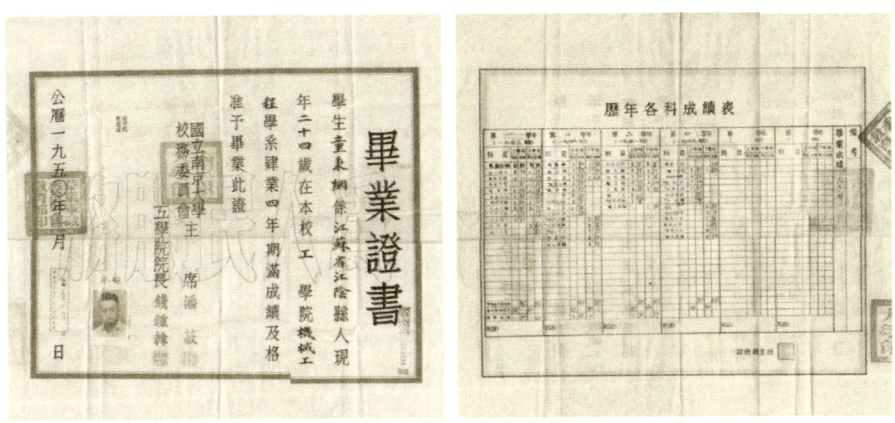

图 1-6　童秉纲国立南京大学毕业证书，背面附有成绩单

候教授们也会参与这些集会，所以对我来说是较大的挑战，但在不断的锻炼之中，我的讲话水平与普通话都得到提高，领导组织能力也明显提升。我当时私下里问我的好朋友龚家彪怎么样，他都肯定我的讲话思路明确，简练有力。虽然只是担任很小的班长，但这不但对我以后从事教学管理有一定帮助，而且促进了我良好心态的养成。由于长期的组织活动与公众演说，我培养了较好的公众应对能力，心理状态也更加平和而坚定，这甚至对"文化大革命"中的我都产生了深远的影响。

第二章
分配至哈尔滨工业大学

1950年，我本科毕业，随后被分配到哈尔滨工业大学读研究生。1952年9月，我读研究生三年级，25岁的我开始登台授课。在苏联专家克雷洛夫的影响下，我逐渐形成自己的一套教学法。我又被任命为理论力学教研室代主任。1956年，由于年轻气盛，我对哈工大的某副教务长提出意见。第二年，我被列为批判对象，受到长达四年的批判。

分配至哈工大

1950年，我本科毕业，这时的国立中央大学已经改名为南京大学[①]。那个时候，大学毕业生的工作由国家统一分配。我们是第一批由国家统一分配工作的学生，当时，我的同学有的家庭条件比较困难，有的已经结婚了，要

---

① 1949年8月8日，根据南京市军管会文教委员会通知，国立中央大学改名为"国立南京大学"。1950年10月10日，接华东军政委员会教育部长吴有训签发的通知："经政务院核定，除私立学校于校名上加冠'私立'二字外，各级学校校名不加国立、省立、市立及公立字样。"自此，学校校名即去"国立"二字迳称"南京大学"。

考虑家属，而我没什么牵挂，我就和负责分配的老师说："把我分到哪儿都行！"哈尔滨工业大学要招收师资研究生，我就被分配到了哈工大读研究生。

1950年7月中下旬，在去哈工大做师资研究生之前的暑假，我回了一趟老家，向母亲辞行。那时我家里还是非常困难，因为没有经济来源，我的大哥原本就读于复旦大学，不得已休学两年，以维持家里的生计。我在家里只待了很短的一段时间，我还记得，母亲专门领着我们兄弟姐妹5个拍了一张全家福，那是很珍贵的一张照片。

到了8月份，哈工大派了一个人来接我们十几个毕业生去哈尔滨。我当时感觉从南京到哈尔滨非常遥远，这跟现在人们的距离感完全不一样。当时从南京到哈尔滨要途经天津，而解放战争期间，从南京到天津的铁路往往是中断的。要去北京、天津等地，就要到上海坐海船。从天津去哈尔滨，是要出关的，而关外在1945年8月前属于伪满洲国，那更是遥远的地方。

哈尔滨工业大学始建于1920年，当时校名为"哈尔滨中俄工业

图2-1 五十年代的哈尔滨工业大学校园

第二章 分配至哈尔滨工业大学

学校",建校的宗旨是为中东铁路(抗日战争胜利后,改称"中长铁路")培养工程技术人才,学校按俄国的教育模式办学。1949年,哈工大开始面向全国招收研究生,是国内最早培养研究生的院校之一。为了办好哈工大,新中国成立后,67位苏联专家和3位捷克专家先后被聘请到哈工大,帮助学校建设国家急需的专业,培养教师和学生;一批先进的仪器设备从苏联运回,使哈工大的实验室和实习工厂一跃居于全国最前列。在1949年11月到1950年3月,哈工大两次招收研究生81人;1950年秋招收218人。他们先学习俄文,以便苏联专家来校指导他们进行专业学习。这是培养师资工作的准备阶段。[①]

8月15日,经过一段时间的跋涉,我终于到了哈尔滨。

哈尔滨工业大学原来是由东北的中长铁路管理的一所专科性大学。中长铁路最初并不属于中国人管。日俄战争以后,由日本管;抗战胜利后,由苏联管;我们解放东北以后,到1950年,中长铁路才由中国接收。哈尔滨工业大学原来的所有教师全是本地苏侨和外国人,都是俄文讲课,小部分学生是中国人,那些中国学生,俄文也是精通的。1950年5月,经由中共中央刘少奇同志批准,中国政府正式接收哈尔滨工业大学,把它办成学习苏联高教经验的基地。当时全国上下都在向苏联老大哥学习,尤其是学习苏联的高等教育。因为哈工大原来就是用俄文教学的,所以上级批示,要把哈工大建设成为一个学习苏联的样板,邀请大批苏联专家前来指导教学。

我去的是哈工大要办的一个师资研究生班,研究生班除了一些像我那样子的应届毕业生,还有从全国高校保送来的一批青年教师。哈工大李昌[②]

[①] 马洪舒主编:《哈尔滨工业大学校史(1920-2000)》。哈尔滨:哈尔滨工业大学出版社,2000年,第140-141页。

[②] 李昌(1914-2010),土家族,湖南省永顺县塔卧镇人。1953年,被毛主席亲自任命到哈尔滨工业大学担任校长、党委书记。11年时间,他把一个设施陈旧、条件简陋的哈尔滨工业大学建成为那个时期全国最好的大学之一,培养出大批人才,为祖国的国防工业和航天事业作出了重要的贡献。李昌在"文化大革命"期间受到残酷迫害。1977年后,他先后任中国科学院副院长兼中科大学第一副校长,中国科学院党组副书记、书记,中国科学院主席团执行主席等职。1982年当选为中央纪委书记。

校长曾说，建设哈工大靠八百壮士，也就是当时留校的那几批研究生。当时在哈工大读研究生是没有学位的，因为那会儿我国还没有硕士和博士学位的制度。

当时哈工大的校址在哈尔滨南岗区。初到那个地方，我仿佛踏入了异国他乡。哈工大校园周围的很多民居里都住着苏侨，从我们教学楼上看下去，晾衣服的都是俄国人，他们都是白俄的后代。学校楼内的门牌都是俄文字样，我从没学过俄文，刚到的时候连厕所标牌都认不得。哈工大所属的中长铁路局俱乐部，就在学校旁边，那里可以吃西餐，我们偶尔会跑去换换口味，完全是一种异国他乡的风情。哈尔滨的建筑也和南方的很不一样，屋子里的窗台像床一样宽，墙也特别厚，冬暖夏凉。

到了哈尔滨之后，北方寒冷的冬天很快就来了。我最大的困难，就是要买一整套的冬装御寒。我早先在家乡穿的衣服，多是中式的长袍马褂，到了南京以后开始穿洋装，也就是最普通的洋装，好的我也买不起，所以我在老家也没有几件像样的厚衣服。北方冬天的寒冷程度大大出乎我的意料。冬天一到，大街上的路人都捂得严严实实，那么冷的天气，不戴帽子是不行的，严重的话耳朵鼻子都会被冻坏，而不穿大衣当然更不行了，但是买一套冬装对我来说却是一笔高昂的开销。当时研究生的工资每个月只有20块钱，10块钱用来吃饭，10块钱留着零用。我家里本来就很困难，不可能接济我。正当我在为买不起冬装发愁时，我的挚友任云峰①伸出了援手。任云峰在1945年就上了复旦大学，比我早一年毕业，他当时已经工作拿工资了，所以给我寄来了两套棉毛衣裤。这真是雪中送炭啊！这是很不容易的事情，我当时特别感动。我所需要的其他大衣、皮帽、围巾、手套之类的御寒用品，都只能靠学校的赊助，虽然是研究生，但生活过得还是比较艰难的。

---

① 任云峰（1926-？），江苏江阴人，1926年10月生，1949年毕业于复旦大学化学系。主要从事药物化学和有机合成的研究。

初登讲台——向苏联专家学习教学

要把哈工大建成中国的社会主义工科大学，最为重要的是师资队伍。如何打造一支出色的师资队伍呢？办研究生班是一个重要的办法。哈工大的研究生班有几个生源：一部分是从全国多所知名高校遴选而来的，他们大多是政治作风和学术功底都较为突出的助教或讲师，其中相当一部分人已经有了"讲师"职称，被保送到哈工大继续学习；另外一部分就是像我这样的大学应届毕业生；还有像黄文虎夫妇那样的，出于个人兴趣，主动放弃工作，来到哈工大读研究生的。这样的研究生班总共办了三届，1950年第一届，1951年第二届，1952年第三届。1953起，李昌开始担任哈工大的校长，他把这个成功的办法称为"八百壮士开创哈工大"。很幸运，我们正是八百壮士中的第一批骨干。

我们研究生的学习年限是三年。研究生的第一年学俄文，第二年的秋季学期念了几门课，从第二年的春季学期开始，就从事教学了。哈工大当时聘请了大批苏联专家，实行俄文授课，因此我们研究生的第一年专门学习俄文。教我们俄文的是一位名叫白塔晓娃的老太太，她是哈尔滨当地的苏侨，在巴黎留过学，不会讲中文，只懂一点英文。她讲课的时候，通篇俄文，只有我们实在听不懂的时候，她才会用英文示意一下。我们就在这样的环境中学俄文，在一年的时间里，就掌握了俄语的听说读写。

在我到哈工大后的一两年间，根据国家的决定，学校陆陆续续辞退了以前的苏侨教师，换上了一批新的中国教师，其中主要是由在读研究生担当，请苏联专家作指导。

于是，在1952年春天，我开始参与理论力学的教学工作。

哈工大的理论力学教学，以前是没有固定的教学大纲和专门教材的，最开始是一位苏侨欧巴林先生教授的，但是教学质量很差。后来，在 1951 年秋，理论力学这门课已经在教学大纲、教材、教学方法等方面做了一些相应的安排，当时这门课程的设计按照全校颁布的苏联教学大纲，采用苏联最新教材（洛将斯基·路里耶著《理论力学教程》和密谢尔斯基《理论力学习题集》），是全校范围内最早运用苏联教学方式教学的几门课程之一。1951 年秋，水力学教研室的苏联专家瓦西里耶夫的夫人古里曼代替了欧巴林的部分教学任务，理论力学的教学质量开始有所转机。理论力学的课程内容包括课堂授课与习题课两部分，我刚开始参与教学时，主要任务是协助古里曼老师带理论力学的习题课。到了 1952 年 9 月，我就开始独自登台讲理论力学课了。也就是说，在我读研究生的第四个学期，我就开始参与本科教学了，而第五学期，我开始上台讲大班课。

我读研究生班的第一年里还没有分专业。到了 1952 年 8 月，从苏联来了一位理论力学专家，他叫阿·瓦·克雷洛夫[1]，是苏联莫斯科石油学院的副教授，到哈工大的第二批顾问团的总顾问[2]，也就是校长顾问。20 世纪 50 年代，要在苏联获得博士学位很不容易。博士生毕业后需要到工作岗位上去，做出比较突出的成果，再重新申请，方能获得博士学位。只有博士方能成为教授。如果仅在学校里读学位只能是副博士，而副博士不可能成为教授，只能是副教授。当时来华的苏联专家大多只是副博士，只有一两个博士教授。

克雷洛夫在苏联时担任实验室主任兼理论力学课程教师。他到哈工大以后，就主导创建哈工大的理论力学教研室，并带来了苏联"伏龙科夫"学派（理论力学教学思想和教学法的一个学派）的教学思想、教学方法和教学经验，其优点是少而精，重点突出，易教易学。

---

[1] 全名为阿列克塞·瓦西里维奇·克雷洛夫，苏联专家，曾担任莫斯科石油学院的党委书记。于 1952 年 8 月被派往哈尔滨工业大学，1954 年 7 月离开。在华期间，帮助哈工大组建理论力学教研室，并培养年轻教师。

[2] 中国经济论文选编辑委员会辑：《向苏联专家学习》。北京：生活·读书·新知三联书店，1953 年，第 213 页。

研究生一年级结束后，我和黄文虎[①]、高为炳[②]、吴瑶华[③]、李国枢[④]、谈开孚[⑤]、陶城[⑥]、尹昌言[⑦]、吕茂烈[⑧]，加上王铎[⑨]共10个人被划到理论力学专业，跟着克雷洛夫读研究生。当时就读理论力学专业的这10人中，后来出了三位院士，其中有高为炳，北航的中科院院士，还有黄文虎，工程院院士，另外一个是我。可见，当时哈工大的确引进了不少杰出的教育人才，在克雷洛夫等苏联专家的指导下，我们迅速成长起来，开辟了自己的学术天地。

---

① 黄文虎（1926.7.22-），机械动力学与振动专家，中国工程院院士。浙江省永康县人。1949年毕业于浙江大学获学士学位。1953年哈尔滨工业大学研究班结业。现任哈尔滨工业大学教授，中国振动工程学会名誉理事长。1995年当选为中国工程院院士。

② 高为炳（1925-1994），我国著名控制理论专家，河南卫辉市人。1948年毕业于西北工学院航空系。1950年到哈尔滨工业大学读师资研究生，1952年9月离开哈工大。曾任北京航空学院系统与控制研究室主任、研究生院副院长。1991年选为中国科学院院士。

③ 吴瑶华（1926-2000），江苏省常州市人，飞行力学与控制专家。1949年于原中央大学电机系毕业，1950年到哈工大研究生班随苏联专家学习，并任哈工大理论力学教研室教师。1956年赴苏联莫斯科包曼国立科技大学进修，1959年获副博士学位，同年回国，在哈工大负责导弹工程系飞行力学新专业筹建工作。吴瑶华教授在哈工大基础课与航天工程系从事教学与科研工作五十余年。

④ 李国枢（1917-?），湖南平江人。1940年毕业于湖南大学机械系。曾任教于华中工学院，1950年被选派到哈工大师资研究生班学习，1952年分配到理论力学教研室。1953年从师资研究生班毕业后回到华中工学院（今华中科技大学），曾任该校理论力学教研室主任。

⑤ 谈开孚（1928-），江苏镇江市区人，物理学家。1950年南京大学物理系毕业，1953年哈尔滨工业大学研究班毕业。长期从事高校教学与科研工作。主要讲授理论力学、振动理论、分析力学以及其他有关的力学和数学专业课程。主要著作有《分析力学》、《理论力学》、《非线性振动理论讲义》等。

⑥ 陶城（1924-2011），教育家，力学家。1950年，上海交通大学航空力学系毕业。从1950-1989年，在哈尔滨工业大学理论力学系任教，曾任教研室副主任.致力于理论力学和空气动力学教学与研究工作，翻译出版大量苏联专著。

⑦ 尹昌言（1925-?），湖南澧县人。1953年哈尔滨工业大学研究生班理论力学专业毕业。从事力学专业的教学和科研工作。1981年3月评为教授。

⑧ 吕茂烈（1924-），浙江嵊县人。1946年毕业于浙江大学航空系。1953年毕业于哈尔滨工业大学研究生班。历任华东航空学院讲师，西北工业大学副教授、教授。长期从事理论力学的教学与研究工作。翻译、编写、主编多种理论力学教材并被广泛采用。译有［苏］伏龙科夫《理论力学教程》等。

⑨ 王铎（1920-）河北省深泽县人。1938-1942年中央大学土木系学习，获学士学位。1950-1956年任哈尔滨工业大学教员，1952至1956年任理论力学教研室副主任。1956年任哈尔滨工业大学副教授。1961-1981年任理论力学教研室主任。

1951年到1957年末，哈工大先后聘请了古林、克雷洛夫、罗日杰士特文斯基、卡岗和马依奥洛夫等五批62位苏联专家（不包括因院系调整调往他校的10人）和3名捷克专家来校工作。1957年以后又聘请12名苏联专家，至1960年，哈工大共聘请77名外国专家在校工作。苏联专家不仅帮助我们掌

图2-2 克雷洛夫与童秉纲（1953年）

握讲课、建立实验室、开出实验、指导生产实习、指导课程设计和毕业设计、制定基本的教学文件，以及开展科学研究工作的全套本领，而且还帮助我们制定学校发展计划，介绍苏联高等工业学校的领导工作经验，担任教学各部门顾问，参加学校基本建设筹划工作，帮助学校与厂矿企业单位与工业部门建立联系，并到外校进行学术活动等。

学校聘请苏联专家的过程大体可分为五个时期：1951年3月—1952年7月，苏联专家组长古林同志等在校工作时期；1952年8月—1954年6月，苏联专家组长克雷洛夫同志等在校工作时期；1954年8月—1956年6月，苏联专家组长罗日杰士特文斯基同志等在校工作时期；1956年2月—1957年6月，苏联专家组长卡岗同志等在校工作时期；1957年8月—1957年末，苏联专家组长马依奥洛夫同志等在校工作时期。

教学法研究

中国早期的工科教育中有一门课程叫做应用力学（Applied Mechanics），主要讲授一些与工程有关的基本应用知识。然而按照苏联及德国的教学传统，功课要学得深，就要讲理论、讲道理、讲基础，不能光讲应用。理论力学是力学的基础，如果不能深入掌握这个基础的话，很难有更长远的发展。因此，哈工大非常重视理论力学这门课程，它不仅仅是理科的一门常规课程，也是工科学生的基础课程。

我读研究生的时候，一开始，克雷洛夫指导我们掌握理论力学教学工作的全过程，主要训练我们如何去讲好这门课。克雷洛夫首先要求我们学习和掌握教学内容，他让我们每人分担一部分内容，我们在吃透这部分内容之后，用俄文分别讲给他听，他再对我们所讲的内容做出点拨，引导我们进一步深入理解。在此基础上，我们再承担给学生讲大课的任务。当时讲课是大班，习题课是小班。为什么要设习题课呢？因为理论力学这门课，基本的理论知识学起来感觉很容易，但相应的习题很难，需要另外辅导学生怎么做习题。我们就从习题课"现学现卖"，先从习题课上手，辅导学生做理论力学的习题，之后再转入大课的讲授。虽然都是新手上阵，但是我们对教学都十分投入，并严肃认真地开展教学法的研究。

如何让学生听懂这门课，尤为关键的是教学法。当时在哈工大，教学方法被提到很高的位置。理论力学这门课的每个章节的内容设置、甚至每一堂课的内容，我们10个研究生都在一边授课，一边交换意见，讨论每个章节的教学主题、教学目的及教学意义，试图构建一个合理的教学框架，勾连起多个章节之间的关系，将每个知识点的来龙去脉讲授清晰。如何讲授每一章节的重点与难点，如何引导和启发学生思维，提高学生的理解能力等等，我们都做了详尽的分析讨论，并且将每一次的讨论内容记录成册。同时，我们还尽可能全面地收集各类思考题，用以提高学生的解题能力，培养学生的思维方法。于是，我们在开设理论力学课程和习题课的同时，在经验积累的基础上，编写了《理论力学教学方法指导书》，解决了理论力学授课中"理论容易习题难"的问题。

黄文虎来信摘抄[①]

回想六十年前理论力学教研室时期，我们都是初出茅庐的无知青年，怀着一颗为国家办好哈工大的红心，诚心向苏联专家学习，团结在一起，努力学好理论力学。现在回想起来，克雷洛夫的教学方法很有特色，很符合培养研究生的规律。他不采用"满堂灌"的讲课方式，课堂上他自己讲课不多，而是把理论力学教学大纲分成10个部分，布置我们研究生每人准备一个部分，轮流讲课。我们到图书馆借出了几乎所有的俄文理论力学书，包括苏斯洛夫等经典著作，啃硬骨头，费尽浑身力气，对所准备的那部分内容可说是深有体会，这样培养了我们独立深入分析问题的能力。学习能力提高了，深受教益，其他部分内容也就较易掌握了。虽然我们用俄文讲课还结结巴巴，但我们的收获的确很大。

谈开孚来信摘抄[②]

他做工作从来是身教力行，绝不指手画脚、夸夸其谈。克雷洛夫同志并不因为他工作过于忙而轻易离开教学岗位。他不仅上大课，而且还带一个小班的习题课，这为的是能给青年教师做示范性的表演。此外，他不仅上习题课同时也抽时间给学生做辅导性答疑，干非常不同的工作。他就是这样谆谆地以身作则地教导学生。克雷洛夫同志的讲课水平非常杰出而又生动，这大概是伏龙科夫学派的特点吧！他备课非常认真，课前必有备课提纲，讲课叙述清楚，能做到引人入胜而没有一点哗众取宠，他讲课的内容思想丰富、内容深刻、概念清晰并紧密联系实际。当其讲到重要之处，常常能做到画龙点睛之妙，以便

[①] 黄文虎给童秉纲的信，2012年10月28日。资料存于采集工程数据库。

[②] 谈开孚给童秉纲的信，1988年7月26日。资料存地同上。

学生能深刻体会要领并铭记在心。学生听他的课从来没反映过因语言隔阂而感到困难。说实在的，讲课能达到这样的水平是相当不容易的。在这里值得一提的是作为伏龙科夫学派的学风哈尔滨工业大学理论力学教研室已经给继承下来了，从这个教研室中进进出出的许多教师，他们的讲课以及他们所编写的著作和讲演都深深地留下了这个学派的烙印。

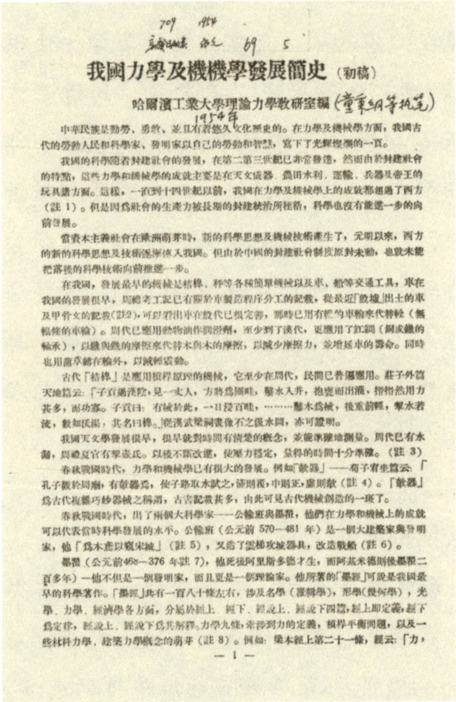

709 1954

69 5

我國力學及機機學發展簡史（初稿）

哈爾濱工業大學理論力學教研室編（童秉纲等执笔）

1954年

中華民族是勤勞、勇敢、並且有着悠久文化歷史的。在力學及機械學方面，我國古代的勞動人民和科學家、發明家以自己的勞動和智慧，寫下了光輝燦爛的一頁。

我國的科學隨着封建社會的發展，在第二第三世紀已非常發達，然而由於封建社會的特點，這些力學和機械學的成就主要是在天文儀器、農田水利、運輸、兵器及帝王的玩具諸方面。這樣，一直到十四世紀以前，我國在力學及機械學上的成就都超過了西方（註 1）。但是因爲社會的生產力被長期的封建統治所桎梏，科學也沒有能進一步的向前發展。

當資本主義社會在歐洲萌芽時，新的科學思想及機械技術產生了，元明以來，西方的新的科學思想及技術逐漸傳入我國。但由於中國的封建社會制度原封未動，也就未能把落後的科學技術向前推進一步。

在我國，發展最早的機械是桔槔、杵等各種簡單機械以及車、船等交通工具，車在我國的發展很早，周禮考工記已有關於車製造程序分工的記載，從最近「殷墟」出土的車及甲骨文的記載(註2)，可以看出車在殷代已很完善，那時已用有輻的車輪來代替輇（無輻條的車輪）。周代已應用動物油作潤滑劑，至少到了漢代，更應用了釭鐧（銅或鐵的軸承），以鐵與鐵的摩擦來代替木與木的摩擦，以減少摩擦力，並增延車的壽命。同時也用蒲草綁在輪外，以減輕震動。

古代「桔槔」是應用槓桿原理的機械，它至少在周代，民間已普遍應用。莊子外篇天地篇云：「子貢過漢陰，見一丈人，方將爲圃畦，鑿隧而入井，抱甕而出灌，搰搰然用力甚多，而見功寡。子貢曰：有械於此，一日浸百畦，……鑿木爲機，後重前輕，挈水若抽，數如泆湯，其名曰槔。」從漢武梁祠畫像石之汲水圖，亦可證明。

我國天文學發展很早，很早就對時間有清楚的概念，並能準確地測量。周代已有水漏，周禮夏官有挈壺氏。以後不斷改進，使壓力穩定，量得的時間十分準確。（註 3）

春秋戰國時代，力學和機械學已有很大的發展。例如「欹器」——荀子宥坐篇云：「孔子觀於周廟，有欹器焉，使子路取水試之，滿則覆，中則正，虛則欹（註 4）。「欹器」爲古代複雜巧妙器械之稱謂，古書記載甚多，由此可見古代機械創造的一斑了。

春秋戰國時代，出了兩個大科學家——公輸班與墨翟，他們在力學和機械上的成就可以代表當時科學發展的水平。公輸班（公元前 570—481 年）是一個大建築家與發明家，他「爲木鳶以窺宋城」（註 5），又造了雲梯攻城器具，改造戰船（註 6）。

墨翟（公元前468—376 年註 7），他死後阿里斯多德才生，而阿基米德則後墨翟二百多年）—他不但是一個發明家，而且更是一個理論家。他所著的「墨經」可說是我國最早的科學著作。「墨經」共有一百八十條左右，涉及名學（邏輯學），形學(幾何學），光學、力學、經濟學各方面，分屬於經上、經下、經說上、經說下四篇，經上即定義，經下爲定律，經說上、經說下爲其解釋。力學九條，牽涉到力的定義，槓桿平衡問題，以及一些材料力學、建築力學概念的萌芽（註 8）。例如：梁木經上第二十一條，經云：「力，

— 1 —

图 2-3 《我国力学及机械学发展简史》（初稿）①

理论力学教研室最早的地址是在哈建工学院公司街二层大楼的靠大直街的一端，教研室原先是在二楼的楼梯口旁，窗户朝向院内，因为光线太暗，影响工作，不久就搬到面向公司街朝阳的一面。

教研室内摆放着很多力学家的画像，这些画像，有一部分是克雷洛夫带来的，也有一部分是中国同志从有关书籍中摘录成像的。总共约有三四十张格调统一的肖像画，非常遗憾的是其中没有一幅是中国人。在他的建议下，在暑假里教研室派遣了高为炳和童秉纲两位同志到北京拜访了历史科学研究所的王振铎②研究员

① 《我国力学及机械学发展简史》（初稿），档案号：SG-001-086，资料存于采集工程数据库。

② 王振铎（1911-），考古学家，辽宁海城人，生于河北保定。1936-1949 年，任国立北平研究院史学研究会编辑，国立中央研究院上海工程研究所助理研究员，昆明国立中央研究院历史语言研究所助理研究员，中央博物院筹备处专门设计员。1950-1971 年，任文化部文物局博物馆处处长，故宫博物院科技研究室主任，文物博物馆研究员兼所长。是第三届全国人大代表，第五、六届全国政协委员。现任中国历史博物馆研究员兼顾问、中国博物馆学会名誉理事长，中国自然科学史学会理事，中国考古学会常务理事。著有《科技考古论丛》。

和清华大学刘仙洲[①]教授等当代科学史专家，向其请教，从而尝试填补中国科学家的一些空白。中国古代科学史学术界若干耆宿在哈工大理论力学教研室的倡议下，不久请了中国著名国画家蒋兆和[②]画出了最初的四位中国古代科学家的肖像。这就是：张衡、祖冲之、僧一行、李时珍四人。（拜访回来后，完成《我国力学及机械学发展简史》（初稿）。）

26岁的教研室主任

1952年3月，我们10位研究生组成的哈尔滨工业大学理论力学教研室正式成立。学校任命高为炳为教研室主任，吴耀华为学术秘书，并对其他8位青年老师安排了相应的工作。1952年9月，高为炳调回北京航空航天大学后，哈工大任命我为教研室的代理主任。我当时研究生还未毕业，不能当主任，因此只能做代主任。王铎、黄文虎分别担任代理副主任。1953年9月，我们研究生毕业，去掉了"代理"两个字，我成为哈工大理论力学教研室正式的主任，那时候26岁。

担任理论力学教研室代主任的时候，我感到责任很重大。有不少比我年长的老师同在一个教研室里，比如王铎等，我这样的小年轻来当这个主任，可不是一件轻松的事情。从这项领导工作开始，我变得格外忙碌，每天只能睡六个小时，在繁忙的工作中要不停地筹划工作，进行反思。从此，我渐渐养成一个习惯，在每天清晨起床之前，我都要一一盘算今天要

---

① 刘仙洲（1890-1975），原名鹤，又名振华，字仙舟。机械学家和机械工程教育家，中国科学史事业的开拓者。中国工程专家，中国科学院院士。1913年入北京大学预科，第二年考入香港大学机械工程系，1918年毕业，获"头等荣誉"毕业文凭。长期从事教育工作。历任北洋大学校长，东北大学、清华大学、昆明西南联合大学教授，清华大学第一副校长，中国机械工程学会副理事长等职。

② 蒋兆和（1904-1986），现代人物画家，是现代卓越的人物画家和美术教育家。被称为20世纪中国现代水墨人物画的一代宗师，中国现代画坛独领风骚的艺术巨匠。曾任南京国立中央大学（国立中央大学1949年更名为南京大学）、中央美术学院教授。

我在哈工大讲课小有名气，大概是因为我讲课的思维清楚，语言简练，深入浅出。我在当教研室主任的时候，同时也在上课。按照苏联模式，理论力学课程要上120学时，两个学期，有的时候要每周讲授两个大班，一个大班一百多人。另外，我还要给夜校的厂长班讲课，就是为了厂长们念本科而开设的夜班；当时还有一批从苏联留学归来的高干子弟等等，他们只会俄文，听不懂中文，所以我要用俄文给他们讲课。

作为教研室主任，我还要忙于一些社会工作。那个年代，哈工大是学习苏联的典范，全国各大高校都要向哈工大学习，所以我每个星期都要接待来自全国的同行，向他们介绍哈工大的教学经验。我兢兢业业，每天都要计划好干哪些事情，时时检验一下自己的工作有没有效果，这个习惯一直延续到现在。

那个时候，中国没有自己的理论力学教科书，所以克雷洛夫让我们先翻译苏联的理论力学教科书。克雷洛夫认为伏龙科夫的《理论力学》[1]写得比较好，可以作为工科学生使用的教材；在习题集方面，他让我们翻译了米歇尔斯基的《理论力学习题集》[2]。我由于工作较多，所以不是翻译的主力，只是参与翻译。我们翻译的这两本教科书，还没有等到出版，就先把稿子印出来，发给全国的同行看了。

（哈工大）为把学到的宝贵经验传播出去，使这些经验成为教育界所共享，在陈康白、高铁[3]校长的倡议下和教育部的支持下，1951

---

[1]（苏）伏龙科夫（И.М.Воронков）著；童秉纲等译校.理论力学教程[M].重工业出版社.1953。

[2] И.В.密歇尔斯基著；哈尔滨工业大学理论力学教研室译.理论力学习题集[M].北京：人民教育出版社.1955。

[3] 高铁（1915-1998），辽宁省新民县人，教育家。1935年积极参加"一二·九"学生运动。1937年10月加入中国共产党。1948年3月，任中共沈阳工委秘书长兼宣传部部长，东北人民政府工业部地方工业处处长。新中国成立后，高铁同志先后任哈尔滨工业大学副校长、党委副书记、第二书记、校长兼党委书记等职。"文化大革命"中，高铁同志受到冲击。1973年4月重返领导岗位，先后任哈工大党的领导小组组长兼革委会主任，北京大学党委副书记、常务副校长。1980年1月高铁同志任建筑材料工业部副部长。

年7月召开由北京、沈阳、大连、长春等各大学代表参加的第一次科学技术暨教育研究工作会议。此后，从1952年起又连续召开第二、三、四、五次教学科研工作会议。在会上，哈工大的领导和教师向兄弟学校报告了学习苏联办学经验的体会。苏联专家就不同专业设置讲述了制定教学计划以及教学大纲的原则和方法。会后，哈工大将这些报告和发言汇集成册，发放至全国各有关院校，对当时高校学习苏联经验，办好自己的新型高等工科大学起了借鉴和促进作用。[1]

1954年6月，苏联专家来了差不多两年时间，在哈工大召开了全国理论力学经验交流会，我担任会议执行主席。到会的都是工科学校的代表，大都是各个高校的有关负责人，例如当时南京工学院的胡乾善[2]教授，曾是我读大学时机械工程系的系主任。我和清华大学理论力学教研室的秘书邵敏一起组织这次会议。为了在会议上进行交流，我们办了一个展览，准备了不少教学资料，其中就有我主持修订的《理论力学讲课指导书》和《理论力学习题课指导书》这两本参考资料。这两本资料在会上引起了热烈的交流。克雷洛夫也参加了这个会议，他讲话的时候全靠我和黄文虎给他当翻译，我们分段翻译，他讲一段话后我们就翻译，大家的中文发言我们也要翻译给他听。

1953年，哈尔滨军事工程学院成立，因哈工大较早建校，刚成立的哈军工要向我们学习经验。1955年，哈军工的教务部部长曹鹤荪[3]，邀请我给

---

[1] 马洪舒主编：《哈尔滨工业大学校史（1920-2000）》。哈尔滨：哈尔滨工业大学出版社，2000年，第112-113页。

[2] 胡乾善（1911-2004），振动专家和工程力学教育家。1937年，胡乾善获得了伦敦大学哲学博士学位。1945年初，胡乾善担任了重庆中央大学机械系教授。抗战胜利后，中央大学迁回南京，他担任机械工程系主任。1952年院系调整，胡乾善担任了南京工学院机械系教授、系主任。早期从事宇宙射线研究工作，后致力于机械振动研究。

[3] 曹鹤荪（1912-1998），空气动力学家，航空航天教育家。江阴县城内司马坊人。1934年毕业于上海交通大学电机系获学士学位，同年秋考取公费留学意大利都灵大学航空工程研究生院，攻读空气动力学，1936年获博士学位。1948年任上海交通大学教务长和校教授会主席。抗日战争时期在重庆交通大学创办了航空系。1952年起，历任哈尔滨军事工程学院教授、教务处处长、教务部副部长、部长等职，对建立哈尔滨军事工程学院的教学体系及规章制度作出贡献。1985年当选为国际宇航科学院院士。从事理论空气动力学、气动弹性力学的教学和科学研究逾50年。晚年研究高超音速空气动力学、稀薄气体动力学和计算流体力学，对中国航天飞行器空气动力学的发展作出了贡献。

第二章　分配至哈尔滨工业大学

哈军工的全体教师做个报告，讲讲学习苏联组织教研室的经验，我一开始还挺紧张的，好在最后讲的还可以，我讲了不少生动的例子，引起与会者的兴趣。

对于我担任教研室主任期间的工作，黄文虎在信中有这样的评价，他说："当时教研室在克雷洛夫指导下和在你（童秉纲）的领导下，做的铿锵有声，蒸蒸日上，深得李昌校长的赞赏和器重，我们大家都对你的领导才能深为佩服，认为你既有远见，又有实干，做事有条不紊，既严密又稳重，更能团结大家，发挥每个人的积极性，这绝不是我在这里对你的恭维，而的确是大家的心声。"①

撰写教学工作总结报告

哈工大研究生班学制三年，学生须按期完成毕业论文。由于这个阶段中，我的主要精力都在理论力学教学方法研究，而且当时这还是人们关心的热点，因此，我在1953年完成了毕业论文《高等工业学校理论力学的教学方法》，并于1953年10月29日举行了隆重的答辩会。该答辩委员会由高铁副校长、马大猷教务长以及两位苏联专家和哈军工教授等组成。该论文后刊发于《哈尔滨工业大学报》（1954）上，列为卷首。

1955年初，哈工大任命我兼任教学方法指导科科长，管理统筹全校的教学计划、教学大纲与教学方法。这个职位管理面很宽，要掌握全校各个系和教研室的教学动态情况，要梳理出问题和提出改进办法，供领导参考。我为此实践了一年半，我觉得既要教学，又要管理，实在精力不够，我对做这种事的能力也不够，而且我并不乐意做专职管理人员。因此，到1956年夏，我辞去了科长职务。

但是，在此期间，我在教学总结报告的写作能力上受到了锻炼，大有

---

① 黄文虎给童秉纲的信，2012年10月28日。资料存于采集工程数据库。

收益。1956 年，哈尔滨工业大学召开年度教学工作总结会，高铁副校长要做一个教学工作的总结报告，这个报告主要分为两个部分，一个部分回顾上一年度的教学情况，总结和反思全校的教学工作，另一部分确定下一年度的教学工作内容，明确学校的未来发展方向。高铁副校长很信任我，就把报告的第一部分交给我来起草。

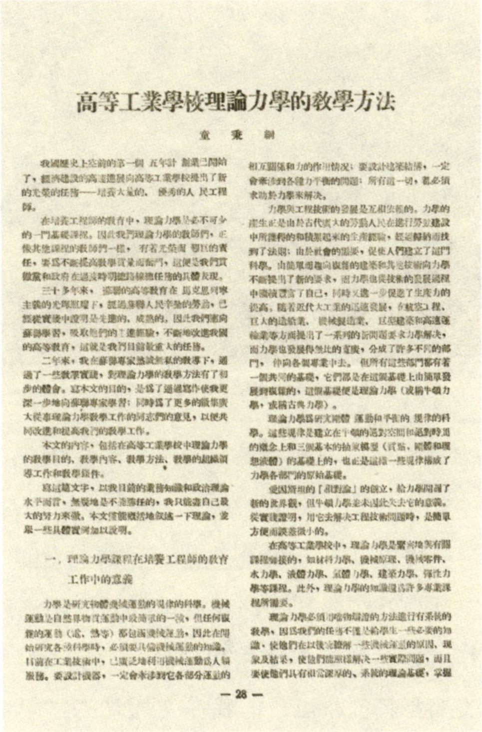

高等工業學校理論力學的教學方法

童秉綱

我國歷史上空前的第一個五年計劃業已開始了，經濟建設的高速發展向高等工業學校提出了新的光榮的任務——培養大量的、優秀的人民工程師。

在培養工程師的教育中，理論力學是必不可少的一門基礎課程。因此我們理論力學的教師們，正像其他課程的教師們一樣，有着光榮而艱巨的責任，要為不斷提高教學質量而奮鬥，這便是我們貫徹黨和政府在過渡時期總路線總任務的具體表現。

三十多年來，蘇聯的高等教育在馬克思列寧主義的光輝照耀下，經過蘇聯人民辛勤的勞動，已經從實踐中證明是先進的、成熟的，因此我們應向蘇聯學習，吸取他們的先進經驗，不斷地改進我國的高等教育，這就是我們目前最重大的任務。

二年來，我在蘇聯專家熱誠無私的教導下，通過了一些教學實踐，對理論力學的教學方法有了初步的體會。寫本文的目的，是為了通過寫作使我更深一步地向蘇聯專家學習；同時為了更多的徵集廣大從事理論力學教學工作的同志們的意見，以便共同改進和提高我們的教學工作。

本文的內容，包括在高等工業學校中理論力學的教學目的、教學內容、教學方法、教學的組織領導工作和教學條件。

寫這篇文字，以我目前的業務知識和政治理論水平而言，無疑地是不能勝任的，我只能盡自己最大的努力來做。本文僅能概括地敍述一下理論，並舉一些具體實例加以說明。

一、理論力學課程在培養工程師的教育工作中的意義

力學是研究物體機械運動的規律的科學。機械運動是自然界物質運動中最簡單的一種，但任何複雜的運動（光、熱等）都包涵機械運動，因此在開始研究各項科學時，必須要具備機械運動的知識。目前在工業技術中，已廣泛地利用機械運動為人類服務。要設計機器，一定會牽涉到它各部分運動的相互關係和力的作用情況；要設計建築結構，一定會牽涉到各種力平衡的問題；所有這一切，都必須求助於力學來解決。

力學與工程技術的發展是互相聯繫的。力學的產生正是由於古代偉大的勞動人民在進行勞動建設中所獲得的和積累起來的生產經驗，經過歸納而找到了法則；由於社會的需要，促使人們建立了這門科學。由簡單而趨向複雜的建築和其他技術向力學不斷提出了新的要求，而力學也從技術的發展過程中繼續豐富了自己，同時又進一步促進了生產力的提高。隨着近代大工業的迅速發展，在航空工程、巨大的造船業、機械製造業、巨型建築和高速運輸業等方面提出了一系列的新問題要求力學解決，而力學也發展得無比的寬廣，分成了許多不同的部門，伸向各個專業中去。但所有這些部門都有着一個共同的基礎，它們都是在這個基礎上由簡單發展到複雜的，這個基礎便是理論力學（或稱牛頓力學，或稱古典力學）。

理論力學為研究剛體運動和平衡的規律的科學。這些規律是建立在牛頓的絕對空間和絕對時間的概念上和三個基本的抽象模型（質點、剛體和理想流體）的基礎上的，也正是這樣一些規律構成了力學各部門的原始基礎。

愛因斯坦的「相對論」的創立，給力學開闢了新的世界觀，但牛頓力學並未因此失去它的意義。從實踐證明，用它去解決工程技術問題時，是簡單方便而誤差微小的。

在高等工業學校中，理論力學是緊密地與有關課程銜接的，如材料力學、機械原理、機械零件、水力學、流體力學、氣體力學、建築力學、彈性力學等課程。此外，理論力學的知識還為許多專業課程所需要。

理論力學必須用唯物辯證的方法進行有系統的教學，因為我們的任務不僅是給學生一些必要的知識，使他們在以後能瞭解一些機械運動的原因、現象及結果，使他們能應用解決一些實際問題，而且要使他們具有相當深厚的、系統的理論基礎，掌握

— 28 —

图 2-4　童秉纲研究生毕业论文（部分）

我当时也是第一次接手这样的任务，这也是一个学习的过程。撰写教学工作总结看似一个简单的文字写作任务，其实很复杂，要总结上一年度全校教学工作的进展情况及问题必须深入进行调研，进一步摸清现实情况。我先找了各个系的系主任了解整体的教学概况，又与各系的代表老师座谈，了解各门课的具体教学情况，针对一些表现突出的课程，我还专门与任课的老师进行深度的交流探讨，分析具体的教学成果。在做了较为充分的调查之后，我才开始进行报告的写作。由于教学工作报告的特殊性，在文字上的要求也比较严格，既要鲜明地陈述事实，也要有清晰的内在逻辑，这就要求我要不断地提炼文字，所以这份报告经过多次的修改和增补，前前后后写了三个月。

我把写完的报告初稿交给了李昌校长，他细致地做了修改。当我看到李昌校长的修改稿后，真是开了眼界，比较自己的初稿，真真实实地感觉到了差距！从修改稿中，我真是得到了启发，原来总结报告在文字上能够达到如此精炼准确的程度，我感到大有受益。

虽然只是一份工作报告，但对我的影响却很大。教学工作报告的写

图 2-5 童秉纲在研究生毕业论文答辩会上（答辩委员会成员左起分别为：1. 王铎，2. 哈军工某力学教授，3. 马大猷教务长，4. 高铁副校长，5. 克雷洛夫，6. 谢鸿汉翻译，7. 某苏联专家，8. 会议秘书尹昌言）

作，要贯彻一个准确鲜明的思路，这需要写作者有过硬的归纳提炼能力，还要有清晰的逻辑思维，这对我后来主持学术会议、发表学术报告、参与会议讨论都有深远的影响。我主持会议的时候就很注重明确清晰地交代工作内容，不讲废话。而我参与会议讨论时，如要发言也要有新意，尽量不讲套话、空话。就在前几年，我每年都要给中科院研究生院物理学院开学典礼上致辞，20 分钟的讲演稿我都会亲自撰写修订，追求言简意赅，而且每一次讲演都要有创新点，而我在空气动力学学会等大会致辞中也一直贯彻这样的思想。

结 婚 生 子

1954 年 8 月 24 日，我和晋晓林[①]结婚，当时结婚没有像现在的婚礼那么复杂，就是一个简单的仪式，相当于一个座谈会。由于我的工作表现受到领导重视，我们的婚礼很隆重，校长李昌、副校长高铁、党委书记吕学坡、教务长马大猷都出席了我的婚礼。整个活动由校长办公室主任马西林亲自张罗。算起来，到今年（2014 年），我和晋老师结婚已经 60 周年了，

[①] 晋晓林（1931–），童秉纲的夫人，副教授，1957 年毕业于哈尔滨工业大学电机系，后分配到东北林学院任教，1960 年调到中国科学技术大学工作，1986 年调到中国科学院研究生院担任教师，直至 1991 年退休。

图 2-6 童秉纲、晋晓林结婚仪式现场（1954 年 8 月 24 日。后排左起：1.吴瑶华，2.李昌女儿，3.李昌校长，4.高铁副校长，5.团委书记。前排左起：1.马大猷教务长，2.吕学坡书记）

已经算是钻石婚了。

1955 年 4 月 19 日，我们的儿子出生。当天在印尼召开了亚非会议，周恩来总理在全体会议上作了著名发言，我们就为儿子取名为"童卫平"，取"保卫和平"的含义。卫平在上小学五年级时，遇上了"文化大革命"，在动荡的时代背景下，他缺乏良好的学习环境，好不容易读完高中，毕业后进入北京第二通用机械厂当工人。1977 年恢复高考，童卫平凭借自己的刻苦自学，顺利考上了北京师范大学无线电系，本科毕业后他又

图 2-7 童秉纲与妻子晋晓林、儿子童卫平（1964 年）

图 2-8 童秉纲与妻子晋晓林钻石婚合影（2014 年 11 月。中立者为儿子童卫平）

考上了国家地震局地球物理所的硕士研究生。1987 年，童卫平赴加拿大攻读学位，之后在加拿大工作定居。童卫平是独生子，近年来，他每年都回国探望我们，陪我们半个多月。我和老伴还有一个孙女，1992 年出生，2014 年已从多伦多大学商学院本科毕业。

"中右"帽子

1957 年，在"反右"运动的后期，我未能幸免，也跟着挨批挨斗。1956 年，学校任命了一位新的副教务长，这位老干部是我的顶头上司，当时我们整个公共教研室（包括数学、物理、理论力学、材料力学、化学等学科）由这位副教务长主管。他既不学习，又每天很晚才来上班，来了之后光上厕所就用了半个小时。在1956年的会议上，我就他的工作作风问题发表了一些意见，当时年轻气盛，说了一些惹人犯忌的话，让某些别有用心的人抓住"把柄"，说我有野心，肆意上纲。"反右"运动刚开始的时候，我还是一个"反右"核心组组长，到了1958年，他们开始批判我，给我扣上了一个"中右"的帽子，不再让我管教研室的具体事务了。那个时候，校园里充斥着一种冰冷、歧视的政治气氛，只要谁被认定犯了错误，就要挨批挨整，周围的人就都不敢搭理他，将其视为异类。自此，我这个教研室主任"名存实亡"，重要工作都要"靠边站"。在那种运动里，我等于说是从很高的地方摔下来。因为我是苦出身，而且我这个人不是心理上不稳定的人，我还能忍过来。

在挨整期间，我的生活异常艰辛。1957年，我的夫人晋晓林毕业以后，

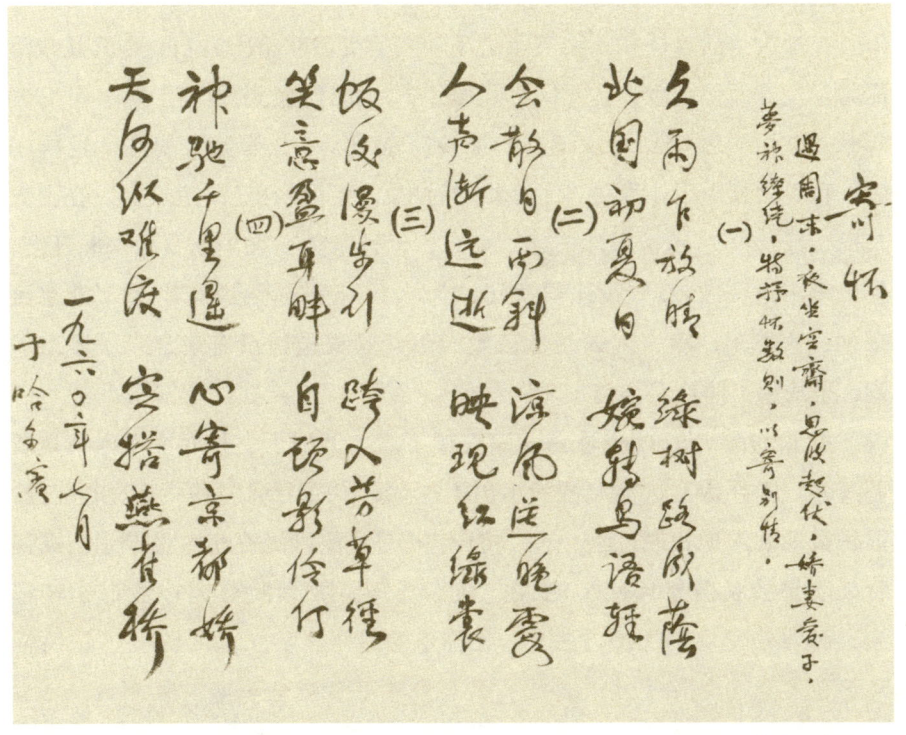

图 2-9 童秉纲手书之一

分配到了东北林学院。1959年1月,晋晓林的关节炎变得非常严重,连走路都成问题。因她的老家在北京,她下决心回北京休养一段时间,儿子暂时跟着我在哈尔滨生活。"大跃进"以后,哈尔滨的日常生活物资极度匮乏,连白菜都很难买到,好在北京是首都,还能买到罐头之类的,我和儿子的日常生活常常要靠远在北京的夫人接济。

在这段日子中,赵经文和王宏钰① 夫妇经常帮助我。他们夫妻二人都是理论力学教研室的教师,他们刚开始讲课的时候,我经常向他们传授教学技巧,帮了他们不少忙。在"反右"运动的政治气氛下,我在整个挨批期间都倍感孤独凄凉,但他们夫妇还是很关心我。当时,我儿子才4岁,没人照顾,他们就帮忙找了保姆。那时我还要照常上课,儿子又经常生病,赵经文和王宏钰夫妇经常帮我照看孩子。我一个人带着孩子,比较辛苦,生活上的一些事情他们也帮忙着照料。1961年,我从哈工大调到中科大来,搬家的时候,还是赵经文帮我钉的木箱子,还帮我整理打包行李,后来我们也一直保持联系。

在那种生活条件和政治气氛之下,我承受着双重压力。一方面是政治压力,一方面是饥饿,还要操心照顾孩子,而且我还要继续上课。在1959年秋冬之际,我托到北京出差的朋友将童卫平带去晋晓林身边。这样一来,我更为孤单了。那种日子是很难过的。我到现在还清楚记得,在上火车前,我哄他:"爸爸跟你一起回北京,但爸爸要在火车上后面车厢开会,你先跟着这位叔叔。"我儿子就问,"怎么我爸爸老开会啊?"到了北京火车站,一下车,我夫人去接他,她告诉儿子说爸爸没有来,儿子才意识到,是我骗了他。

到了1960年,晋晓林在北京安顿下来,调到了中科大工作,我也要调过去。刚开始,哈工大校长李昌不同意,不过中科大很了解我的情况,很积极地要求把我调过去,在1961年6月,他只好答应放我走了。据说后来李昌校长曾怒斥底下的人:"你们干吗不把晋晓林留在我们学校里头,而要分配到别的地方去?"我临走的时候,哈工大的党委书记吕学

---

① 赵经文和王宏钰夫妇,1958年于北京航空航天大学一起毕业,后共同分配到哈尔滨工大去理论力学教研室工作。

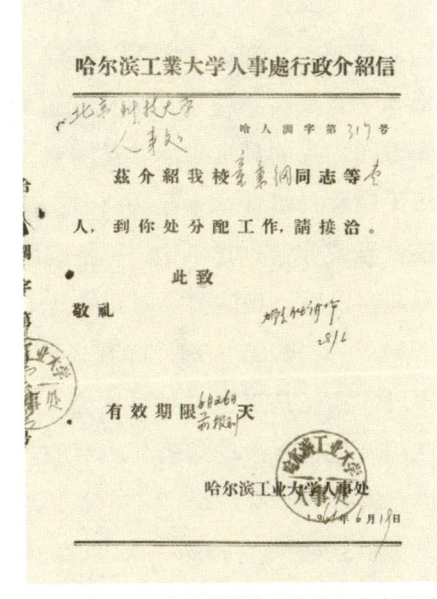

图 2-10　童秉纲手书之二　　　图 2-11　童秉纲调离哈尔滨工业大学时人事处的行政介绍信[1]

坡、人事处长还有一些比较熟悉的同事给我送行，我们一起在食堂里吃了顿饭。我走之前，还专门向高铁副校长辞行，因为那几年高铁对我的帮助很大。

《理论力学》讲义

在哈工大教授理论力学的最初几年，我们使用的教材都源自苏联。到了 1958 年，在教了 5 年（1952−1957）的理论力学后，我当主编，和教研室里的钟宏九等几个人一起编写了一本《理论力学》讲义，于 1959 年编著完成。

---

[1]　工作调动介绍信。档案号：DA-001-001，资料存于采集工程数据库。

第二章　分配至哈尔滨工业大学　53

我主编这本《理论力学》讲义之时，正处于非常艰难的时期。一方面，我正在挨整，学校里不少人把我当作异类。如果是过于敏感的人，根本一天都待不住了，但我知道编写教材的重要性，仍然专心致志。另一方面，我的日常生活异常困窘，"大跃进"以后，在哈尔滨连大白菜都买不到了，粮食本来是30斤定量，后来变成27斤，别的吃不着，27斤粮食无论如何也吃不饱，连豆腐渣都变成最好的食品。1959年，晋晓林回北京以后，我还要照料我的儿子，当时我儿子还很小，妈妈不在身边，情绪不好，经常生病，而我还要抱着他到哈尔滨医科大学的医院看病。不过，我还是克服了种种压力，按时完成了这本讲义。这本讲义总结了这门课进行教改的经验，已经完全从苏联经验中脱胎出来，是我们中国自己的教学经验。

在1960年召开的一次理论力学教学研讨会上，我因为还在挨整，不允许参加这次的会议。专家们把各个高校编的《理论力学》讲义放在一起评议，最后选上我们那本讲义，作为试用教科书出版。这本《理论力学》(上下册)[①]在1961年第一次出版，第一版由人民教育出版社出版，后面几版都由高等教育出版社出版。在我离开哈工大之前的半年时间里，我全力为这本教材的出版做修订工作。这本教材的体系完整，论述严谨，全面介绍了研究力学的方法论；而且讲究教学方法，顺应学生的学习规律，易教易学，所以销量一直很好。2012年，我有机会与出版社经理会面，我向他询问那本教材现在的发行情况，他告诉我，这本教材已经销售第七版了，每年的销售量都在20万册之上。当前的工科院校使用这本书作为教材的仍然是占大多数，说明这本书还是很有生命力的，可以说，我经手的第一版为这本书打下了比较好的基础。这本教材的第1—4版获1987年度"全国优秀教材奖"，2003年被评选为高等教育出版社"百部精品教材"之一。

童院士当时是教研室的主任，他主持《理论力学》这本教材的编写，

[①] 哈尔滨工业大学理论力学教研组编：《理论力学》。北京：高等教育出版社，1961年。

我们大家分章写，童先生作为主持人有一个总的体系和思路。每个人的写作风格不一样，甚至符号都不一样，因此，童先生组织工作的工作量还是很大的。就这样，在他的组织之下第一版就出来了。这本书至今一直出到了第七版，多次改版，但大的体系没有改变。童老师的贡献就是为这本书打下了很好的基础。①

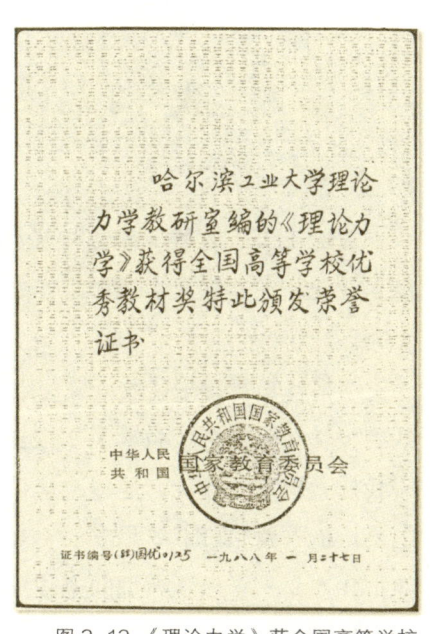

图 2-12 《理论力学》获全国高等学校优秀教材奖②（1988 年）

哈工大理论力学教研室后来仍然是全国有名的教研室，教学质量一直维持在很好的水平，这也是早先我们在那里的时候打下的基础。所以，在那个年代，我在哈工大当了理论力学教研室主任，不是一种常规的工作，是具备了创建的性质。可惜的是，在当时的政治背景之下，《理论力学》教科书的第一版，编者是哈尔滨工业大学理论力学教研室，用的是集体的名义，在序言里，只轻描淡写地提到童秉纲参加过工作，并没有提及我的作用。我当时已在中科大工作，我就向经手人提出抗议，抗议他们对我的劳动的否认。抗议以后，情况有所改变，后来第二版出版了，他们在序言中补充了我作为第一作者的姓名。

我在哈工大的整个经历大概就是这样，从事教学工作是有 9 年，其中后面 4 年倒霉的。我在那里锻炼了能力，参与了哈工大的理论力学教研室创建，后来黄文虎在写给我的回忆录里说，我既有远见，又能务实地做事。

---

① 黄文虎采访，2014 年 6 月 5 日，北京。资料存于采集工程数据库。
② ZS-001-010,《理论力学》获全国高等学校优秀教材奖，存地同上。

第二章　分配至哈尔滨工业大学

我与李昌校长、高铁副校长

在哈工大的时候，李昌校长和高铁副校长都给予我很多帮助。后来，每当我想起在哈工大学习和工作的年代，就不禁心潮澎湃地产生对二位校长的怀念。

李昌校长对我的帮助，最突出的在1956年，他一丝不苟地修改我为高铁副校长起草的全校教学工作报告，让我受益匪浅。另外，李昌校长很关心我们教研室的建设，他多次亲自跑到我们教研室，参加我们教研室的小组会。他非常信任我，既赞赏我的教学能力，也认可我的组织管理才能，他把我当作一个教学典型向全校推广。我和晋晓林的婚礼，李昌校长也赶来参加了。

高校长一直是我良师益友。我刚被从南方分配到哈工大读研时，没有钱购置冬衣。在哈尔滨这个地方没有冬衣就无法过冬，当时高铁副校长以赊账的方式让我买上了大衣，帮我解了燃眉之急。高校长对我的期望和无微不至的关怀，让我第一次感受到老干部的优良传统。

1961年6月，我调往中科大，我当时只向高铁副校长辞行，后来才知道，他在1959年也被打成了"右倾机会主义"分子。当时，我并不了解他已经身处逆境，在他家里，我们相对而坐，他似乎有很多话要说，可是又几乎无话可说。事后我才知道当时的背景，在那个"左倾"风盛行的年代，敢于表达中肯意见的人往往横遭诘难，高校长的形象在我的心目中变得更为高大。

高校长从事高等教育领导工作几十年，他是一位名副其实的教育家，培养了无数的英才，特别是我们50年代的大学生，更是在他的关怀和教导下成才的。1995年，在北京的哈工大校友会，为高校长祝贺八十大寿，我和晋晓林都参加了庆祝会，我们都强烈地感受到那个时代老校长和学生亲密无间的气氛，我们都无比怀念那个时代，无比怀念高校长对我们的孜孜不倦的教导与帮助。

李昌校长很关心每一个学科的建设，他从早到晚非常辛苦，他有的时候找我们来讨论，你们该怎么来做。有的时候是晚上，他的秘书打个电话叫我们到李校长家里去，汇报情况，我们也得去。童秉纲他组织这个事情，李昌校长对童秉纲作为一个典型来抓的，是哈工大一个榜样，教学搞的很好，苏联专家和我们自己的确总结很多经验，这方面是做出来的实实在在的工作。

我举一个例子，当年都年轻，不是什么都做的那么理想，想做这个想做那个，做的东西太多了，大家都忙了不可开交，不知道该怎么办事。李校长关心我们，说你们有什么困难，有什么问题，我们说学校布置那么多事情，忙不过来。李昌说："说说你们忙什么？"我们说这个事要做，那个事要做。他听完哈哈大笑，他说这几件事情学校知道你们应该做好，那些事情该怎么做你们自己定。他就举一个例子，大家都是过去旧社会要到庙里去烧香，还愿，家里有什么困难都去，大家都烧，忙的不得了。要敬神，神是什么呢？不是泥菩萨？都是用泥巴人捏起来的，没有这些你就不要烧香，就不那么忙了。你现在干的事，都是你们自己泥巴捏起来的，这个要搞，那个要搞，好多事情是不要那么搞，抓主要矛盾，主要的那几个事情抓好，次要问题不要抓了。这些非主要矛盾你们不要花那么多力气去做，腾出手来抓主要的事情，不要过分的忙，要合理的来安排工作，这些就是校长直接指导，童秉纲掌握这个分寸，慢慢我们又学到一套东西。具体一些事情是童秉纲出主意，最终汇总还是童秉纲做的，这是他的工作情况。[1]

---

[1] 黄文虎采访，2014年6月5日，北京。资料存于采集工程数据库。

附：黄文虎谈与童秉纲共事

黄文虎（1926年—），浙江省永康县人。机械动力学与振动专家。1949年毕业于浙江大学，1953年哈尔滨工业大学研究班毕业。哈尔滨工业大学教授。1995年当选为中国工程院院士。

1950年9月，黄文虎与童秉纲一起被招聘到哈尔滨工业大学研究班做理论力学师资研究生。1952年1月，黄文虎开始担任理论力学助教，随即担任教研室代理副主任（童秉纲为教研室代理主任），1954年3月研究生毕业。一直到1961年，黄文虎一直与童秉纲同事，执教于哈尔滨工业大学理论力学教研室。

访谈人：赵硕

访谈时间：2014年6月5日

访谈地点：北京

图2-13 黄文虎

先说一下哈工大的情况。哈工大这个学校很特殊，1920年创办于张学良时代，这个学校主要是为了中长铁路的工人子弟上学而办的。"九一八"事变以后，哈工大由日本政府接管，日本战败后转由苏联接管。1950年，苏联准备把哈工大交还中国政府接管，当时哈工大的领导都是外国人，学生也都是外国人，后来这些外国人全部被遣返了，特别是一些苏联人，只剩下中国学生。中国政府接管后，哈工大开始到南方去招收教师，一开始招聘大学毕业生，还有一些年轻的助教和讲师。当时的校长是冯仲云，毕业于清华大学数学系，是抗联的老干部。当时到处需要人才，也很困难，冯仲云到清华大学去招人，只招到一个人，这个人就代表校长到南方招聘教师，我们就是那个时候被招到了哈工大。

从1920年算起，到1950年，哈工大已经建校30年，但那30年是虚的30年。哈工大真正发展是新中国成立以后。1950年以后，中央认识到培养人才的重要，要向苏联老大哥学习，刘少奇到莫斯科与斯大林会商，让苏联向中国援建两所大学，一所是理工科的哈尔滨工业大学，一所是社会科学的人民大学。哈工大建设了两万平方米的教室，请了一大批苏联专家来带研究生，并改用苏联的教学体制进行教学改革，而且向全国推广，叫做"学习苏联先进经验的样板"。

我们进了哈工大后，很快大批本科生就招进来了。这些本科生的到来意味着大批基础课要开设。当时哈工大尚未具备足够庞大的教师队伍，只能从已经有的师资研究生里抽调担任基础课教师，主要从有关的系抽调。我是从电机系抽调来的，童秉纲是机械系抽调来的，还有从土木系抽调来的。我们要教的基础课叫理论力学，总共抽了9个研究生，还有一个比我们年长的教师，是中央大学毕业的，加上他共10个人。我们10个人跟着苏联专家克雷洛夫学习理论力学。克雷洛夫是校长顾问团里的顾问组长，是苏联莫斯科石油学院的党委书记，他当时是苏联的副教授，指导我们绰绰有余，他在学术研究上，工作能力上以及教学上对我们有很大的帮助。

因为苏联的体制当时很重视理论，理论力学与美国那边的应用力学，差距比较大，理论性很强，所以要花很多力气学习。本科生来了以后，一开始是由苏联专家讲大课，我们当助教带习题课，就是一个小班，引导大家怎么来思考，怎么来做习题，我们也跟着听大课。过了一两年以后，学生越来越多，很快把我们逼上讲台讲大课，是形势发展的需要。这叫做现买现卖，一边学习一边教，在这种情况下我们开始教学工作。

克雷洛夫很重视科技史。他特意把一些牛顿等科学家的照片挂在办公室里，也考虑中国的科技发展史，找了张衡等四个人，他是想让我们由衷地热爱这个学科，了解这个学科的发展，用历史发展的一些经验看我们未来应该怎样发展。

后来理论力学教研室成立了，这也是学习苏联的一种体制。教研室以这10个人做基础，以后又招了第二批研究生，又有第三批，还有一些进修教师，大概扩充到二三十人。当时我们还是助教。西安交大来的讲师高为炳，也是师资研究生，但已经是讲师职称了。他先当教研室主任，但是不久就被调到北航去了。剩下我们都是助教，但是还得有领导，就任命童秉纲当教研室主任。还有一个比我们年龄大五六岁的人叫王铎，他跟我两个人当副主任。由于都还是助教，就先叫代理副主任，等毕了业才把"代理"两个字去掉。总的来讲，这都是建设形势的发展，人才紧缺，我们在那个时代的潮流里面接受任务，努力工作。

任命童秉纲的时候，他已经读研究生一年多了。他在学校参加很多活动，是学校经过考察、由领导选定的，选的还是很对的。童秉纲在我们青年学生里面很正直、很敬业，也是胸怀大志的。虽然我们做的是具体工作，但是为了国家的建设，有一个远大的目标。在工作能力上、学术上以及对课程的理解上，他都很优秀。特别是管理上，他的确很有能力。首先，他看问题不是局限于具体的一些事情，他能够从大处来考虑，在苏联专家的领导下能够很好地把住教育的方向，脚踏实地一步一步上好课，把学生培养好。每一件事具体怎么做，教材怎么解决，这些都是很具体的工作，但他都能一件一件地做好。他在大家中间有一定的威望，他说话能够引领大家，不过我们是同辈人，互相之间学术的讨论、争论也是很多的，但这不影响感情，都是为了工作。几年下来，《理论力学》的教学效果是相当好的。现在回想起来，那个环境其实很值得留念的。

学校领导向学生了解教学情况，学生有意见，普遍反映物理课很难，跟听天书似的，很难懂，考试结果也不好。但是，理论力学这门课，学生学的挺好。为什么呢？主要还是归功于苏联专家克雷洛夫。他的教学有一些特色，和其他的苏联专家不同。比如，教材料力学的苏联专家，黑板上一篇一篇讲的知识非常丰富，克雷洛夫却不是那么讲的。他把理论力学教学大纲拿出来，分为9个部分，由我们9个人分别负责一部分，给两个星期时间备课，助教来讲，他在下面听。数理化课程还是很难的，我们都很重视。我们到图书馆把那些古老的英文的、俄文的理论的著作捧回来，一章一章的，仔仔细细地把问题抠个底朝天，搞的很深刻。我们轮流上台讲，克雷洛夫坐在那儿听。讲完一堂之后，大家提意见，看是否有不合适的或讲错的地方，该怎么去讲，克雷洛夫也提问题，并给大家总结，上课就成了讨论班了。这种教学方法我们认为对研究生是合适的。克雷洛夫选择了在苏联工科的最通用的两本理论力学讲义，一本教材、一本习题集。这两本讲义很简洁，很薄。我们用这样的教材去教学，学生很容易理解。后来我们把这两本讲义翻译成中文。当时全国还没有相关的教材，哈工大将教材印制供应全国。后来，我们在这个基础上，根据我们这两年的教学的经验，自己编了《理论力学》教材，由高教出版社出版，现在还有好多学校选用。童秉纲作为教研室主任，主持编写这本教材，我们大家分章写，童秉纲把握总体系和写作思路。每个人的写作风格不一样，甚至符号都不一样，因此童秉纲的工作量还是很大的。这本教材后来经过了很多次改版，但大的体系没有改变，童老师一开始为这本教材打下了基础。

　　实际上，这十年我们没有做科研，主要是搞教学，总结教学法。克雷洛夫为我们打下了基础，但是中国还有中国自己的情况，我们还要自己总结教学法。教研室第一批是我们9个人，第二批又来了5个，后来还有新人补充。童老师就带着大家一起讨论，总结教学法，并带好新来的老师。大家备课后，总结自己的心得，有一些经验，我们都记下来，然后积累起来，这就叫"启发式教学"。这个过程我们很民主，大家可以提任何意见，都会被考虑。我们都作了详尽的分析讨论，并收集尽可能多的启发学生的思考题及布置的习题和作业。这些讨论的内容都总结纪录成册，编写成《理论力学教学方法指导书》，每学期讨论后不断补充新内容。可惜这些有意义的资料并没有留存下来。

　　李昌校长大家都很佩服，他把童秉纲作为一个典型来抓，说他的教学搞得很好，是哈工大一个榜样。举一个例子，当年大家都年轻，想做这个想做那个，想做的东西太多了，大家都忙得不可开交。李校长问我们，有什么困难什么问题，我们说学校布置那么多事情，太忙了。他听后哈哈大笑，说有些事情是不用做的，你们要抓主要矛盾，有些事情可以放一下，不要过分的忙，要合理的来安排工作。童秉纲掌握了这个分寸。

　　那个时期，国内的高等教育要学习苏联。我们只负责讲理论力学这一门课，这门课童秉纲是主导，苏联专家们是"后台"。南方的高校不大适应这种苏联模式。学校就开了一些全国的教育经验交流会，国内很多大学的校长都来参加，教育部的副部长也来支持，来帮助全国的高校学习苏联。我们这门课也开一些教学改革的经验交流会，国内一些老教授也来取经，而我们当时只是20多岁的小伙子。这里面就有很多争议的地方，老教授的一些想法与苏联的做法不很一致。比如《理论力学》这门课程里，有些内容该如何取舍的问题，苏联的做法是要少而精，把基础的学好，其他的部分让学生自己去掌握。然而，有的老教授提出来像有些东西很重要，就要放进去，这是一个争论不休的问题。与那些老教授比，我们的能力很浅薄，双方就很难达成一致。后来，我们就把当时的哈工大当教务长马大猷和苏联专家请出来，还是有争议。当时要传播经验是很不容易的事情。童秉纲当时是理论力学教研室主任，他来组织经验交流的事情，为了协调努力学好苏联高等教育有关的工作，也是费了很多脑筋。

　　苏联这个体制，有它的优点也有缺点。它的优点是适合工科院校培养工程师，他的缺点是这种体制适合计划经济，计划经济之下每个人的分配都安排好了，照这个培养出去，马上就管用，但是不能培养学生的能力。当时我们哈工大是推广苏联教育经验的样板，到了"文化大革命"就批判这是学习苏修的黑样板，那个历史过程，我们也在其中。

童秉纲在教学法方面搞得很深。当时，学校教务处成立了一个教学方法指导科，把他调去任科长，后来他就很忙了。我也被叫去搞其他教研室的一些工作。这十年，教研室在克雷洛夫指导下和在童秉纲领导下，做得锵锵有声，蒸蒸日上，深得李昌校长的赞赏和器重。我们大家都对童秉纲的组织领导才能深为佩服，认为他既有远见，又有实干，做事有条不紊，既严密又稳重，更能团结大家，发挥每个人的积极性。这绝不是我在这里对他的恭维，的确是大家的心声。至于我自己，那时我是只凭一股热情，一股劲地蛮干。现在回想起来，思想简单，工作粗糙，有时不免处理不当出一些漏子，远不及他的沉着、稳重、大度，自惭形秽。

1960年，童秉纲转到中科大，当时他什么时候走的我都不知道，为什么要走我更不知道。后来，我们有很长时间没有联系。我只是听说他在中科大做得很好，在中科大威信很高，尤其在流体力学方面水平很高，取得高水平的突出成果，曾担任中国空气动力学会会长，任中科大近代力学系主任，领导还曾拟聘他担任教务长。有一次在北京，他住在白石桥五院招待所，我曾去看过他，得知他正在做烧蚀的研究。后来有数次，我到北京航天部721医院体检，曾到他家里晤谈甚欢，晋晓林还为我分析健康情况；再以后，就是国防973超空泡会上遇到几次，但只有一次晚饭后，我到他房间长谈，其他都是行色匆匆，没有说得上几句话。

后来，我在2012年7月16日《中国科学报》上，读到关于童秉纲的整版长篇报道，那篇报道对他一生的突出事迹作了详尽的介绍，使我较全面地对他的为人和贡献有所了解。读了报道，真使人对他肃然起敬，使我觉得有他这位老友而自豪！在那篇报道中，有一段话引起了我的注意：在哈工大，由于看不惯一位顶头上司的工作作风，童秉纲直言不讳对他提出意见，不曾想，这件事成为后来一系列政治运动中，他挨批挨斗的"把柄"。"挨过批斗后，谁都不敢理你，把你当做另类。"从此开始，童秉纲这个教研室主任"名存实亡"，重要工作都要"靠边站"。从这里我才了解了他离开哈工大转到中科大的原因。

回想起来，国家当时刚刚从战乱中走过来，亟须建设，我们每个人都想着好好建设国家，认真做事情。还有，知识分子都还比较正直，儒家思想的教育根深蒂固，对工作有敬业精神，大家都是一心扑在工作上，另外，人际关系很简单、很直接，该批评就批评，把道理讲清楚以后，没有任何隔阂。这应该是我们这代人的共性。

  回想我们这一代，一生起伏跌宕，时至今日，已经去日无多了，当时灿烂锦绣年华，也曾春风得意。童秉纲曾经在理论力学做出了辉煌成绩，全校瞩目；但一生曲折，也曾遭到"挨批挨斗"，受尽折磨，人生无常，以至于此，实堪感叹！但以他的才华能力，到中科大后，稍加时日，又勤奋跃进，展露才华，在学术上迅速攀登高峰。道德文章，令人钦佩！

第三章
调入中国科学技术大学

完成《理论力学》教材的编写之后，我即调往中国科学技术大学近代力学系，之后又被任命为高速空气动力学专业教研室副主任，协助系主任钱学森和教研室主任林同骥安排落实专业教学计划。当时，钱学森先生交给我的第一个任务就是给学生补课。

与钱学森一起

1961年7月1日，我到中国科学技术大学人事处报到，被分到近代力学系，当时近代力学系的系主任是钱学森[①]。此前我所在的哈工大的定位是学习苏联的高等教育模式，全面效仿苏联的一整套教学系统，而中科大的办校宗旨是"全院办校，所系结合"，是一所新型的社会主义大学。因此

---

① 钱学森（1911-2009），浙江杭州人，空气动力学家、中国科学院暨中国工程院院士，"两弹一星"功勋奖章获得者。1958年与中国科学院同事共同倡议并参与创建中国科学技术大学，并担任科大近代力学系第一任系主任。他将培养"工程科学"研究人才作为该系的培养目标，不仅要求学生具有深厚的理论基础功底，而且要具备系统的专业基础知识，并接触该专业的研究前沿。近代力学系的就是在钱学森的办学理念影响下发展起来的。

到中科大以后，我发现中科大对教学和学术研究的理解，与哈工大很不一样。1961年，中科大的首届本科生（学制五年）进入第四个年头的学习，开始学习专业课。近代力学系的专业课体系刚开始建设，在钱学森的指导下，我也参与到近代力学系专业课教学体系的建设之中。

早在20世纪四五十年代，钱学森就已经预见到，许多领域的高新技术正在兴起，加上在他的老师冯·卡门①的影响下，他逐渐感悟到，在所有工程领域里，都需要一座介于作为基础理论的自然科学与工程技术之间的桥梁，就像空气动力学，它既利用了基础的理论，又需要面向航空航天工程。因此，钱学森拓展了"应用力学"的概念，认为应该大力发展一批"应用科学"（包括应用力学在内），统称为"技术科学"，英文名字是 Engineering Science，原本应该翻译为"工程科学"，但由于"工程科学"在国内比较陌生，而中国科学院学部里有一个技术科学部，钱先生就用了这个名称，但其确切的含义应该是工程科学。这样一来，人们原来划分的自然科学（指基础科学）和工程技术两个层次之间又增加了一个"技术科学"层次。钱学森认为："我们需要自然科学、技术科学和工程技术三个部门同时并进"，为此，他主张技术科学的研究目标是"创造出工程技术的理论"。钱学森还指明了技术科学的方法论，其要点为：(1)研究技术科学离不开数学工具，必须掌握数学分析和计算的方法；(2)关键的是对所研究的问题有认识，这里包括确定该问题的要点和现象中的主要因素，为此要收集资料，特别是实验数据和现场观察数据，接着就是创造的过程：运用自然科学的规律摸索解决问题之路，这条路反映了我们对所研究问题的认识；(3)下一步就是建立模型，吸收一切主要因素，略去次要因素，着重考虑该问题中某一方面的本质；(4)再下一步就是分析和计算，要正确运用科学规律和恰当的数学方法，由此得出的具体数据结果要和事实相对

---

① 西奥多·冯·卡门（1881-1963），匈牙利裔美国工程师和物理学家。1930年，冯·卡门接受了加州理工学院的古根海姆空气动力学实验室主任职位并移民到美国。他是喷射推进实验室（JPL）的创建人，主要从事航空航天力学方面的工作，是工程力学和航空技术的权威，对于二十世纪流体力学、空气动力学理论与应用的发展，尤其是在超声速和高超声速气流表征方面，以及亚声速与超声速航空、航天器的设计，产生了重大影响。曾是钱学森、胡宁、郭永怀、林家翘在加州理工学院时的导师。

比,从而检验我们建立的工程技术理论是否正确。总之,"技术科学是从实际中来,也是向实际中去的"。

中科大的办学模式[①]

新中国成立之初,国家急需大批尖端科技人才,特别是在新兴的边缘科学技术领域(如核物理、空间科技等)。1958年初,北京当地一些研究所的科学家(包括钱学森、华罗庚等人)提议以中国科学院的科研力量为基础,采用"全院办校,所系结合"的方针,创办一所新型的社会主义大学。中国科学技术大学于1958年9月创建于北京,首任校长由郭沫若兼任。科大的创办被称为"我国教育史和科学史上的一项重大事件"。

1. 创新设置的系科专业

尽快填补国内高校在新兴学科方面的空白,加紧建设部分力量薄弱的专业,是中科大酝酿建校的一个至关重要的因素。中科大在系科专业设置上没有采用苏联理工分家的模式,而是施行理工结合、科学与技术结合的模式。当时设立的13个系41个专业,特别是核物理、空间技术、计算机技术、无线电电子学、自动化、化学物理、近代力学及其他相关的系和专业,都处于当时科技发展的最前沿领域。

2. 独具特色的办学方针

中国科学院对中科大实行"全院办校,所系结合"的办校方针,这在我国高等教育界独树一帜,改变了教育体制和科研体制相互割裂的状况,促进了教学与科研的一体化建设。这不仅开创了我国教育史上的一个先例,而且在实践中显示出强大的生命力。

中国科学院发挥人才、设备等优势,全力支持中科大办校,所系之间对口合作,大批科学家到校讲课和开展合作研究。建校初期,中国科学院每年到校授课的科研人员达300人次。马大猷、贝时璋、严济慈、华罗庚、钱学森、吴有训、柳大纲、赵九章、赵忠尧等一批国

[①] 摘自"中国科学技术大学校史概览"。中国科学技术大学档案馆网站,http://arch.ustc.edu.cn/history.htm。

内最有声望的科学家亲自登台授课，及时将最新科技成就和科研前沿课题传授给学生。他们承担了专业设置、教学计划、教学大纲制定以及讲义编写等一系列工作。这既解决了建校初期师资缺乏的困难，也极大丰富了教学内容，保证了高起点、高水平的教学质量。

3. 注重基础课教学，拓宽口径培养人才

理工分家，过分强调学生专业知识而轻视基础课教学，是五十年代我国高等教育照搬苏联模式的一大弊端。中科大建校伊始就十分重视培养学生宽厚扎实的理论基础、熟练的实验技能和创新意识，要求学生在5年内完成7年学业。在教学上，中科大选用最深、最难的基础课教材，新编一系列专业课教材，吸收最新的科技成果。华罗庚副校长曾亲自担任教材审委会主任，并在各系成立教材编审小组，重视教材编审工作。中科大还率先将外语列入全校基础课，数、理、化、外、电、图从此成为中国科学技术大学学子的理论基石。中科大在教育界最早强调宽口径培养人才，五年学制中用三年半时间讲授基础课程，高年级学生可以到科学院相关研究所进行科研实践或撰写毕业论文，不仅保证了毕业论文的质量，而且使学生较早受到科学研究的训练，增强了他们毕业后从事科学研究工作的能力。

4. 创建优良校风

中科大继承抗大传统，树立优良校风，对创建具有中国特色的社会主义高等教育进行了积极探索。

在当时，中国科学技术大学的创办宗旨就是培养一批能够进行技术科学研究的人才，他们不同于工程师，也不同于自然科学家，他们的研究成果要能够帮助解决工程中的现实问题。技术科学对于人类社会发展的意义是极为重大的，在航空发展五十周年纪念的时候，冯·卡门就曾经写了一本书《空气动力学的发展》，他认为，空气动力学这五十年间的发展步伐丝毫也没有比航空事业慢，空气动力学也为航空科学的发展做了贡献，因为空气动力学的发展促进了航空事业的发展。在培养技术科学的研究人才这一教学定位之下，近代力学系的学生既要学好理论基础和技术基础，又要了解工程。在这五年间，数理化是必修课，另有其他专业课程作为基础，如空气动力学，另外还要密切关注学科发展的前沿，所以这五年间学生忙得不得了。我到了中科大以后，对钱学森先生的这种教学理念也有一个学习过程，尽管我原先在哈工大也有教学工作经历，但视野完全不是这样。

1961年11月，我被任命为基础教研室副主任，基础教研室后来分解为高速空气动力学和流体力学等多个教研室，我担任高速空气动力学教研室副主任的同时，名义上也是流体力学教研室的主任，也就是"一个组织，两块牌子"。高速空气动力学教研室主任是林同骥[①]先生。中国科学技术大学建校之初的定位是专门搞教学的，学术研究的任务则留给了各个研究所。当时，中国科学院的领导说："我们有那么多的研究所，并不需要你们（中科大）做研究，你们只需要教学就行了。"中国科大与科学院下属的各个研究所关系紧密，尤其近代力学系与力学所的关系也很紧密。当时近代力学系所涉及的专业课教学，全部由力学所的研究员负责，学生的毕业论文也全部依靠力学所的研究人员进行指导。在这期间，我这个副主任发挥了相当于一个桥梁的作用。

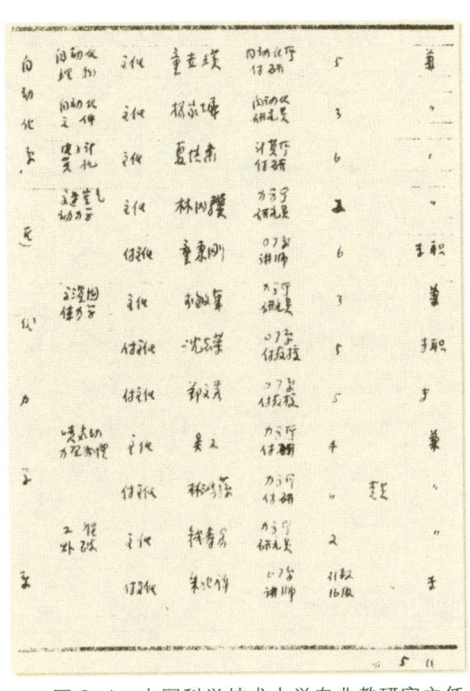

图3-1 中国科学技术大学专业教研室主任和副主任名单（部分）[②]

---

① 林同骥（1918-1993）福建福州人，著名流体力学家。1942年7月毕业于国立中央大学工学院航空工程系，1948年9月获英国伦敦大学航空工程博士学位。1955年回国，参与创建中国科学院力学研究所，历任力学研究所研究员、副所长，第七机械工业部701所研究员、副所长等职。1958年，中国科技大学成立，为培育本国的科技人才，他亲自编写讲义并进行讲授。在稀薄气体力学、高超声速、跨声速空气动力学和不可压缩流体动力学等广泛的领域中都有重要的研究成果，尤其是在再入飞行器防热、再入物体的表面烧蚀和不可压缩振荡流等方面，为中国航天事业和海洋工程的发展作出了贡献。

② 档案号DA-001-002，资料存于采集工程数据库。

表 3-1 1966 年力学系教职工人员名册[①]

编号	高速空气动力学专业 职称	姓名	性别	政治	飞行器结构力学专业 职称	姓名	性别	政治	爆炸力学专业 职称	姓名	性别	政治
1	副教授	顾乃亨	男		副教授	沈志荣	男		讲师	朱兆祥	男	
2	讲师	童秉纲	男		副教授	黄茂光	男		助教	许镇辉	男	
3	助教	吴寿荣	男		讲师	何竹修	男		助教	李远清	男	
4	助教	黄东林	男	党员	助教	伍小平	女		助教	周光泉	男	党员
5	助教	刘文槐	男		助教	赵志帛	男		助教	许澍新	女	党员
6	助教	凌国灿	男		助教	杨子久	男		助教	陈成光	男	党员
7	助教	顾国胜	男	党员	助教	张国民	男		助教	郑贤明	男	党员
8	助教	尹协远	男	党员	助教	刘润桐	男		助教	李永池	男	
9	助教	刘国义	男	党员	助教	陈 笃	男		实验员	岳殿臣	男	
10	助教	钟剑新	男		助教	丁世有	男	党员	实验员	郑世保	男	
11	助教	麻柏坤	男		助教	朱 滨	男	党员	实验员	诸文通	男	
12	助教	徐燕侯	男		助教	张培强	男	党员				
13	助教	桂纯龄	男		助教	王秀喜	男		助教	李绍华	2 月调走	
14	助教	韩肇元	男		助教	施 军	男					
15	助教	钱鸣森	男		助教	辛德明	男	党员				
16	助教	马根娣	女	党员	助教	乔兴山	男	党员				
17	助教	邓国华	男	党员	实验员	劳加少	男					
18	助教	刘启华	男	党员	实验员	陈仙庆	男					
19	助教	徐书轩	男	党员	实验员	武善诚	男					
20	助教	夏 南	男	党员	系 党 政 人 员				原总支书记	张玉昆	男	

我到中科大后的第二件事情就是学习。刚到中科大时，对我来说空气动力学完全是陌生的。与哈工大的理论力学不同，理论力学是一门课，而空气动力学不仅是一门课，而是一个崭新的领域。所以尽快熟悉这个学科也是我的重要任务，我必须从头学起。当然，我那个时候并没那么多时间去听课，这些课程我也不可能一一去课堂上听老师的讲解，我只能自己大体把握课程内容，知道这门课的概况。我在中学和本科期间打下了扎实的英语基础，较

---

① 丁世有等：《力学系发展史（1958-1998）》。1998 年 6 月，内部资料。

之其他以俄文为第一外语的老师来说，我学得相对快一些。而且我在此前积累了相当的教学研究经历，能够独立高效地进行学习与工作。

我一边自学空气动力学，一边还要开课。在“文化大革命”之前，我开了三门课程，1961 年秋季学期给地球物理系上流体力学；1962 年秋季学期开设理论力学课程；1963 年接替卞荫贵[①] 上理想气体动力学。1962 年的理论力学课，学校安排 1960 年和 1961 年两个年级的学生合上。60 级共有 8 个班，每班接近 30 个人，61 级的招生突然减少了，只招了 60 个人，总共大概 300 人。上课地点就在现在的高能所主楼 202 教室，那间教室相当空旷，我没有扩音器，全凭自己扯着嗓门大声讲。这个课也给不少同学留下了深刻的印象。我这里有个条子，是一个听过理论力学课的学生胡文友写的，他在航天中心医院住院的时候，碰巧挨着我的一位邻居，他就专门托我邻居给我带了张条子，条子上表达着对我的课程的肯定与喜爱。还有我们国科大物理学院同事卢文强老师，他曾跟我说过，以前听我的课真是一种享受。

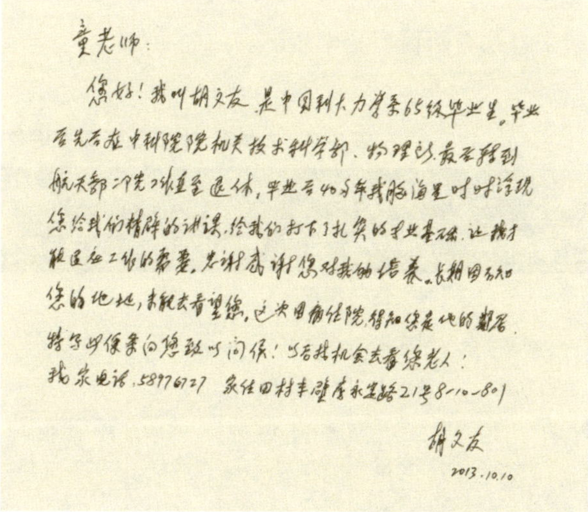
童老师：
您好！我叫胡文友，是中国科大力学系65级毕业生。毕业后先后在中科院院机关技术科学部、物理所，最后转到航天部二院先?张直至退休，毕业后40多年我脑海里时时浮现您给我们精辟的讲课，给我们打下了扎实的专业基础，让我才能适应工作的需要。衷心感谢您对我的培养。长期因不知您的地址，未能去看望您，这次因病住院，得知您是他的邻居，特写此便条向您致以问候！以后有机会去看您老人家！
我家电话：58976727　家住田村半壁店永定路21号8-10-801
胡文友
2013.10.10

图 3-2　学生胡文友写给童秉纲的信

近代力学系的本科生到了第四年以后，还开设一些课时较少的专题课，接着要做毕业论文。高速动力学专业开设了稀薄气体动力学、电弧加热等离子发生器等 6 门专题课。当时学生的毕业论文都安排到中科院力学所来完成，由

① 卞荫贵（1917–2005）江苏省兴化县人，流体力学家。1942 年，毕业于上海交通大学机械工程系。1952 年获霍普金斯大学航空系博士学位。1957–1970 年任中国科学院力学所研究员。长期从事空气动力学和计算流体力学的理论研究和教学工作。倡导了中国气动物理的研究，培养了气动传热和烧蚀理论的研究人才，为发展中国近代力学、为中国战略武器和卫星的研制作出了贡献。

那边的老师来带学生。我就发挥我的桥梁作用，协调这些工作，把学生安排到力学所11室去。当时大概每届50余人左右，到1965年，一共有3届毕业生完成毕业论文，走完了全部教学过程。

主讲力学补习课

"文化大革命"前，在中科大的五年左右时间中，我一直对一件教学任务印象深刻，就是1962年春季学期主讲的力学补习课。1961年11月，钱学森交给我一个任务，他认为近代力学系第一届学生的数学与力学功底不够扎实，需要延长一个学期，学制由5年变成5年半。在一个学期内，集中给学生补习数学和力学，力学补课的主讲由我担任。补课时间就安排在1962年的春季学期。当时参加补课的学生也不少，力学系四个专业，加起来总共有两百多个学生。

表 3-2　力学系 1958 级任课主讲教师名单[①]

高速空气动力学 专业		高温固体力学 专业		爆炸力学 专业		喷气动力学 专业	
课程名称	主讲教师	课程名称	主讲教师	课程名称	主讲教师	课程名称	主讲教师
微积分	吴文俊	微积分	吴文俊	微积分	吴文俊	微积分	黄茂光
高等数学	吴文俊	高等数学	吴文俊	高等数学	吴文俊	线性代数	胡海昌
数理方程	曾肯成	数理方程	曾肯成	数理方程	曾肯成	数理方法	何　琛
普通物理（力、热、电磁）	严济慈	普通物理（力、热、电磁）	严济慈	普通物理（力、热、电磁）	严济慈	普通物理（力、热、电磁）	郑林森
普通物理（光、原）	钱临照	普通物理（光、原）	钱临照	普通物理（光、原）	钱临照	普通物理（光、原）	梅镇岳
普通化学	蒋丽金	普通化学	蒋丽金	普通化学	蒋丽金	普通化学	尹　方
机械制图	郁志昂	机械制图	郁志昂	机械制图	郁志昂	机械制图	杨　杰

---

① 丁世有等：《力学系发展史（1958–1998）》。1998年6月，内部资料。

续表

高速空气动力学 专业		高温固体力学 专业		爆炸力学 专业		喷气动力学 专业	
课程名称	主讲教师	课程名称	主讲教师	课程名称	主讲教师	课程名称	主讲教师
理论力学	钟万勰	理论力学	钟万勰	理论力学	钟万勰	理论力学	何竹修
材料力学	沈志荣	材料力学	沈志荣	材料力学	沈志荣	材料力学	王美英
电工电子学	孔祥致	电工电子学	孔祥致	电工电子学	孔祥致	电工电子学	晋晓林
机械设计	胡华康	机械设计	胡华康	机械设计	胡华康	机械设计	胡华康
计算技术	钟津立	计算技术	钟津立	计算技术	钟津立	金属工学与金属学	王术
火箭技术导论	钱学森	火箭技术导论	钱学森	固体力学（一）	尹祥楚	火箭技术导论	钱学森
理想气体动力学	卞荫贵	弹性力学	何竹修	固体力学（二）	尹祥楚	热力学	吴承康
高超音速空气动力学	林同骥	塑性力学	李敏华	流体力学	谈庆明	流体力学	吴仲华
实验空气动力学	罗明晖	实验应力分析	沈志荣	实验应力分析	沈志荣	气体动力学（二）	吴文
粘性流体力学	郭永怀	板壳理论	黄茂光	爆炸动力学	解伯民	传热学	葛绍岩
高速气流传热	卞荫贵	杆与杆系	胡海昌	定向爆破	许澍新	燃烧学（一）	吴承康
测试技术	于宪清	振动理论	沈志荣	金属材料力学性质	王礼立	燃烧学（二）	林鸿荪
		薄壳理论	程世祜	工程地质学	谷德震	喷气发动机	王群
		空气动力学	徐燕侯 钱学森	板壳动力学	杨振声 郭汉彦	热机	关允庭
高速空气动力学 专业		高温固体力学 专业		爆炸力学 专业		喷气动力学 专业	
		测试技术	于宪清	测试技术	于宪清	测试技术	于宪清
		夹层板结构	胡海昌				
		高温固体力学	柯受全				
数学（补课）	蒋兴恒 徐燕侯	数学（补课）	蒋兴恒 徐燕侯	数学（补课）	蒋兴恒 徐燕侯	数学（补课）	蒋兴恒 徐燕侯
理论力学（补课）	童秉纲	理论力学（补课）	童秉纲	理论力学（补课）	童秉纲	理论力学（补课）	童秉纲

第三章　调入中国科学技术大学

给学生补习力学对我而言其实难度不小。首先，要弄清楚补课所要达到的深度，我只能调动出自己所掌握的所有经典力学知识，时刻保持着最佳的讲课水平，而且一面给学生上课，一面还要不断深入思考；其次，补课好比"炒夹生饭"，同学们已经学了一遍，如果我还是不能讲出新意，他们很容易就会生腻，所以我要随时了解学生的具体情况，做到有的放矢；还有，班上的学生水平参差不齐，有的是慕钱学森之名来的全国尖子生，有的是基础较差的调干生[①]，众口难调，讲得难了基础弱的听不懂，讲的平平好学生吃不饱，如何采取一个折中的教学对策，这也让我颇为苦恼。

后来，我想起钱学森给我提供了一本参考书。这本书是冯·卡门和彼奥特（Biot）合作写的，书的名称叫《工程中的数学方法》[②]。我看了这本书的序言，序言里这么写道："有两种方法教学生如何把数学应用到工程问题上。第一种方法是从数学中选出一些分支，其中加入一些适当的应用上的例子，对这些内容做系统的学习；另一种方法是选出某些具有代表性的工程问题，并且通过解决这些问题来表明如何应用数学。已经有很多好的书采用第一种方法。本书是按照第二种方法的一个尝试。"这段话启示我理解了钱学森先生对补习力学课的用意。经过我的分析，我认为补课的关键问题是引导学生学会力学研究的方法。例如，使他们认识如何从多样化的事物中抽象出质点和质点系的模型；如何基于质点和牛顿定律用演绎法导出基本定理等多种表达式，适合于解决各种不同特点的习题（即实际问题）；又如何从计算结果中分析其物理意义，回到原来的实际问题中去，不仅要求定量，而且会定性分析。总结起来就是"从实际中来，到实际中去"，这个也正是钱学森的技术科学思想。另外，我还有近10年理论力学教学经验，知道怎样解决学生学习理论力学中固有的"理论容易习题难"的问题。这样的教法果然取得成效。我选择的内容都是基本的，学生以前都学过，着重补习的是关于如何从实际中来又到实际中去的理解、分析和

[①] 从1953年开始，凡是国营企业、事业单位和机关、团体以及中国人民解放军系统的正式职工，经组织上调派学习或经本人申请组织批准离职报考中等专业学校和高等学校的，统称调干生。调干生上学的保送条件主要是本人出身好、表现好，因此有相当一批文化基础较差。

[②]《工程中的数学方法》。科学出版社，1959年12月，第1页。

锻炼，这对不同学习水平的学生都能听懂，都有吸引力。

补课的时候，我每周都要进行调查，在两三个助教的帮助下，了解学生原有的水平、对补课的接受情况等，根据学生的反馈对自己的教学思路进行反思，然后再投入到新的备课之中。有一个学生叫尹协远①至今还保留着当时补课的课堂笔记。我每次上课给学生留的习题，分为课前习题和课后习题，前者要求在下次上课前先试做，因为我要在课上分析讨论。我记得有一次，我对其中一个典型习题中物体的运动特征和受力状况从数学表达式中做物理分析，学生都被整个吸引了，从他们的表情中可以看到补课效果还是不错的。像力学所的白以龙②院士、王自强③院士，工程热物理的徐建中④院士，他们当年都听过我的补习课。这些学生后来看见我都恭恭敬敬的，大概是因为我当时的课上得好吧。

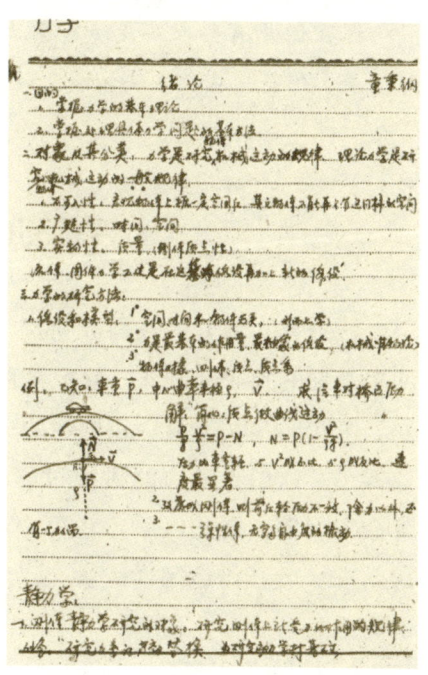

图3-3 尹协远保存的补课时候的笔记（部分）⑤

---

① 尹协远（1940-），中国科学技术大学教授。1963年毕业于中国科学技术大学近代力学系。1963年留校任教。主讲过"流体力学"、"高等流体力学"、"非定常流与涡运动"、"环境流体力学"等本科及研究生课程。研究方向为旋涡动力学和涡控制、计算流体力学，环境流体力学等。

② 白以龙（1940-）云南省祥云县人，力学家。1963年毕业于中国科学技术大学近代力学系。1966年中国科学院力学研究所研究生毕业。曾任中国科学院力学所研究员、非线性力学国家重点实验室学术委员会主任。1991年当选为中国科学院院士。

③ 王自强（1938-）上海人，固体力学家。1963年毕业于中国科学技术大学近代力学系。长期从事固体力学方面的研究工作，2009年当选为中国科学院院士。

④ 徐建中（1940-）江西吉安人，原籍辽宁北镇，工程热物理专家。1963年毕业于中国科学技术大学。1967年中国科学院力学研究所研究生毕业。1995年当选为中国科学院院士。中国科学院工程热物理研究所研究员，长期从事叶轮机械内部流动的研究

⑤ QT-001-007，授课笔记。资料存于采集工程数据库。

第三章 调入中国科学技术大学

"我觉得有一个事有比较深的印象，就是童先生上课的时候，他非常地注重把整个课程中大家的注意力能够吸引到他讲课上面去。他对教学技巧，教学法是比较注重的。坦率地讲，我听过很多老师的课，但是有些人不是专职做教师的，教的虽然很好，我们也是有收获，但是，从教学法和课堂效果来讲，就不一定了。"①

《气体动力学》教材

1963年，我开始在科大讲授"理想气体动力学"课程。这是一门跨两个学期的专业基础课，此前卞荫贵先生教了两届学生，我又教了第三届、第四届，以及第六届学生的一个学期，之后"文化大革命"开始就停课了。这门专业课的讲授过程也是我的学习过程。1966年，"文化大革命"爆发，自此以后，我再也没有讲这门课。这门课教了两遍以后，1965年，我开始编写课程讲义。后来上这门课的老师接着使用我的这本讲义上课。

1963年之前，理想气体动力学这门课是力学所的卞荫贵研究员上的。我们这一届是童先生给我们上的，用的是基于卞荫贵编的，又经童先生仔细修订、增补后的这个讲义，我们拿到以后，非常喜欢。虽然我们拿到的讲义，童先生已经做了很多修改，但是他很谦虚，没有把自己的名字写上去，编者仍然是卞荫贵。童先生给我们上这门课是1965年，上了一学期，上册讲完了，中册发给我们，准备要上课的时候"文化大革命"开始，就停课了，下册就没有用了。②

---

① 尹协远访谈，2014年3月23日，合肥。资料存于采集工程数据库。
② 朱克勤访谈，2014年8月21日，北京。存地同上。

1987年，国家教委专门成立了工程力学教材委员会，其任务是编撰各门课的推荐教材。他们将各家的讲义放在一起，通过评议选择一家，确定主编，重新编著。《气体动力学》也列入选定教材，为此教材委员会将各家的讲义一起评议，最终选上了我编的那本讲义，我当时也是委员，委员会就委托我主持重新按要求编著这一教科书。1987至1989年间，我和孔祥言[②]、邓国华[③]一起合写这本教材。1990年，高等教育出版社出版了我们编写的《气体动力学》。

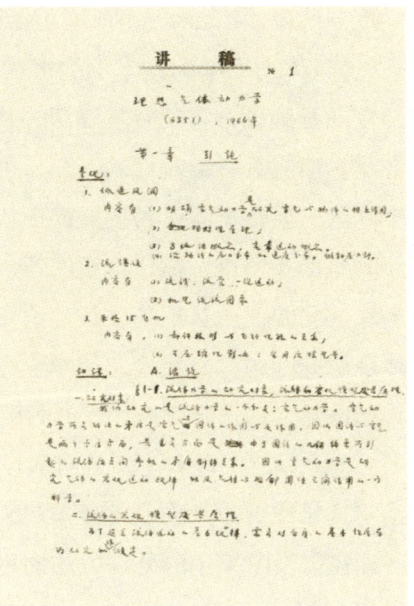

图 3-4　童秉纲在科大近代力学系讲授《理想气体动力学》讲稿[①]

教科书的编写是一件并不简单的事。教科书不能只是泛泛地传播知识，而是要提出问题、解决问题，所以教科书的选材尤为重要，在这本《气体动力学》教材中，我们在选材方面下了很大功夫。本教材注重于揭示气体流动的基本力学原理，阐明典型的处理方法，并适当联系工程应用。鉴于气体动力学的新进展，我们力求用现代的观点来叙述那些经典性的基本内容；同时，注意反映当代数值计算的趋势；并引入高温气体非完全气体效应的概念。跨声速流动和高超生速流动这两章内容，在那时的教材中是有新意的。在讲解问题时，力求使数

---

①　童秉纲在科大近代力学系讲授《理想气体动力学》部分讲稿的原件，档案号：SG-001-002，资料存于采集工程数据库。

②　孔祥言（1932-），安徽合肥人。中国科学技术大学教授。1956年毕业于北京大学力学专业。现任中国科技大学石油天然气研究中心副主任，中国力学学会渗流力学专业组成员。

③　邓国华（1941-），福建龙岩人，中国科学技术大学教授。1965年中国科学技术大学近代力学系高速空气动力学专业毕业留校，1993年享受国务院政府特殊津贴，1995年晋升为教授。长期主讲《气体动力学》等课程。1990年5月合作编著《气体动力学》教材（高等教育出版社），1995年荣获国家教委第三届优秀教材一等奖，1998年荣获教育部科技进步二等奖；多年合作从事"飞行器涡系间的相互作用及对气体特性影响"方面的研究。从2002年起，在中科大管理学院工作。

学推导严谨，物理概念清晰，达到必要的深度和广度。

《气体动力学》这本书的写作遵循了以下指导思想：气体动力学是一门专业基础课，它既有基础课的某些共性，即要求系统地掌握理论和基本方法，但它又有针对性的一面，可更多的按照学以致用的原则精选典型教学内容。要根据本学科发展的现状，用作者自己的语言，将理论知识进行新的概括和精炼，抓住本质问题，举一反三。要符合认识论，这是指既要循序，又要促成认识的飞跃。这方面最根本的是要实行启发式教学和处处体现研究问题的方法论，使学生对学习的知识有立体感，能知其然，并知其所以然，通过解题应用，有效的培养学生适应再学习的独立工作能力。

与此同时，教科书所面对的读者群体大部分是学生，《气体动力学》的编写就始终贯穿"启发式教学"的理念，在每章每节都指明研究目标、技术途径以及所采用的处理方法的思路，从而将基本理论、典型方法和解题应用有机结合起来，这种方式让学生容易逐渐学会举一反三。另外，在这本教材的编写中，我们还追求教科书的现代化，我们试图用现代语言去重新叙述一些经典理论与问题，使得这本书最大限度地具有可读性，让读者更容易接受。当然，由于我一直以来形成的语言习惯，我在编写教科书尤为重视章节间的内在逻辑，主次分明，叙述精炼，文字流畅，这大概也是这本教材广受好评的一个原因。

我在这本教材上费力甚多。这本教材一共九章，我写了其中五章，一直从1987年写到1989年，主要是利用寒暑假，集中三次时间，每一次都是连续40天左右不间断地写稿。我还记得七八月份的时候，天气炎热，家里整天开着风扇，当时我已经60多岁，精力还很旺盛，每天能写8—10个小时，但这种高强度的工作让我有时候晚上睡不着觉，后来我发现喝蜂王浆很管用，晚上就能睡着觉了。形成初稿后，我们听取了多位专家同行的意见，张炳暄[1]对全文做了校订，并提出了许多好意见，我们又根据专家们的意见一遍遍地修订。那时候没有电脑，每次修改都要誊写稿纸，誊写容易出错，又要仔细校对。最后一道工序是印样校对，那时是用铅字

---

[1] 张炳暄（1928-），北京航空航天大学教授，研究方向为计算空气动力学。

排版的，差错率很高，别人校对完送到我手里，我一检查，发现仍有大量未发现的印刷错误，就又花了半个月的时间校订。最后这本教材在申报奖项时，其中有一个评审指标是"印刷错误率必须小于万分之一"，而这本书的实际印刷错误率比规定量要小一个数量级。

我作为这本教材的主编，还得与合作者孔祥言和邓国华协调，形成统一的风格。因此，除了启动之初要一起商定，形成共识之外，还要不断地交换意见。那时我在北京，他们俩住在合肥，当时还没有电子邮件，因此只能打电话、邮寄文稿。孔祥言写其他四章，我还得做出必要的修订，统一语调。这件事几乎耗掉我两年的全部精力，这也反映出我"做件事一定要做成功"的决心。此后，我对写书视为畏途，不敢轻易干这种事。付出这样的劳动，稿费是微不足道的，真是凭良心干活。

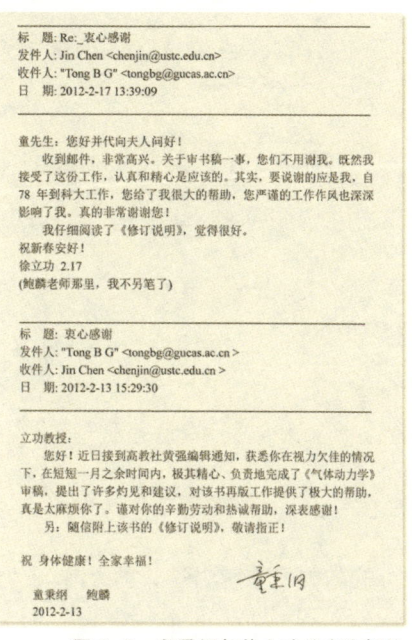

图3-5 童秉纲与徐立功的来往邮件

这本书在2012年由高教出版社出版了第2版，是委托鲍麟副教授修订的。这个版本，请中科大的徐立功教授审稿，他已退休，视力不好，就用放大镜阅读几十万字，真是天大的盛情。现附上审稿结束后我们来往的电子邮件。[①]

1995年，《气体动力学》这本教材获得了国家教委优秀教材一等奖，1998年又获得了教育部的科技进步二等奖。这本教材获得了多个院校的青睐，不少高校将这本书作为本科生和研究生教材，例如中国科学技术大学力学系和工程热物理系、浙江大学力学系、北京大学力学系、天津大学力学系、哈尔滨工业大学航天学院等。

这本教材还得到了不少专家的广泛认可，林同骥院士称之为"一本难

---

① 档案号：XJ-001-096，资料存于采集工程数据库。

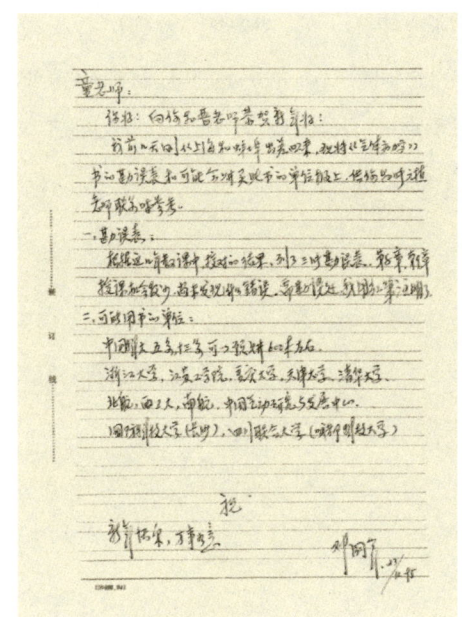

图 3-6　邓国华给童秉纲写的信[1]　　图 3-7　优秀教材申报表及国家科学技术奖励推荐书[2]

得的教材和参考书",张炳暄认为这本书"对气体流动的力学原理的阐述精辟独到","内容丰富精炼,深入浅出,对流动的物理现象的揭示和描述非常清晰","书中包含了现今在工程应用上很受重视的跨声速流和高超声速流,其内容非常精炼实用"。俞鸿儒院士认为这本书"不仅可使学生掌握并正确运用气体动力学知识,而且可培养学生良好的治学方法",上世纪 90 年代,他在云岗的航天 11 院开会讨论工程问题,建议与会的工程人员要夯实基础,并向大家推荐一本书,称赞"这本书写得比外国人写的还好",他指的就是我们这本《气体动力学》。一位用这本教材自学的研究生反映,"该书除了用简洁明快的语言描述了力学观点和理论,还用了相当的篇幅讲述了典型的处理方法,并适当的联系到了工程应用,这样就避免了晦涩抽象的理性说教。内容翔实却并不使人产生卷帙浩繁之感"[3]。

---

[1] 档案号:XJ-001-054,资料存于采集工程数据库。
[2] 档案号:DA-001-076,存地同上。
[3] 档案号:ZZ-002-152,《气体动力学》的编著思想和实践。存地同上。

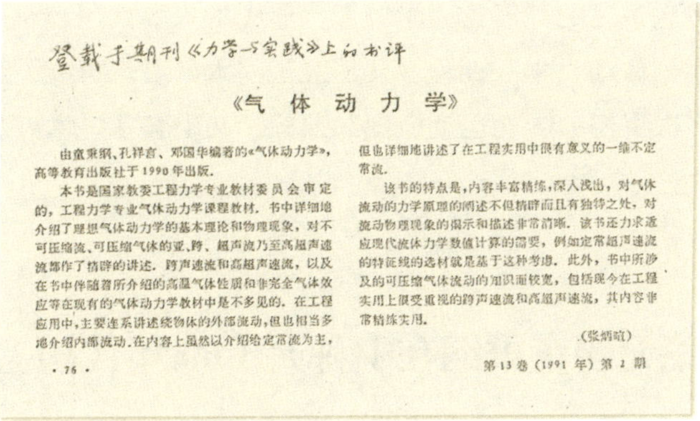

登载于期刊《力学与实践》上的书评

《气 体 动 力 学》

由童秉纲、孔祥言、邓国华编著的《气体动力学》，高等教育出版社于1990年出版。

本书是国家教委工程力学专业教材委员会审定的，工程力学专业气体动力学课程教材。书中详细地介绍了理想气体动力学的基本理论和物理现象，对不可压缩流、可压缩气体的亚、跨、超声流乃至高超声速流都作了精辟的讲述。跨声速流和高超声速流，以及在书中伴随着所介绍的高温气体性质和非完全气体效应等在现有的气体动力学教材中是不多见的。在工程应用中，主要连系讲述绕物体的外部流动，但也相当多地介绍内部流动。在内容上虽然以介绍给定常流为主，但也详细地讲述了在工程实用中很有意义的一维不定常流。

该书的特点是，内容丰富精练，深入浅出，对气体流动的力学原理的阐述不但精辟而且有独特之处，对流动物理现象的揭示和描述非常清晰。该书还力求适应现代流体力学数值计算的需要，例如定常超声速流的特征线的选材就是基于这种考虑。此外，书中所涉及的可压缩气体流动的知识面较宽，包括现今在工程实用上很受重视的跨声速流和高超声速流，其内容非常精练实用。

（张炳暄）

· 76 · 第13卷（1991年）第2期

图 3-8 张炳暄教授对《气体动力学》一书的书评[①]

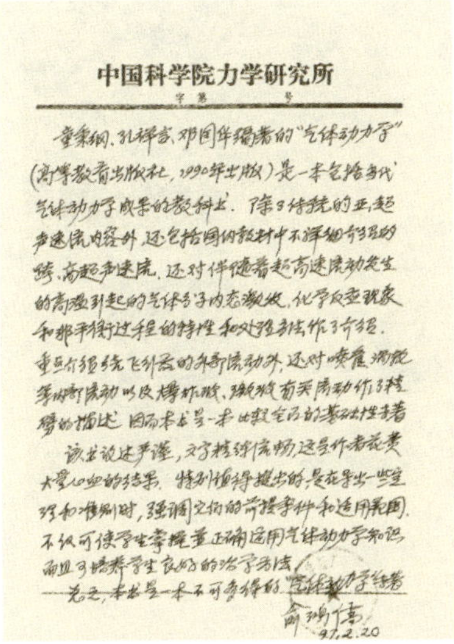

中国科学院力学研究所

字第 号

童秉纲、孔祥言、邓国华编著的"气体动力学"（高等教育出版社，1990年出版）是一本包括当代气体动力学成果的教科书。除了传统的亚、超声速流内容外，还包括国内教材中不详细介绍的跨、高超声速流。还对伴随着超高速流动发生的高温引起的气体分子内态激发、化学反应现象和非平衡过程的特性和处理方法作了介绍。重点介绍绕飞行器的外部流动外，还对喷管、扩散等内部流动以及爆炸波、激波有关流动作了精辟的描述，因而本书是一本比较全面的基础性专著。

该书论述严谨，文字精练流畅，这是作者花费大量心血的结果。特别值得提出的是在导出一些定理和准则时，强调它们的前提条件和适用范围。不但可使学生掌握並正确运用气体动力学知识，而且可培养学生良好的治学方法。

总之，本书是一本不可多得的气体动力学佳著。

俞鸿儒
91.2.20

图 3-9 林同骥院士对《气体动力学》的评价[②]

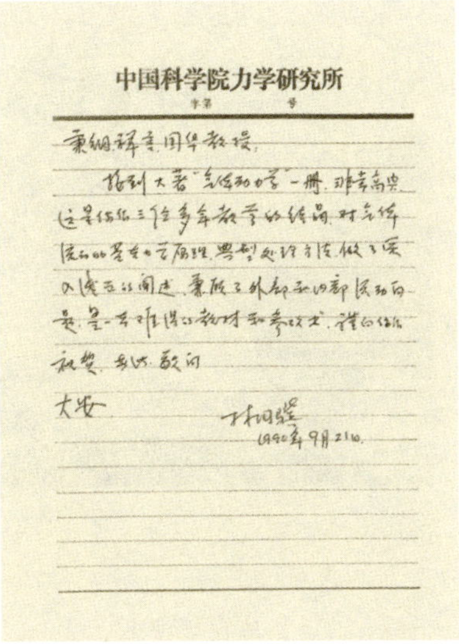

中国科学院力学研究所

字第 号

秉纲、祥言、国华教授：

收到大著"气体动力学"一册，非常高兴。这是你们三位多年教学的结晶，对气体流动的基本原理、典型处理方法做了深入浅出的阐述，兼顾了外部和内部流动问题，是一本难得的教材和参考读物。谨向你们祝贺，并此致敬

大安

林同骥
1990年9月21日

图 3-10 俞鸿儒院士对《气体动力学》的评价[③]

2012年，这本书在鲍鳞副教授的帮助下再版，基本没有进行大的改动，只是按照新的要求适当修改了一下。再版以后，大家对这本书一直还是有好评。其实，凡是我讲过多遍的课程编著出版的教科书都受欢迎。

① 档案号：PJ-001-002，资料存于采集工程数据库。

② 档案号：XJ-001-026，林同骥给童秉纲的祝贺信。存地同上。

③ 档案号：PJ-001-021，存地同上。

例如，我多次讲过的"理论力学"课，形成了一本试用教科书，讲过几遍的"理想气体动力学"课程，又形成了一本好书。再有，到研究生院来以后，多次讲授"旋涡运动原理"课程，又出版了一本好教材"涡运动理论"。

附：韩肇元谈童秉纲在中科大（60年代初）的教学

图 3-11　韩肇元[①]

受访人简介：中国科学技术大学教授，男，浙江宁波人，1937年12月生，1962年毕业于清华大学。毕业后到中国科学技术大学近代力学系工作。与童秉纲同事30余年。主要从事激波动力学研究。

访谈人：赵硕

访谈时间：2014年5月23日

访谈地点：北京

[①] 档案号：SP-001-012，资料存于采集工程数据库。

童先生的教学方法，对于我的教学有很大的帮助，可以说，我一辈子的教学方法都是照着童老师的方法在做。1962年春天，童老师给学生补习力学基础，我在给学生补习数学基础。我们去听童先生的一次讲座，跟他学习一些方法，结果这次讲座影响了我一辈子。第一条，他的教学逻辑性很强，这个是很多老师都具备的。第二条很关键，他上课之前先讲今天要讲什么内容，之后再告诉学生今天打算怎么讲。别小看这句话，这句话的作用等于是把主动性交给了学生，等于把标准提前告诉了学生，学生用了你的标准来检验讲课效果。童老师跟学生说："如果你来不及的话，你先别做笔记，我到时候再给你时间记，你先看我怎么讲"，这个方法是非常关键的，让同学变被动为主动，这一点是非常了不起的。第三条也很关键，就是上下呼应，上课的时候要跟学生互动，有问题马上提出，现场解答。这种方法引起了我很强烈的共鸣。

这些方法对我的帮助太大了。1989年，我到美国科罗拉多大学访问，我给他们的研究生讲一门专业课，叫激波动力学。我去之前把这门课的几十本英文教材用激光照排都已经印好了，全部带过去，我确实有准备。这门课从上午10点一直连续讲到下午的1点，讲三个小时。听课的除了研究生博士生以外，有几个教授也来听一听。当时我把标题往黑板上一写，他们学院的院长马上举手，问两个问题，第一个问题我就当时回答了，第二问题我说稍微晚一点再回答。在美国大学里，特别是研究生课，上下呼应交流是非常多的。要想做到上下呼应你必须做充分的准备，这是我从童先生那里学来的。上一堂课，我起码准备了30个问题。这些问题都是从英文论文和教材的解答题中搞来的，这些问题我必须提前搞透彻了。这样三个小时下来，我还觉得不累，因为一边讲一边交流，那就不会觉得很累，但授课内容和人家可能问的各种问题都是需要提前弄清楚的。

听课的有一个南航的中国博士跟我说："韩老师，像你们这个年代，大学学的是俄语，没想到您英语还那么流利，他说有好多中国人来，学生问的问题听不懂"。其实在我走上讲台之前，我的英语也是下了很大功夫的。后来，我到另一个大学给毕业班本科生讲课，学生全是青一色当地的美国人，讲话很土。首先我要讲的很流利，为了练习我的语速，我把写好的25分钟的内容7分钟念完，念到舌头都麻了，快到连我说话自己的耳朵都跟不上。但是学生听的很高兴，因为他们很适应。在这样的语言训练基础上，童老师教我要注意语调的起伏，这个也很重要。我完全按照童老师的办法讲推导过程，我就在黑板的左边写着告诉学生：推导的出发点在这儿，起始条件在那儿，推到的结果在这儿，我按照童先生的办法告诉学生，我说："你们先不用记笔记，讲完了以后你再记笔记"，推导完了，黑板写的密密麻麻的，他们都听的很明白。最后同学给我一个评价，说我把一个很困难的问题让大家很容易就懂了。

当时学校要给我配一个助教，帮我改作业，我告诉他们，我要自己批改作业。这样我才能知道哪个同学懂，哪个同学不懂，哪个同学非常的明白，哪个同学非常的不明白，我才能组织课堂讨论，把一个个问题提出来。我首先让不懂的同学回答，他自然讲的一塌糊涂，然后我再让一个非常明白的同学来讲，同学会很高兴的去讲，但是也有讲得没有方法的，讲话没有条理的，最后我再总结一遍。这样同学们就都很明白了，这也是上下呼应。我在美国上了两门课的过程中，特别是用英语给他们上课的过程中，得到了美国学生的认可，这是很不容易的事情。

这套讲课方法，虽然英语本身的技巧是由我自己锻炼的，但是这套教学方法在理念上完全是童老师的。我的切身体会，特别是在国外讲课的体会，可以充分看到童老师的这套教学理念和方法对我的帮助。

第四章
在艰难中开始科研

1966年,"文化大革命"开始。1968年我被扣了顶"漏网右派"的帽子,关了一年,又劳改了两年半,这三年半来我过着非人的生活,受尽侮辱和折磨,亏得我命大,才能活下来。面对这样的打击,我迷茫过,但很快下定决心,要活着出去,并且要设法不去想当前的痛苦,以保护自己免受刺激。1972年春,我走出了牢笼,但仍受监督,直到"文化大革命"结束。

批 斗 关 押

1965年,我本来已经在筹划调研高速空气动力学学科发展现状,准备做一些研究,但是1966年6月,"文化大革命"突然开始了。由于"文化大革命"的需要,中科大从1966年6月开始停课,一直到1972年的8月才逐渐走上正常的教学轨道,整整六年多。在这六年里,我有长达三年半的时间在"挨整",他们给我扣了一顶帽子叫"漏网右派"。

"文化大革命"开始后,1968年,"工军宣队"开始进入各个单位掌握斗批改。"工军宣队",就是工人和军队结合,以工人的领导为主,军队的领导干部也参与进来。当时红卫兵已经闹得不成样子,以工人和军队的名义对其管理能改变一下当时红卫兵"无法无天闹革命"的状况。1968年,全国有一个"清理阶级队伍"的运动,这引起各个地方的多种冤假错案,造假的、屈打成招的、有意捣乱的情况很多。当时在我的家乡有一个人,比我小很多岁,我根本不认识他,他招供了一个"反革命组织",把原来我们家乡在外地工作的人,也就是他知道名字的都放在里头作为"反革命成员",据说其中有我的名字,后来我在隔离审查期间,专案组的人找我,盘问我在50年代的情况,也许是将我列入了这个"反革命组织"之中。后来,又有一个告发我的事情,徐书轩受理后认为不可信,他和我谈话,了解当时的时代特征和背景,来对证一下实情,并关心我的精神状态是否正常。

1968年9月8日,我被隔离审查,说有重大问题没交代,他们把我关到教学楼的地下室里。当时中科大共有6个系,按照军队的编制,工军宣队把一二三系编为一营,四五六系编为二营,编了两个营。近代力学系是五系,属于二营。

11月20号,上面宣布对三个人专政,我是其中一个。我还记得那一天,有人对我说:"你不要出去吃午饭了,你让别人给你带饭,你还有问题没交代。"我说:"没了,没有什么要交代的了。"下午,我们被隔离的人排着队到现在高能所主楼前面的广场参加二营的"宽严大会",我看到墙上刷着很大的大标语,"打倒漏网右派童秉纲",名字上打着鲜红的大叉叉。和我一起挨批斗的还有两个,一个是学生,一个是比我年长11岁的从美国回来的黄茂光①教授。有人举报黄茂光,说黄茂光曾说过:"我们早请示、晚汇报,像基督教的祈祷一样。"这样一来,他就成了"现行反革命",其实他没有说过那种话,显然是别人强加在他身上的。在那个会场上,我没有什么可害怕的,我本来也不是懦弱的人。他们强摁着我的头,当然他们

---

① 黄茂光(1916-)四川新繁人,中国科学技术大学教授。1951年在美国康奈尔大学力学系获博士学位。曾在美国伦斯累尔理工学院、中国科学技术大学、中科院力学研究所等单位从事力学教学和科研工作。"文化大革命"中,黄茂光曾一度受到迫害。

指控我的一连串乱七八糟的罪名都是胡说的。批斗会完了之后，我们就被关进了专政队。

从1968年9月8日开始，我开始接受隔离审查与关押，不得回家，我被关了一整年。关押期间，我们要对着毛主席像每次"请罪"三分钟，在每天起床、吃饭前后与劳动前后都如此，谢罪的时候鞠躬要180度，头要碰到膝盖才行。我们被关在学校的教学楼——现在是高能所的主楼——在地下室，没有厕所的，大家要上厕所，却不让上楼，而是要求到附近宿舍楼的地方。一天只规定两个时间上厕所，看管我们的人一路上使劲骂骂咧咧，到了卫生间只能有3分钟时间，那种鬼哭狼嚎的叫唤，大家到了那里都没有了便意。被关押在里头的时候啊，那种侮辱人格的事情，各种各样的，没法叙述了，这里真是充满生与死的矛盾啊！

被专政以后，专政队对我们并没有特别多的虐待，把我打成"漏网右派"后，并没有人来审问我，就关在里头。我在专政队时，十三岁的儿子童卫平每个月都要给我送粮票，送换季的衣服。我的衣服拿回去后，晋晓林看到我的衣服都是湿的（地下室很潮湿），那时是冬天，晋晓林就让童卫平在街上买件皮大衣给我送去（晋老师当时生病，不能上街）。童卫平当时就十三岁，胆子很小，一进专政队里面，看到那些人鬼哭狼嚎，态度极其凶狠，孩子就怕，他母亲就鼓励他："你什么也不要怕，勇敢地走进去，没什么好怕的。"所以，童卫平至今对"文化大革命"仍然存在着情感上的伤痛，一谈到这些事情他就不高兴。

后来到了1969年，中共九大召开，当时我还被关在里头。当时计划修一条从北京到原平的铁路——京原铁路。由于修这个铁路需要动员学校的人去接受劳动教育，我们专政队的人被派去房山的坨里乡修路，但我的人身自由仍然受到限制，周末仍然不能回家。记得有一次，我去砸石头，我的一个眼镜片被石子打碎了，结果眼镜一边有眼镜片，一边没有。我的视觉出现畸形，走路的时候能把下坡看成上坡，在这种情况下，当时还要让我爬梯子上20米左右高的地方去修桥的桥墩，我本身不是一个动作敏捷的人，生平从未有过上这么高的地方，我上去了一次。下来以后，我心里悟出来，万一我不慎摔下来死了，非但人家没有好话，而

第四章　在艰难中开始科研

且还被认为是畏罪自杀。"文化大革命"期间就是这么残酷，这种行为会背上一个"畏罪自杀"的罪名，这个问题就永远说不清了。所以无论如何我要坚持回北京城内配眼镜，当时我向专案组的组长讲，我要回北京配眼镜，他反对，不同意。我刚被关进专政队时，写了个单子，什么生活用品我都没有，希望专案组长转达给我的家属，能够给我送点东西来。结果他当着我的面咬牙切齿把纸条撕得粉碎，一扔，就走了，然后在大会上面胡说八道。所谓那些罪行完全是颠倒黑白。我在劳动工地上因为眼镜损坏以至无法正常行动，这个组长也不同意我去配眼镜，要置我于死地，他是我教过的学生，而且留校当教师，真是不可理喻。后来，我找到同事刘文槐（他是我教研室的同事），他同意帮助我去做工作，最后才同意我回去配眼镜。

那个时候，我的内心非常纠结，我怎么会沦落到如此地步！后来我就告诉自己，忍着吧，生命是宝贵的，不能这么轻易死掉。我想我怎么也要活着出来，我不能死在里头。我还要强制自己不去想苦难，免得以后变成精神创伤。这样，我终于熬了下来。

"劳 动 改 造"

1969 年 9 月，在专政队关了差不多一整年后得到释放，我不再是专政队成员了，我的身份有所改变，可以回家，但是我的问题还没有完，需要劳动改造，仍然受管制，人身并不自由。我每天都被押着去干杂活，一直持续了两年半时间，直到 1972 年春节前，我才恢复了人身自由。

1969 年冬，林彪发了一个"一号令"，北京的大学纷纷下迁，中科大于该年十一二月开始陆续往安徽安庆派遣人员。后来，学校决定搬到合肥。1970 年起，中国科学技术大学搬迁到合肥。此时，我还在劳动改造过程中。我是第二批搬迁的，先到了安庆，后来到合肥。

中科大南迁[①]

工宣队、军宣队掌握领导权后，开展以落实《五七指示》为目标的教育革命准备工作，并确立以江西共产主义劳动大学为榜样，重建新科大的基本方针。

1969年10月，国务院科教组组长、国务院驻中国科学院联络员刘西尧主持拟订中国科大《关于要求创办"五七教育革命实验基地"的报告》。基地既是学校，又是工厂、农场、科研单位，地点拟设在河南省南阳地区，计划二三年内完成基地筹建工作，并把学校逐步迁到基地。国务院副总理李先念、谢富治批示同意。校革委会派人到南阳等地考察选点。考察人员认为在南阳山区、丘陵地带开办基地确有困难。1969年10月26日，中共中央下发《关于高等学校下放问题的通知》，刘西尧经与安徽省革命委员会主任李德生协商，指令中国科大战备疏散到安徽省安庆市。先遣人员90人12月初赶赴安庆，随后900人到达该市，被安置在安庆市委党校的一栋三层小楼里，拥挤不堪，食宿等基本生活无法维持。1970年1月，校军宣队政委贺魁民、革委会副主任杨秀清随同科学院军代表尚可、革委会副主任王锡鹏到合肥向安徽省革委会主任李德生、副主任娄学政汇报工作并办理移交手续，商定学校搬迁到合肥市，在原合肥师范学院校址办学；并决定将全校人员分散到淮南、马鞍山、铜陵、合肥等地厂矿、农场进行"斗、批、改"，半天劳动，

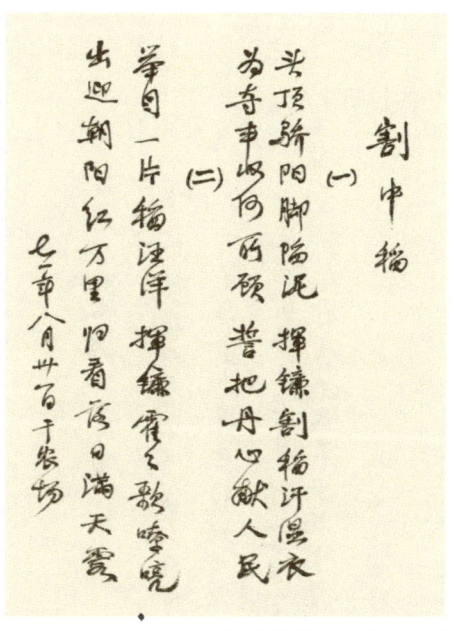

图4-1 童秉纲手书《割中稻》

---

① "中国科学技术大学校史概览"。中国科学技术大学档案馆网站。（http://arch.ustc.edu.cn/history.htm#三）

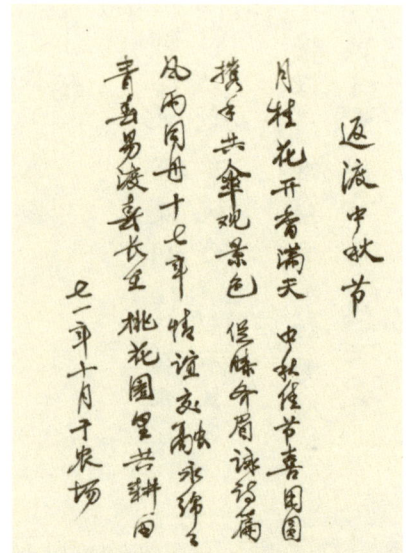

图 4-2 童秉纲手书《插队油坊村》

半天搞"运动"。

在合肥劳动改造期间,我有一次被叫去砖厂拉砖。七八月份,大夏天的,太阳很晒。普通群众拉一次,我们要拉两次。没有人关心我的死活,我拉到第二次回来的路上,已经没有体力支撑下去,就倒在路边的树底下。大概到了夜深的时候,我自己醒来,只好自己爬起来走回家,第二天又得重复先前的活儿。这些都是在死亡边缘上的挣扎,亏得我命大,才熬过了种种考验。

在北京和合肥的"改造",包括在堰口农场,一共持续了两年半。直到1972年,大学要开始招收工农兵学员,日子才稍有好转,我结束了劳改。但是"帽子依然被人提在手里",也就是说问题还在,只是"放出来下厂锻炼"。之后,我就到了沈阳的112厂和139厂实习,到那里开始了我的科研生涯。

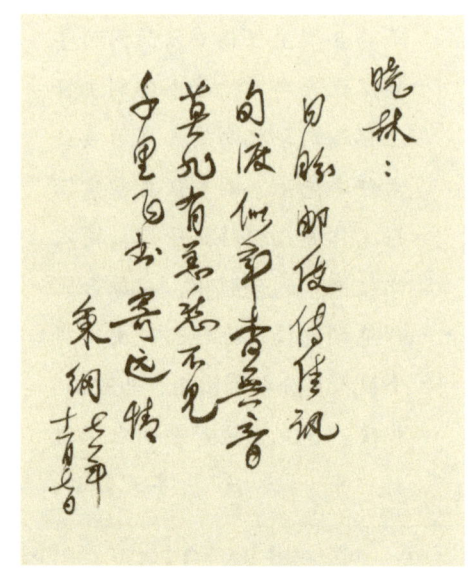

图 4-3 童秉纲手书《返渡中秋节》　　图 4-4 童秉纲写给夫人晋晓林的诗作(手书)

劳改过程中要使劲干活，以前我们这些人没有什么劳动锻炼，让我们干强体力活，我们的身体一下子很不适应。经过两年半的劳改，我也落下了"劳改后遗症"，比如说我的腰，骨质增生，已经是没法治了。所以长期以来，我的左腿发麻，不过时间长了也就习惯了。

科研起点

1972年9月，中国科学技术大学要招收工农兵学员①，要提前做准备，我们这些学校的教师要下到工厂中锻炼。因此，到了1972年的春节前，我的劳动改造结束，我算是自由了。由于我们是近代力学系高速空气动力学专业，主要涉及航空航天领域，因此，过了春节以后，就把我们安排到沈阳的航空和航天工厂去锻炼。其中一个工厂叫松陵机械厂，就是112厂②，这个厂子是制造战斗机的；同一个院子里头，还有一个叫新阳机械厂，就是139厂③，是组装从岸发射到舰上面的飞航式导弹的，叫海鹰号。

1972年，我们就在139厂那个地方，从5月份开始呆到差不多11月，有半年时间。我们到总装车间等各个车间去参观，很大部分时间呆在139

---

① "文化大革命"时期，在毛泽东的指示下，北京大学、清华大学等高等院校专门招收具有中学以上教育程度的工农兵子女入学，该批学生后来被称为"工农兵学员"，这些工农兵学员根据中央政府分配的名额，后从工人、农民和士兵中推荐产生。

② 现为沈阳飞机工业（集团）有限公司，隶属于中国航空工业集团公司，是一家飞机制造企业，位于辽宁省沈阳市。被誉为"中国歼击机摇篮"的沈飞工业公司是中国创建最早、规模最大的现代化歼击机设计制造基地。公司的前身为1938年，伪满洲国时期设立的"满洲飞行机制造"。工厂于1951年6月29日正式再创建，名为"国营112厂"。1957年6月15日，启用新厂名——国营松陵机械厂。1979年6月5日改称国营松陵机械公司。1986年1月1日更名为沈阳飞机制造公司。1994年6月29日，经国家经贸委批准，在原沈阳飞机制造公司的基础上，组建了沈飞工业集团，公司更名为沈阳飞机工业（集团）有限公司。

③ 现为新阳机器制造公司。该厂隶属于中国航天工业总公司，曾用名为国营新阳机械厂、航天机电集团总公司、中国航天科工公司、航天通信公司。厂址位于皇姑区梅江街阳山路1号。创建于1956年，该厂曾为我国航天产品的研制和生产做出了巨大贡献。

厂的设计科。我们关心的是能否拿到科研项目，观察到搞飞机的航空行业，有所谓"肥水不外流"的传统，他们不乐意把自己的项目和经费作为科研课题给别人做，认为什么事情都可以自己做。而搞导弹的属于航天部门，他们舍得花钱请外面的人来研究他们碰到的问题。因此，我在139厂时，他们就留给我一个问题，即导弹动导数计算方法问题，希望我明年（1973年）再来帮他们解决。

何为动导数呢？就是导弹飞行过程中，由于导弹与空气之间的相互作用，对导弹的飞行产生扰动，在扰动的条件下，导弹如何能继续保持平衡，而不至于翻跟头掉下来，这叫动态稳定性。动态稳定性的导数就是动导数。这个参数是气动设计中需要掌握的飞行器气动性能参数之一，是非定常流动效应导致飞行器是否保持动态稳定的关键参数。

第二年，我和石灿馨[①]，两个人一起到139厂，我帮139厂解决这个动导数问题，呆了六个月。石灿馨做的题目跟我不一样，不是动导数的计算问题。

我从1972年开始从事空气动力学方面的研究工作，当时我已经45岁，这也是我从事科研工作的开端。

其实，刚遭遇了"文化大革命"的惨痛经历，受到一系列的折磨之后，大家或多或少都会受到影响。有一些人短时间内没缓过来，可能就不想做事情了。我正好相反，我内心很强大，心态能够很快平稳，可以很快把苦难忘记，迅速投入到新的工作中，使劲干活，就像人家说我"阿Q"精神。我这种心理状态的确与众不同，可以说是天生的。我从来都是向前看，只关心为之奋斗的大事，从不计较小事。庄礼贤深知我的特点，在我八十寿辰的时候，赠我八个字：海纳百川，从谏如流。应该说，我的心胸是开阔的。

对我来说，这个行业是完全陌生的，许多东西我之前都没有接触过，很多东西不懂，所以我经常向别人请教，还向比我小十岁的人请教，从

---

① 石灿馨（1940-），江苏常州人，国际知名的湍流模式研究专家。中国科学技术大学近代力学系首届毕业生，毕业后留校，担任流体力学教研室教师。1978年冬，作为访问学者到美国访问，后在康奈尔大学获得博士学位。毕业后长期在美国NASA做研究工作。

不怕难为情。"文化大革命"期间，沈阳的生活水平非常低，食用油每月只有三两，没有肉吃。我们住在招待所里也吃不到什么好菜。在饭馆里你要去点一个木须肉，里头是咸肉，鲜肉都没有。可想而知当时的生活条件，但是我在那里坚持下来了。招待所住的是6人一间，只有我和石灿馨是常住的，其他人都是住一段时间就走了，因此在这个房间里会碰到各色各样的人，不同的鼾声，多样的梦语，室内烟雾缭绕，扑克声震耳。到下班后或公休日，我们俩要设法占领室内那张公用桌子，抢占一个起码的工作环境。

在139厂时，我和石灿馨第一次用上了计算机，我们内心感到很新鲜。当时那台计算机的计算速度只有2400次每秒，一个很小的题目那个计算机就要算七八小时，但在当时看来是"神奇之物"啊。白天他们厂里的工程人员自己要使用，到后半夜，才可以让我和石灿馨用。我们就整夜的算，当时的计算机是使用纸带编程的，运行非常不稳定，有一点跳动就全作废，又得重新启动。由于要看着计算机做计算，我们俩有很多个晚上都没法睡觉，而我白天是睡不着的。

这样拼了好几个月后，我的身体就撑不住了，走起路来感觉头重脚轻。后来我跑到沈阳的中国医科大学医院检查身体，在排队抽血时，突然感觉头晕，我马上跟旁边的人说了句"我是出差的"，然后就没有知觉了。醒来以后，发现我躺在诊室内，大夫在为我把脉，说有可能是血糖低，具体也看不出是什么原因。由于害怕夫人担心，我就没有告诉她，一直坚持到工作任务结束。我夫人晋晓林如果知道了，肯定会让我回合肥休养。直到1973年年底，我的工作任务完成了，回合肥路过北京，顺便到北京的医院做了检查，结果发现我的胆固醇非常高，这说明我的新陈代谢功能不正常了。之后的日子里，我开始变得很容易疲倦，休养了几个月后才逐渐恢复。

第五章
浴火重生

由于在"文化大革命"期间遭到迫害,耽误了宝贵的时间,当我起步从事流体力学研究时,已经45岁。好在我一直保持着良好的心态,没有消极和萎靡不振,而是把过往的苦难抛诸脑后,全身心去开展新的研究任务。从1972年开始,我凭借着一颗不畏曲折的强烈的事业心,逐渐在空气动力学领域闯出了自己的天地。1978年年底,我临危受命,担任近代力学系副主任,后来又担任了近代力学系系主任,并兼任流体力学教研室主任,带领流体力学教研室走向"中兴"之路,为中科大迁到合肥后的崛起发挥了作用。

动导数研究

从139厂回来以后,一些航天部门开始找我做课题,帮助他们解决一些工程问题。1974年,我接了航天五院501部[①]的一个课题,他们是搞侦

[①] 航天五院,现为中国空间技术研究院,原航天五院501部,即现在的院本部总体部,是院型号研制项目管理和技术抓总单位,是集航天器系统研发、系统设计、系统集成、系统服务和系统工程项目管理于一体的工程技术实体。承担了不同类型的卫星、飞船的总体设计工作。

察卫星研究的，课题的题目是"卫星回收舱（短钝锥）再入的压力分布与动导数计算方法"，这个课题是为研制侦察卫星服务的。

现在的侦察卫星，拍摄的照片等信息都能采用无线电输到地面。而当时的侦察卫星在技术上还实现不了，我们只能用大的胶卷照相机在太空拍摄成像，通过回收舱收回，将胶卷拿出来才能看到拍的东西。那种胶卷我曾经看过，那上面能看清楚北京的长安街，街上的汽车也能看见，但很模糊了，而当时国外的水平，已经达到大概 0.5 米以内的范围，清晰度远比我们的高。我接到这个课题时，航天五院已经放了一个卫星"尖兵一号"，他们正准备第二个卫星"尖兵二号"。航天方面的第一代研制成果很多都是苏联提供的样品，包括"尖兵一号"。而要研制"尖兵二号"，他们首先要进入消化改型的时代，需要自己做相关研究。于是他们就给了我这个课题。

这个课题从 1974 年开始，大概延续了三年的时间完成。当时卫星上装胶卷的回收舱，和现在飞船的形状差不多，也是半球的形状，一个短钝锥，前面有钝头，锥底凸出来。如果做成尖头的话，摩擦生热很严重，回收舱就容易烧坏，所以要做成钝头。501 部的这个课题就是研究在卫星回收舱回收时，这个钝头的压力分布、气动力系数还有动导数等一系列问题。

1975 年，航天二院[①]210 所给了我一个课题，叫"椭圆钝锥动导数计算方法研究"。航天二院的主要任务是搞反导弹研制。反导弹属于战术导弹，它的研制建议是钱学森向国家提出的。要将对方的导弹准确定位并打击下来，是很不容易的，从当时的技术水平来看相当困难。当时航天二院的 210 所在陕西户县山沟里头，我还亲自去过。他们要做的反导弹前端不是圆锥，而是椭圆锥。对于在高超声速下飞行下的反导弹，其椭圆钝锥体的气动力系数和动导数如何，需要想办法计算出来，我就接了这个课题。1976 年 9 月，我在陕西户县的山沟里奋斗了一个月完成这个课题。后来因唐山地震后，当地引起地震恐慌，我被告知要撤离那

---

① 航天二院，现为中国航天科工集团第二研究院，创建于 1957 年 11 月 16 日，其前身是国防部第五研究院二分院。

第五章 浴火重生

里后离开。

以上这两个项目，在1979年获得了国防科委科技成果四等奖，每个奖500块钱奖金，一共是1000元。大家可能认为四等奖是很低的，但是当时奖项等级的设定根据的是项目大小，一等奖项目最大，四等奖是小型的任务，是我个人完成的项目。奖项等级并不表示创造性的大小，表示完成任务本身的规模的大小。

到了1978年，航天一院的14所，主要研制战略导弹，又给了我一个课题，课题的题目是"钝锥在烧蚀和非对称转捩影响下的稳定性导数计算方法"。战略导弹发射后，穿过大气层，到了基本真空的地方，就没有阻力了，只能靠惯性继续飞行。导弹飞了一段时间后，会再次进入大气层，科学名词叫"再入"（reentry）。再入大气层以后，导弹头部与大气摩擦发热。为了防止弹头被烧坏，一般需要采用涂烧蚀材料的方式来带走热量，降低弹头温度，保护弹头。这种烧蚀材料涂得很厚，经过烧蚀，材料外表不再光滑，有很多纹路。那么在烧蚀后，弹头外形发生变化的情况之下，导弹的动导数会有什么影响？另外，导弹从层流转捩到湍流，其转捩位置在弹体上是上下不对称的，这又对动导数有多少影响？这两个问题正是这项课题的研究对象。这个课题持续了三年，一直到1981年才完成。1981年，这个项目也获得了国防科委科技成果四等奖，得到了500块钱奖金。当时大学毕业生工资就50多块钱，我的工资也只有100多块钱，500块钱差不多是刚刚工作的大学生一年的工资。

这三个课题的计算都是我在航天五院的计算站里做的。这些项目的完成需要使用计算机，所以，当时我获得国防科委科技成果四等奖的奖金1500元，这笔奖金是给予我个人的奖励，但我都没有花在自己身上，一部分给计算站的合作者，其余的都作为流体力学教研室的公积金了。当时的计算机要用磁带穿孔，需要专门的人员进行操作，由于课题的需要，我和计算站签订了合同，计算站的人帮我排程序与运算。当时我还是中科大的老师，在北京做科研项目算是出差，我在北京前前后后加起来待了好几年。当时的生活条件很艰苦，我和一些年轻教员在简陋、嘈杂的招待所里同吃同住，最后，招待所的人都认识我，夸我们几个人是"真正干活"

的。"文化大革命"期间还有一个怪现象，人们不敢钻研业务，否则被视为"业务挂帅"，这是要挨批的，好在我长时间在北京出差，中科大的人也看不到我，所以没有受到影响。

这里有个说明，在这个阶段中间，在1972到1979年间的研究工作基本上是我个人完成的，另外还有航天五院计算站的李显霖帮我完成。从1978年开始，我有了招生资格，可以开始招收硕士生。到了1981年，我评上了国家的第一批博导，开始招收博士生。这个时候，科研工作不再是我一个人单干，而是形成了导师、副导师和研究生共同组成的研究团队。从这以后，我的课题就是研究生们的课题，是整个研究团队的共同课题。在我们的团队里，研究生是相当重要的主力成员。

图 5-1 童秉纲被任命为中国科学技术大学力学副教授[1]（1978年）

我从1972年开始从事科研工作，涉足的研究方向包括非定常空气动力学研究，导弹、卫星回收舱的动导数计算方法研究等，一直到1985年，这可以算是我整个科研工作历程的第一个阶段。这一阶段的最后一个课题是"战术导弹动导数计算方法研究"，这是我和我的团队一起完成的一个项目。

图 5-2 童秉纲被聘为中科大近代力学系高级职务教师[2]

---

[1] 档案号：ZS-001-001，资料存于采集工程数据库。
[2] 中国科学技术大学文件《关于评聘近代力学系高级职务教师的通知》，档案号：DA-001-013，存地同上。

这个课题，最初是 1980 年由当时的八机部[①]提出来的，要求我给他们解决战术导弹的动导数计算问题。八机部当时管事的是我以前教过的学生，叫乌可力[②]，他是中科大第一届的毕业生，在他的支持下，八机部在 1980 年、1981 年两年拨给了我 30 万块的研究经费。八机部成立不到三年就被取消了，取消之后，这个项目签订的合同和经费转由航天二院二部的空气动力学组来代表管理。这个项目一直延续到 1985 年。

八机部的主要任务是搞战术导弹。战术导弹是飞航导弹，既有弹翼也有弹体。我们把弹体与弹翼分解开来，从亚声速、跨声速、超声速、高超声速等几个速度范围，分别做机翼和旋成体动导数的计算方法。

在这个计算中，有两个难题是避不开的。一个是跨声速的非线性问题。亚声速、超声速的方程都可以简化为线性的，而跨声速、高超声速的方程是非线性的，从超声速转到高超声速的一段也是非线性的，这一系列计算中的非线性问题需要解决。另一个难题是动导数的非定常流处理。本来这个问题我们应该从非定常空气动力学出发，导出动导数，然而当时非定常空气动力学的研究还不成熟，这条路走起来很困难，所以工程中就形成了一种简化的办法，用准定常的一种办法来估算它。我们估算得来的动导数实际上并不是一个真实数据，是很粗糙的，估算出来以后还要与实验结果进行对比。前三个项目的动导数研究，我们都采用较为粗糙的方法，但在八机部的项目里，我们决定对跨声速、高超声速、以及接近高超声速这三类情况做更确切的研究。接近高超声速的那项研究由我团队里的同事庄礼贤和朱克勤负责，我没有参加。我和庄礼贤做的是跨声速和高超声速两方面的研究。

我们对动导数的这种非定常处理，是从非定常空气动力学出发的。从学术研究的角度来说，传统的动导数计算方法完全不适合具有非线性特征

---

　　① 即第八机械工业部，1979 年中央决定将原七机部下属的第八机械工业总局更名为第八机械工业部，主管战术导弹的工业生产和科研。1981 年 9 月 10 日，第八机械工业部和第七机械工业部合并。两部合并后，保留第七机械工业部，撤销第八机械工业部。

　　② 乌可力（1934-），蒙古族，内蒙古土默特旗人，中共党员。1963 年毕业于中国科学技术大学。曾任八机总局科技局预研处处长，航天部预研局副局长，中国长城工业总公司执行副总裁，中国长城工业总公司顾问。现任中国九九实业股份有限公司董事长。

的跨声速流和高超声速流，而要从非定常空气动力学理论出发进行研究，就面临着求解非定常跨声速流方程和非定常高超声速流方程的难题。限于当时的数值计算条件，我们只能另辟蹊径。我们团队提出了非定常跨声速流的局部线化面元法，主要思路是：基于时间线化的小扰动速势方程（分解为定常和非定常两个方程），引入局部线化假设来处理变系数项。在谐振条件下将非定常方程转换到频域内求解，去掉了时间参数，再用格林定理将三维问题归结为求解物体表面（二维）上的下洗积分方程，最后找到不同情况下核函数的近似算式，分别建立了确定高亚声速和跨声速机翼动导数的广义偶极子网格法和混合面元法，又建立了跨声速旋成体动导数的轴分布偶极子面元法。这种局部线化面元法在学术上具有创新性，是解决非线性问题的一种新手段。我在北美访学期间，曾就这个成果做过多次交流，不少同行对这种新思路表示兴趣，美国的 AD 报告[①] 也作了译载。

关于非定常高超声钝头体涉及的非线性问题，是我在 1984 年访问加拿大滑铁卢大学期间完成的一篇论文"非定常内伏牛顿－布兹曼理论"中详述的，将在本书第六章中说明。

从 139 厂开始，有关非定常空气动力学研究和动导数计算方法的这几个研究课题，除了八机部的项目提出了局部线化面元法和非定常内伏牛顿－布兹曼理论，在学术上具有创新性，有一定学术价值之外，其他项目学术价值不高，但主要是为了满足国家航天研制的需求，帮研制机构应急解决实际工程问题。

有关上述三个非线性问题的研究成果，于 1987 年以题目"战术导弹动导数计算方法研究"获得中国科学院科技进步二等奖，该奖项的受奖人依次为庄礼贤、我和朱克勤。

---

① AD 报告最早是美国军事技术情报局（Armed Services Technical Information Agency，简称 ASTIA）出版的科技资料，即 ASTIA 的 Document，用其两个首字母 AD 来命名。它收集报道的文献多为国防部所属的军事研究机构和合同单位的科技报告。ASTIA 于 1951 年成立后几经改组易名，现称国防技术信息中心（Defense Technical Information Center，简称 DTIC），报告名仍沿用 AD，其含义已转为入藏文献（Accessioned Document）。AD 报告的来源单位有美国军事部门的研究单位、政府的科研部门、公司企业、大专院校以及一些国外和国际组织，报告内容不仅包括军事科技的，也涉及民用技术。

临危受命

1969年12月，中科大南迁到合肥。从"文化大革命"转入改革开放时期，中科大的人才流失很严重，仪器设备露天置放，很多都损坏了。脱离科学院之后[1]，中科大无法再像在科学院时那样依靠研究所的力量来完成教学和科研工作，而是必须自力更生，自己争取科研项目，组建科研队伍，迅速恢复科研工作。这个时候，中科大的"中兴"就成了一个重要的问题，可以说是到了生死存亡的时刻。首要任务就是重整教学队伍，恢复教学秩序，开始开展科研工作，努力提高师资水平。

二次创业的中科大

中科大自1969年12月开始迁入安徽，至1970年10月基本完成搬迁。总计组织货运装车70余次，运货量865吨，装运仪器、器材、图书、档案等35000箱；迁出家属470多户，组织职工、学生、家属客运20多批，约6000人次，用火车皮510多节，搬迁费达77万元。

学校迁入合肥时，仪器设备损失2/3，教师流失1/2以上。教学、生活用房严重不足，校舍面积不到6万平方米。1972年，全校讲师以上职称的教师不足百人。

1972年，学校原来在北京依靠科学院各所办学的优势已不复存在，教师、实验室及各类用房严重不足，在濒临解体的极端困难条件下，中科大全体校职工开始了艰难的第二次创业。1972年，学校重建了数理化基础课教研室，广大师生在十分恶劣的条件下开始了教学科

---

[1] 中国科学技术大学南迁合肥后，1971年9月，国务院决定将中国科学技术大学改为安徽省与三机部（航空工业部的前身）双重领导，以安徽省为主。1973年3月，经国务院批准，中国科学技术大学改为安徽省和科学院双重领导，以安徽省为主。1975年9月，中科院经请示国务院，决定中国科学技术大学由以安徽省领导为主改为以中国科学院领导为主。

研工作。学校决定将分布在全国范围各种岗位上的300多名1968—1970届毕业生招回学校进修，举办"回炉班"，以提高他们的业务素质。"回炉班"结业后，他们与学校从各地所招的200余名教师一起充实了学校的教师队伍，使队伍建设取得重要进展，为后来形成以年轻人才为主体的师资队伍奠定了良好的基础。在此期间招收的1972—1976级工农兵学员，学制改为3年。

"文化大革命"结束之后，1978年3月，中国科学技术大学对行政、教学、科研部门进行调整，聘请科学院的很多著名科学家担任系主任，恢复教学、科研方面的工作。其中，我们近代力学系聘请的是力学所副所长吴仲华来担任系主任。当时，系里设了高速空气动力学[1]、飞行器结构力学、喷气发动机热物理、爆炸力学和精密机械和精密仪器五个专业。

在这一背景下，1978年12月，我被任命为力学系的系副主任，另一位系副主任是王群[2]。当时，我担任高速空气动力学教研室主任，是民意选举，教研室老师全票选举我来担任。一开始我还没答应，毕竟经过"文化大革命"这些年，我不太愿意去参与这些事务。但是，当时系里多半是年轻人，多数的职称都还只是助教，我在1978年评上了副教授，在整个系里算是年长的，如果我不去当这个副主任，系里一时间又找不到其他合适的人选。所以最终我还是接受了这个职务，从1978年开始。我担任近代力学系副主任，兼任高速空气动力学教研室主任。后来，该教研室改名为流体力学教研室。

1983年5月3日，我又被任命为近代力学系主任。另外，丁世有任近代力学系党总支书记，朱滨、周光泉任近代力学系业务副主任。

---

[1] 中科大近代力学系高速空气动力学教研室于1958年成立，林同骥担任教研室主任，委托卞荫贵先生代理，童秉纲曾协助林同骥任教研室副主任。1978年，更名为流体力学专业，当时教研室共有教职工46人，其中副教授2人，讲师3人，助教37人，实验员和工人4人。

[2] 王群（1922-1982），1950年到哈工大师资研究生班学习，1951年到苏联留学，获得副博士学位。回国后在中国科学院力学研究所工程热物理研究室工作。后担任中国科学技术大学近代力学系副主任等职。

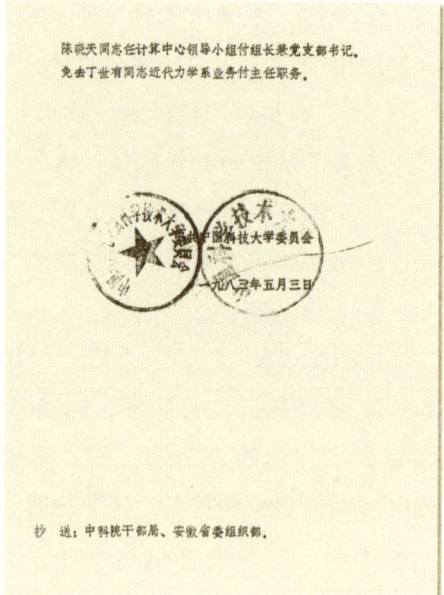

图 5-3 关于童秉纲等同志职务任免的通知

1978 年，中科大面临新的发展机遇，从这一年开始，我决定担起责任，把中科大的力学系，至少是让流体力学教研室"中兴"起来。①

中科大从北京下迁后，当时真是一个非常艰难的阶段，我觉得童先生起到非常好的带领作用。当时我们面临问题是什么呢？我们在合肥怎样生存下去，生存和发展是硬道理，童先生非常明白这一点。在北京时，我们教研室叫高速空气动力学教研室，到了合肥以后情况有所变化，大家建议把高速空气动力学教研室改为流体力学教研室。我们教研室要站得住，首先教研室学科怎么发展，怎么把队伍建设起来。他带领大家目标很明确，就是要做到国内同行业当中一流，拿出我们的水平来，要有我们的影响力。②

---

① DA-001-008，关于童秉纲等同志职务任免的通知。资料存于采集工程数据库。
② 邓国华访谈，2014 年 3 日 23 日，合肥。存地同上。

教研室的组织建设

在这种情况下，首先一个任务就是安抚人心，建立和谐的教师队伍。在"文化大革命"期间，有些教研室的老师被下放劳动，"文化大革命"结束后，他们重新归到了教研室中。但是由于"文化大革命"的种种遭遇，相当一部分老师归队之后，丧失工作积极性，一时无法融入到队伍中。与此同时，安徽省内实施了"专业人才归队"的政策，我们教研室迎来了好几位专业人才，如蔡树棠、孔祥言、庄礼贤、徐立功、吴峰等。学校要求我们要妥善安排他们，努力调动他们的积极性。当时学校的条件很困难，系里房子很紧张，我在系里也没有办公室，我就拿着包，整天到处走着办事。晚上有人来找我，当时还没有电话，我就把他们请到家里，一一和他们谈话。我记得来得最多的一次，我从晚饭时拿起饭碗到晚上睡觉共招待了11批人。有位孔祥言[①]老师，1956年北大数学力学系毕业的，我跟他见面谈的时候，他很坦率地对我说："我在这儿待得下去就待，待不下去就走！"别的人也有类似的情况，所以我要特别关心他们的生活和工作，安抚他们的心情，让他们尽快稳定下来。像孔祥言，他晋升副教授和教授的时候，我是评委，虽然他已经提交了申请材料，但我仍要专门去见见他，因为有时候光看材料是无法了解具体情况的。好在两次他都顺利地通过了。

我是75年才从航天部科研设计单位到中科大的，我来的比较晚，对学校工作的要求不是太了解。我写了很多教材，教材前前后后编了二百多万字，但是授课的学时还不太够。我就觉得写教材做科研好像也是一样的贡献。70年代末的时候，要提副教授，童先生是评

[①] 孔祥言（1932-），安徽合肥人，中国科学技术大学教授，1956年毕业于北京大学。目前主要研究渗流力学及其在油气田开发中的应用，特别是油田现代试井分析基础理论的研究和试井软件的研制。

委。可能有个别人提出来，孔老师授课的课时还是不太够，童先生在会上解释这个事情。就是说孔老师教材的建设方面做了大量的工作。这个也是属于教学方面的，也是对于教学的贡献。当时提副教授比现在提教授还正式的多，因为那个时候副教授很少，那个时候副教授的某些待遇、照顾比现在教授还好得多。那么，这个事情是这样通过了。因为大家都是知道，在这种会议上你要讲一个支持的意见，可能大家都是很普通，有一个人反对，你要想把这反对意见能够说服是很难的。比如说报奖，报奖的时候10个人都是同意了，有一个人提出反对意见，很可能就是通不过。这个也不是少数服从多数的问题。

同时，童先生也很婉转地跟我说，在学校工作还是要重视上课，要去授课，所以，从那以后我也接手了一些本科生的课程，也给一个130人的大班讲过空气动力学。[①]

我还要帮助部分老师解决一些生活上的难题，比如，邓国华老师下迁到合肥工作，家属随调，他的夫人被安排到了传染病医院。他夫人的工作不太合适，家里孩子又小没人照看，家庭比较困难。我就到学校里找领导，希望能把邓国华的爱人调到校医院，让他解除后顾之忧。后来问题解决了，他也可以安心科研了。

当时，我小孩很小，我爱人是医生，在外面工作。白天晚上都是很忙，小孩喂奶都是不方便。中科大也是要一些人，要想进来比较多，童先生知道我爱人我们家条件也是比较困难，孩子也是那么小，两个小孩差两岁，两个小孩都是很小。童先生亲自找当时的学校领导，晚上有时候打着手电去找领导说，就是把家属的问题解决了，这样才会安心工作，我在系里面工作也好做。他说我这个系主任就需要做这些事情。他帮我爱人解决了这个事情我很感激，我爱人也很支持

---

① 孔祥言访谈，2014年3月22日，合肥。资料存于采集工程数据库。

我的工作，我们都很尊重童先生。①

还有徐书轩，中科大下迁合肥之后，他一开始住在校外。当时科大有个不成文的规矩，如果老师一开始愿意住在校外，以后学校里若有空房也不让其再搬进来。"文化大革命"后，徐书轩想搬回学校，但是一直遭到反对。我又帮他去找学校领导解决。

系里还有一位教员身患绝症，家境又不好，我经常要去关心他们，问问他们有什么生活困难等。这位教员病故几年后，他的女儿即将大学毕业，想回中科大工作，当时中科大的人事编制很紧张，进中科大工作不容易。这个女孩的学习和工作能力很不错，而且考虑到这位教员对学校的贡献以及我们俩多年的感情，我多次找校领导说明理由，最终将这位故人的女儿留在了中科大。

那个时候，系里老师的生活都很困难，我总在努力帮大家缓解生活压力。当时，大家的工资一般就是50多块钱，买了生活必需品之后，几乎剩不下半点零用钱。一辆自行车100多块钱，工资才50多块钱，丢一辆自行车就不得了了。1980年，八机部对发展战术导弹动导数估算方法有急迫需求，我们的气动组获得了较多的研究任务和经费支持，1980-1981两年间一共给我们拨了30万元经费。我向学校争取，把这些钱中提取一部分作为津贴发给我们教研室的老师，每人每月发30块钱补助，有了这30块钱，老师们的日常生活就能周转起来了，拮据的生活状况有所改观，大家也就能安心教学科研了。

另外，当时系里都是年轻人，我要时时注意培养提携他们，才能调动他们的工作积极性。

我和童秉纲曾一起申请和完成一个课题，这个课题后来要申请中科院的科技进步奖。颁奖时我才知道，他把我推到前面，做第一受奖人，要是我安排，是不会把我自己安排在第一个的。这是他"将将"

---

① 邓国华访谈，2014年3月23日，合肥。资料存于采集工程数据库。

的本领。那时童先生是博士生导师，我还是副教授，这些对我升教授都有帮助的。他当时就能帮我想到这些，给我们创造了条件，我自己都没想到。他这么一弄，我的积极性的就更高了。这方面他为别人考虑的很周到，所以我也很感动的，跟他合作很愉快。我就一心一意的把交给我的科研做好就行了。①

我（对童秉纲）提出来，说："童先生，我喜欢讲课，我能不能讲课呢？"他说："当然可以，但是力学系的流体力学我们已经安排好教师了，要不你去给地球科学系讲流体力学大课吧。"我说："去哪里都没关系，我都喜欢。"后来我就给地球科学系，还有大气物理，再加上空间物理，合在一起给他们讲流体力学。当时，他们要求一定要用朗道的书讲，大家知道朗道的书是流体力学中最难的书，没有几个人啃得下来，我当时就想，他们要用朗道的书就朗道的书，我就去讲了。一学期讲下来以后，七系②（地球科学系）的学生期末敲锣打鼓的到五系（近代力学系）来报喜，说庄老师讲的流体力学我们非常喜欢听，讲的非常有趣。后来，童先生说老庄讲课这么好，也应该到我们系来讲，于是就让我开始给我们系的研究生讲高等流体力学。后来，本科的流体力学和研究生的课程，年年都让我讲。有一年，中国科学院研究生院有一个暑假班，专门请我到北京给讲研究生院的学生讲流体力学。我给他们一共讲了十几讲，讲了一个多月，结果清华、北大、北航的老师和同学都来了。总之，我能讲流体力学有所谓的这么一点收获，还是由于童先生对我的信任。③

---

① 庄礼贤访谈，2014年3月21日，合肥。资料存于采集工程数据库。
② 中国科学技术大学建校的时候是13个系，分别是：01系，原子核物理和原子核工程系；02系，技术物理系；03系，化学物理系；04系，物理热工系；05系，无线电电子学系；06系，自动化系；07系，力学和力学工程系；08系，放射化学和辐射化学系；09系，地球化学和稀有元素系；10系，高分子化学和高分子物理系；11系，应用数学和计算技术系；12系，生物物理系；13系：地球物理系。来源：《我的科大记忆——俞书勤校友专访》，中国科学技术大学历史文化网，http://lswhw.ustc.edu.cn/index.php/index/info/790。
③ 庄礼贤访谈，2014年3月21日，合肥。资料存于采集工程数据库。

科研管理工作

只有稳定人心，充分调动老师们的工作积极性，才能发展教研室的群体科研活动。只有科研与教学相结合，才能提高师资水准，促进本科生和研究生培养质量。

怎样才能把教研室的科研搞起来呢？幸好当时学校领导主张"无为而治"，大胆地放权给我们，让我们出去拿项目，自己找定位。在这样的政策下，我建议系里的教师们自愿选定方向，组成研究小组，主动外出联系，寻找课题，争取科研项目。这样一来，教研室的科研工作也逐步走上正轨。高速空气动力学组、激波风洞组、湍流组、天体物理组和渗流组相继成立，均开展起各自的研究工作。

在我主持流体力学教研室工作的六年里，我一直很注重培养教研室的良好气氛，逐渐地把整个教研室打造成一支和谐团结的团队，同事们之间相敬友爱，没有钩心斗角的情况发生。

> 我印象中，他是1983年当系主任。当时我们都是小助教，感觉童先生做领导很有一套领导艺术。同时，他不会因为做领导工作去耽误他的科研工作，主要是抓大放小，他说我当系主任下面要配两个副主任。一个是朱滨，一个是周光泉。两个副主任每个人主持一年的工作，两个人轮换。所以具体的事情就可以让副主任去做了，大的工作他管就可以了，这样就不会影响他太多的科研工作。①

---

① 尹协振访谈，2014年3月22日，合肥。资料存于采集工程数据库。

流体力学教研室的"中兴"之路

我担任流体力学教研室主任,第一要务就是"中兴"教研室,我当时也下了决心,要花大力气做这件事。

"中兴"整个教研室,首要的工作是提高"流体力学"、"边界层理论"等主干课程的授课水平。提高教学水平要敢于使用最好的教材。朗道的那本《流体力学》,之前已经有了一个译本,但是那个译本翻译得很不像样,我与高等教育出版社商定,决定重新翻译。当时我在北京有科研任务,没有精力做这个事情,就委托孔祥言、庄礼贤几位老师来承担翻译工作。德国人史里希廷(Schlichting)的《边界层理论》,当时还没有译本,科学出版社在好几本译本之中选上了我们的译本,尽管我没有直接参与翻译。这两本书后来分别在高等教育出版社和科学出版社出版。通过组织徐燕侯等老教师重译《流体力学》[①]和新译《边界层理论》[②],提高了整个教研室教师的学术水平。

同时,科研队伍的建设尤为迫切,我们想尽快把科研做起来。在自由选题后,我们教研室逐渐形成三个主要的研究组。第一个研究组由我带着几名老师做非定常流和涡运动,其中包括两个小组:一个由庄礼贤做跨音速机翼的非定常流和动导数计算;另一个由尹协远和马晖扬做涡运动方面的研究。第二个研究组由韩肇元和尹协振做激波、高超声速的试验等。第三个研究组由孔祥言做渗流(当时是石油部的项目)。除此之外还有一些自由选题。

因为我是"文化大革命"以前研究生毕业的,应该说读了六年的

---

① [苏] Л.Д. 朗道,Е.М. 栗弗席茨:《流体力学》。孔祥言、徐燕侯、庄礼贤译。北京:高等教育出版社,1983年。

② [德] H. 史里希廷:《边界层理论》。徐燕侯、徐立功、徐书轩译。北京:科学出版社,1991年。

哈军工本科,四年的研究生,我的数学物理基础应该不错。到了中科大开始让我到实验室工作,后来实验室的同事就跟童先生提意见说,我们发现老庄数学物理好,在我们这儿好像不合适,应该让他去理论教研室。然后童先生就找我,说我们搞科研合作好不好,我就说好,我就希望这样。他说你认为我们做什么东西好呢?我说我的想法做非定常流,不做定常流,因为定常流做的很成熟了,就是没有时间变化的问题,非定常流像飞机在运动中总要改变运动姿势,在改变姿势时会有流动的变化,做这个有前途,他说好。他原来做动导数,应该是用非定常流来做,因为过去没有非定常流理论,所以用定常流来做,结果我们就开始做非定常流动导数研究了。[①]

1979 年,航天一院的 14 所,主要研究洲际导弹的弹头设计,在安县召开了一个科研任务协调会,历史上称为"910 工程会议"。双波干扰的项目在会上被提了出来。飞行器在做超声速飞行时,有一个头激波,如果要反击这一飞行器,需要另外一个爆炸,这个爆炸产生的爆炸波会与飞行器的头激波发生干扰,两个激波相交时,弹头会受多大的压力?会不会粉碎?这些都要通过研究性的实验来解答。我代表科大参加了这个会议,当时别的单位都不敢接这个任务,因为生产型风洞做不了这种实验。我代表学校签字接受并承担了这个项目。这个项目由韩肇元牵头,在我们的激波风洞实验室前前后后做了大概六年。通过这个项目,我们激波风洞实验室的实验研究能力获得了提升,整个实验室的科研工作也更好地发展起来了。

当时课题(双波干扰的项目)拆成了三块,29 基地[②]负责搞计

---

① 庄礼贤访谈,2014 年 3 月 21 日,合肥。资料存于采集工程数据库。
② 现为中国空气动力研究与发展中心,1968 年组建,位于四川省绵阳市境内。是我国规模最大、综合能力最强的空气动力试验、研究与开发机构,是国内唯一的大、中、小设备配套,风洞试验、数值计算和模型飞行试验三大手段齐备,低速、高速、超高速配套,气动力、气动热、气动物理、气动光学等研究领域宽广的空气动力试验研究单位。

第五章 浴火重生

算，701所[1]负责搞工程，我们学校争取到了试验这一块。当时接这个项目，童先生的意思就是，通过这个课题，把我们实验室的设备、技能、队伍全部关联起来。当时韩老师是主持这个项目的，我们就跟韩老师一起做。项目完成的还不错，这样对于我们学校在整个国防口的信誉也有好处。这个项目最后得了中科院的二等奖。[2]

  我在双波干扰这个项目中选了一小块，来做我的博士论文。虽然说，童先生他自己没有具体细节上的指导，但是他知道哪个地方将来会起很重要的作用，从战略上指导。当时我读研究生的时候，要参与项目做实验，童先生知道实验的重要性。我在修研究生课程的时候，童先生的夫人晋老师专门给我开了一个小灶，开了一门叫"电子仪器测量原理"的课程，目的是让我在光机电方面打好基础，以利于我后来做实验时更好地运用自如。当时这个课只有两个学生，另一个同学叫何守生，他不是我们系的，他知道晋老师开这个课，也来选了这门课学习一下。所以说实际上这门课是专门为我开的。在这个课上，晋老师把与测量仪器有关的原理都讲解得非常清楚。我们研究项目所涉及的测量问题具有典型的高速和瞬态的特点。当时的相关测量仪器正处于传统的模拟型示波器向数字型的数据采集系统转换时期。对于我们所做的激波干扰问题来说，不仅需要解决多个高速瞬态现象的触发、同步和采集记录问题，而且需要解决屏蔽以及电磁干扰等一系列问题。晋老师一方面带着我们把相关的基础知识打牢，另一方面还给我们安排了组装和调试电视机的环节来实践和培养具体的动手能力，尤其是围绕高压放电对传感器测量信号干扰这一项目研究的关键难题，晋老师还专门请来了电磁屏蔽研究领域的专家来进行讲解、诊断和研讨。这些经历可以说是让我受益终身。[3]

---

 [1] 701所，现为中国航天空气动力技术研究院（中国航天科技集团公司第十一研究院），前身为北京空气动力研究所（原航天701所），创建于1956年，是在中国导弹之父钱学森的亲自指挥下创建的我国第一个空气动力研究与试验基地。

 [2] 尹协振访谈，2014年3月22日，合肥。资料存于采集工程数据库。

 [3] 杨基明访谈，2014年1月6日，合肥。存地同上。

渗流这一块，是孔祥言自己去找的研究方向，我没有参与。

当时，童先生就到我家里面来，希望我跟他们一起做航天方面的问题。我是从航天部调过来的，离开了航天部，就不再想搞以前的东西了。也就是所谓的"曾经沧海难为水"，我不想再搞这个事情了。童先生也表示理解，也没有强求我说必须要做。那个时候还有一个石油部，之后石油部派人到我们学校来了解，觉得科大人才确实是多。所以，动员我们转到石油这个方面，石油这个方面搞渗流的人非常的缺。因为石油跟国民经济的关系很密切，影响也比较大。所以，83年以后就转到石油了，现在渗流力学这方面科大在国内也是一个重要的基地。[①]

这些年以来，流体力学教研室设置的教学计划、课程安排和教学实验方面已经有了不少更新和改革，但总体框架一如既往，一直遵循"把工程科学研究人才作为培养目标，坚持理工结合与教学和科研相结合"的办学方针。1981年，中科大的流体力学专业成为全国首批博士点，2001年又被评为"国家重点学科"，教研室的教师也完成了新老交替。研究领域除了保持传统的高速空气动力学以外，已经拓宽到生物运动力学，非定常流和涡运动，渗流力学，流动稳定性和湍流等多个领域。

我在近代力学系，主要是流体力学教研室的这六年，在中科大生死存亡时期，我起到了在特定的历史情况下改变局面的作用。我的这一点贡献，中科大的同事们也都给予肯定。1997年"五一"节之前，中科大的同事给我过70岁寿辰，他们自己凑钱为我做寿。当时，中科大的校领导也参加了，一共摆了五桌，来了50个人啊。宴会期间，很多同事都情不自禁地到台上发表一些感想，回想一些故事。他们回忆起的很多事情，我已经想不起来了，但足见我和教研室老师们的真挚友谊。我对中科大流体力学教研室怀着深深的感情。当时，我的同事徐立功对我说："今天这种场面，以后很难再有了。"

---

① 孔祥言访谈，2014年3月22日，合肥。资料存于采集工程数据库。

童先生对中科大流体力学有很深的感情,讲到动情之处都是要流眼泪的,他是一个性情中人。当时教研室科研方面的布局,都是在童先生的倡导和引领下。事实上整个中科大尽管当时科研条件不是很好,但是做出了很好的工作。在国际国内被认可,还是挺好的,在国内有很好的声誉。

对中科大有感情,对于中科大力学系有感情,对中科大流体力学有感情,他对此是贯穿始终的。包括现在80多岁了,也还是很关心的,时不时关心这些。因为什么?就是跟他孩子一样的,把它看成是人生当中很重要的一部分,我觉得这个也是应该的。作为人生发展来说,有一个很好的作为,我们中科大流体力学科发展的好,是童先生一个重大的贡献,同时他对这个也是很关心,很关注。这么多年来,从最初到现在付出了很多的心血,这种心血也是有他自身一种感情因素。我们也是可以感受到他是很关心我们这边的很多的事情。①

附:邓国华谈童秉纲在中科大流体力学教研室的管理工作

图 5-4 邓国华 ②

---

① 陆夕云访谈,2014年3月22日,合肥,存于"老科学家学术成长资料采集工程数据库"。
② 照片来自采访视频截图,视频存地同上,档案号:SP-001-008。

邓国华（1941—），福建龙岩人，中国科学技术大学教授。1965年毕业于中国科学技术大学近代力学系本科毕业留校。参加的"飞行器旋涡系的运动及其相互作用研究"，获中国科学院"六五"国防军工科研任务工作奖；曾参加"下洗理论和计算方法研究"。

访谈人：赵硕

访谈时间：2014年3月23日

访谈地点：合肥

1978年12月到1983年5月期间，童秉纲先生就担任了近代力学系副主任，吴仲华是系主任；1983年9月到1987年11月，担任近代力学系主任。

20世纪70年代末的中科大，正处于一个非常艰难的阶段，面临着"在合肥怎么样生存下去"的问题。对于教研室来讲，生存和发展是硬道理。童先生在担任教研室主任前后，还有其他同志也担任这个职务，但是我认为童先生起到了非常好的带领作用。童先生树立了非常明确的目标，就是教研室要生存下去。那么，教研室学科怎么建设？实验室怎么发展？教师队伍怎么建设？童先生面临的首先是这些问题。

教研室当时有两支队伍。一支是搞理论的，以童先生为首，还有庄礼贤、马晖扬等。搞理论的老师也有搞气动的，搞湍流、渗流，以及生物流体等。理论研究也有主流方向，以气体动力学为主，延续教研室的历史，但是还有别的学科。另外一支是搞实验的，像韩肇元老师搞激波风洞，还有超音速风洞、低速风洞。一个教研室有这样两支队伍，除了条件困难以外，还可能遇到很多具体的矛盾，比如说教学跟科研之间的矛盾，理论跟实验的矛盾。在我看来，这几种关系，看起来好像是业务上的关系，实际上不然，这些也是人与人之间的关系，因为搞理论的得有一些带头人，有一些核心人物，搞实验的当中也有，业务问题背后也隐含着不同教研室的利益，不同人群的各种各样的利益。不把这个事情处理好，一个教研室就是一盘散沙。

怎么样解决这些问题？童先生认为首先要明确目标：我们在这干什

么？我们要做到什么程度？教研室有一个共同的愿望。第二，怎么把这个队伍建立起来，把这个事情做好。首先要搭建好班子，包括行政的班子，也包括党支部的班子。教研室班子里面有做理论的，有做实验的，还有像我这样跑龙套的。童先生要考虑这样一个班子的组成，花了很多心思，班子里面几个人带动了几个方面的力量，重要的是搞好团结。

童先生以他个人魅力，以身作则，把班子建设的很好。比方说，教研室这些带头人辈分也很高，他们有自己的一套说法和做法，有的时候，自然会产生矛盾。实验室建设与理论建设，搞理论的比搞实验的容易出成果，这些东西会引起争论，在想法上会有分歧。怎么样处理好这些关系？我觉得童先生很尊重这些人，当教研室里出现问题后，他有时会找个别人谈心，有时就通过一些具体的方式解决。例如，教研室经常定期开会讨论，这件事情由谁负责、由哪个组完成，让全教研室的老师都清楚，加深大家对彼此工作的了解，这样大家就不会在背后说三道四，也不容易产生误会。童先生经常讲，他采取拓宽渠道、开导启发的方式，让每一个人都知道，自己的优势是什么，问题在哪里。他很注意疏导，有良好的管理艺术来处理矛盾。这种情况下，大家的兴趣和特长都保持协调一致，工作才能做好。

有一件事发生在我身上。童先生到系里面当系主任，我不太想到系里工作，我觉得一直这样做下去，会影响自己的一些业务。当时，我们书记丁世有以拜年的名义到我家里来，劝我到系里面做一些学生工作。我当时不太想做这个工作。童先生亲自来到我家，同我爱人一起帮我分析了一下形势。他说："留校这么多人，从业务来讲比你强的同学有好几个，留校的人都是很不错的，都很厉害。你在这个方面没有优势，但是，在管理方面你有一些能力。所以，做事情，你为什么要一个拳头伸出去呢？几个同学当中，人家拳头比你长了。你看，如果你把业务和管理两个拳头打出去，这个合力就很大。"我回去细想了一番，同意了。现在来看，那个时候是我职业生涯中一个重要的关口，我当时很年轻，童先生在这一件事上，影响了我一辈子的职业生涯，他在我职业生涯非常关键的时候起到了引路作用。我对童先生很服气，他帮助我看到自己的优势和劣势。同时，童先生还积极帮助老师解决生活困难。就拿我来说吧，我爱人是医生，在校外的医院工作，白天晚上都很忙，我家小孩还很小，喂奶很不方便。童先生亲自找学校领导，晚上有时候打着手电去找领导协商，希望领导能解决我家属的问题，把我爱人调到校医院工作，这样才能安心地工作，最终解决了我的家庭问题。

童先生基本上是按照制度来办事的。他的领导方法基本上是这样的。他有想法，像一个设计师一样的，他有灵感，就提出来征求大家的意见，然后再确定。童先生在制定规则的时候，他的领导风格是很严格、很严肃的。比方说，制定会议制度，每星期一下午系里的党政班子开会，会议都是由童先生主持。他规定：所有的同志，包括自己在内，谁不能来要提前打招呼；会议时间可以调整，上午可以改成下午，以保证有时间来研究问题。系里其他几个教研室主任能力也很强，但是有能力的人在一起也容易产生矛盾。童先生定了规矩，大家开会时，把事情拿到台面上说，在会议上怎么争论都可以。他通过他的魅力协调好大家的关系，大家都很尊重他。童先生在教研室做事情很讲规矩，这一原则体现得很好。

提职称的问题对于老师们也是重要的问题。我们教研室有很多老师的职称都因为"文化大革命"耽误了下来，童先生跟大家分析情况，对于一些重点教师，童先生一个个去谈。另一个方面，他尽最大努力为这些人创造条件，帮助他们分析所欠缺的地方，督促他们尽快补上，及早解决职称问题。比方说，搞教学的如何补工作量，别耽误了评职称。对于上级机构，他充分考虑了大家的想法，会积极地去争取指标和待遇，因为他也是职称评议小组的成员，在学校有一定的影响力。这样，大部分同志的职称问题都得到了解决，但也有个别人没有得到解决，他再去做客观的分析，梳理和沟通。

童先生在教研室当主任的这段时间，通过他和后面一些人的努力，我们教研室形成一个很好的团队，按现在比较时髦的说法，就是一个很好的学习型团队。大家有共同的愿望，不断地学习，学习自觉性很高。在一个教研室里，大家都很有干劲，碰到问题就解决问题，实践中解决各种各样的矛盾。所以，教研室上下心比较齐，大家的工作劲头高，这一点相当不错。所以，我觉得经过童先生和之后的系主任的努力下，我们教研室很快在校内和同行业显示出了我们的力量，带出了一支老中青队伍，而这一点真的要归功于童先生的领导带领。

附：韩肇元谈双波干扰项目的申请与实施

韩肇元（1937—）男，浙江宁波人，中国科学技术大学教授，1962年毕业于清华大学。毕业后到中国科学技术大学近代力学系工作。与童秉纲同事30余年。主要从事激波动力学研究。

访谈人：赵硕

访谈时间：2014年5月23日

访谈地点：北京

美国非常重视双波干扰的研究。大概从1965年开始，一直到1969年，美国花了大量的力气在做这项工作，大概做了有七八项有关这方面的研究，正是在这个背景下，到了1979年，我们国家也想做这个事情。

双波干扰方面以前研究的非常少。为什么呢？要研究气动力、气动热是以飞行器本身为目标，这些在空气动力学实验当中是很常见的。现在要做的是一个超声速飞行的物体，还要打过来一个爆炸波，这个问题怎么做？

当时国内有三家很强的单位，一是绵阳的总装29基地，他们有弹道靶、激波风洞等设备；第二家是航天部一院701所，叫北京空气动力研究所，他们的空气动力设备也很强；另外一家是中科院力学所，在这方面的理论和实验的底子也是非常强的。我们的激波风洞建得比他们晚，但是这个课题提出来以后，三家谁都不接。在这种情况下，童老师就把这项工作接下来了。

这个项目开始时，我们想用美国的一种方法来做。美国的那种方法是在一个操作的风洞当中，前面放一个尖楔，会形成一个斜激波，用一把枪顺着气流打过去，刚好打到斜激波上，这就形成了双波干扰。美国在做的时候，花了差不多有一千万美元，当时给我们只有12万人民币，跟美国没法比了。但是，相比于当时，搞一个理论课题最多给你两万块钱就了不得了，一下子就给了我们12万块钱，应该说也是很重视的。

当时我们到大别山，用一种14.7毫米的高速机枪来做实验，那是很大口径的，放一下地面都会震的。当时接任务的时候，说现在飞行器飞行中是不旋转的，美国用的普通枪，子弹是旋转的，因为子弹旋转才有稳定性。兵工厂里原来的枪支是有螺纹，现在用的枪都把螺纹拿掉了，是滑膛的，子弹稳定性就没有了。子弹打出去不是有攻角就是有侧滑角，甚至会翻跟头。我们的实验设备有一个喷管的喉道，大概只有10多厘米的宽度，在翻跟头的子弹打到喷管上就不得了。当时加工这一套喷管要两万到三万，还有加工设备也要钱。开始我们做一个月的实验，既调整模型的重心，又调整外形。兵工厂欢迎我们做实验，一发子弹多少钱，有多少给您算多少，不能免费提供，结果一万多块钱就这么花掉了，还没有做成功。

实验室的同志对我很信任，跟我说："韩老师，你说怎么干就怎么干。"我那时压力是最大的。大概整整四个月时间，根本吃不饱睡不好。我心里非常明白，美国的方案在枪打出来的速度一定要在1000米每秒以上，速度越快稳定性越差，我们又要保证速度，又要保证稳定性，这个事情是很难做成功的，将来把12万块钱花掉了，却弄的一塌糊涂，怎么跟国家交代？

到了最关键的时刻，我想出来一个办法。我们在激波风洞中，把一个模型放在一个激波风洞里就有头激波，然后再用一个激波管打进去就行了，也就是说，通过一种激波的干扰形成了一个流场，用这样的流场来做实验就做成功了。激波只要一出激波管口，这个爆炸波的激波马上就变形，变的一塌糊涂，再跟这个模型干扰，就没用了。这个实验需要一个平面的爆炸波，来发生干扰。我们这种办法不变形，还是一个平面波。拍照也能照下来，而且这个模型的表面压力分布，也能测出来。想到这个方法后，非常高兴，但是我也不太相信，马上就做了一个简单的实验，一看照相结果，果然行。

有一次开会，我就把这种方法跟吴承康院士讲了。他一听，就说："这个怎么那么简单就能行？不管简单不简单，只要效果好就行，而且这个解决了问题。"后来我跟童先生讲，童先生也高兴的不得了。在另外一次910工程会议上，庄逢甘主持会议，我代表科大去报告我们这个方法。我们还担心人家会提，说你们怎么没用美国的方法做，用了自己的方法。讲完以后，没想到庄逢甘先生说："你看人家科大的同志干的就是好，就得自己想出办法来。不照人家的办法做，还做成功了，还做得挺好。"我们心里也就放松下来了，这说明国内学术界是认可这件事情。

这个工作归根到底关键是童老师能把这个任务接来。原来我们这个激波风洞的实验室，跟他们几家比是小弟弟的位置，我们做的工作也都是气动加热，热流分布这方面的工作，没有什么更多创新的工作。我们做成功这个实验以后，那就不一样了，这个工作首先是国内首创的，而且国际上也有自己的特色，我们整个实验室的地位一下就上来了。只有在很艰难困苦的条件下，已经走投无路的时候，才能逼你走一条创新的路。这件事情以后我们实验室就形成了一种走创新路的思路，我们后面做的一些研究都尽量走别人没走过的路，这样也形成了我们实验室的传统。

第六章
游学北美

1984年5月到12月底，我以国际合作研究的身份在加拿大滑铁卢大学（University of Waterloo）应用数学系访学，合作者是滑铁卢大学的许为厚[①]教授。由于1985年我有公派到美国做访问学者半年的资格，因此，从1985年起，我访问了三所大学。第一站（1985年1月1日—3月14日）是在田纳西大学的空间学院（University of Tennessee，Space Institute）吴建民教授处。第二站（1985年3月15日—5月7日）在亚利桑那大学（University of Arizona）冯纪应教授处。第三站（1985年5月8日—10月8日）在加州理工学院吴耀祖[②]教授处。最后于1985年10月10日返回北京。

[①] 许为厚（1938- ），力学家，广东普宁人。1958年毕业于北京大学数学力学系。1958-1962年在福州大学任教。1966年底获得奖学金往英国南安普顿大学航空与太空系深造。1974年应聘往加拿大滑铁卢大学任副教授，旋即升为应用数学与机械工程永久教授。1980年应聘为美国太空总署和海军研究生院的客座教授，并多年担任加拿大环境部内陆水流研究中心的顾问。

[②] 吴耀祖（1924- ），江苏常州人，流体力学家，美籍。美国加州理工学院教授。1946年毕业于上海交通大学航空系。1948年获美国爱荷华州立大学硕士学位，1952年获美国加州理工学院博士学位。他是美国工程院院士、台湾"中研院"院士。长期从事流体力学的教学和研究。对促进中国科学技术的发展，有很高的热情。多次访问过我国的大学和研究所，作学术报告，进行学术交流，并担任多所大学的荣誉教授等。曾应邀到中国科学院力学所和中科大系统讲学，促进了水动力学科研的发展。此外，还积极帮助我国学术机构建立国际学术交流、培养高级科研人才的渠道。

我在美国实际访问了9个月，其中有三个月是吴耀祖教授资助的。这一年半左右的访学经历，我开阔了眼界，接触到了最新的研究领域。

滑铁卢大学

我第一次到国外的大学访问，是去加拿大的滑铁卢大学（University of Waterloo），合作者是应用数学系的许为厚教授。为什么会跑到加拿大和许为厚教授合作呢？这里头还有点渊源。许为厚教授曾经在1983年9月28日至10月19日到中科大近代力学系讲学，当时我是近代力学系的系主任，和他有过比较深入的交流，反应很好。在讲学期间，许为厚就提议，想与我开展一些科研合作。他回到加拿大后，向加拿大自然科学与工程研究委员会提出申请，希望获得委员会国际科学交流项目的资助，很快获批了。正好当时中国科学院鼓励这种国际学术交流，不断派教师到国外做访问学者，并给予政策上的支持，我也获得了一个机会。于是，1984年5月，我起程从北京取道纽约到滑铁卢。在那里我待了七个多月的时间。

表6-1　近代力学系教师出国进修、访问、协作、讲学（一年以上）人员名册[1]

姓名	性别	派往国家、学校、单位	所学专业	导师姓名	期限	派出	延长	回国	类别	派出方式
石灿馨	男	美国斯坦福大学 1981年10月转康奈尔大学	流体力学	Reynoeds	4年	1978.11.7			攻博	公派
吴烽	男	美国密歇根大学	流体力学	易家训	2年	1979.10.27		1981.10.31.	访学	公派
王秀喜	男	挪威工学院	固体力学	P.Bergan	2年	1980.4.2		1982.7.14.	访学	公派
陈笃	男	美国威斯康星大学	结构力学	S.Cheng	2年	1980.6.24		1982.6.24.	访学	公派
周光泉	男	美国新泽西州立大学	材料动态力学性能	陈煜	2年	1980 10.28		1982.11.12.	访学	公派

---

[1] 丁世有等《力学系发展史1958-1998》。1998年6月，内部资料。

续表

姓名	性别	派往国家、学校、单位	所学专业	导师姓名	期限	派出	延长	回国	类别	派出方式
朱 滨	男	美国新泽西州立大学	固体力学	陈 煜	2年	1980.12.9		1982.12.9	访学	公派
马晖扬	男	美国康奈尔大学	流体力学		2年	1980.12.9		1982.12.16	访学	公派
刘人怀	男	西德鲁尔大学	固体力学	W.Zerna	2年	1981.3		1983.4.17		公派
李永池	男	美国伊利诺伊大学	应力波	丁启才	2年	1981.3		1983.6.3		公派
胡小明	女	英国剑桥大学卡文迪许实验室	光力学	Dr.J.E.Fielal	1年	1982.1.30				公派
汤天锡	男	美国佛罗里达大学	材料力学性能	Lanrence E.Malvern	2年	1982.6.23				公派
麻柏坤	男	美国康奈尔大学	流体力学	Z.Warhaft	2年	1982.11.3		1984.11.2		公派
尹协远	男	美国康奈尔大学	流体力学	林家鼎	2年	1983.1.19		1985.2		公派
张培强	男	美国威斯康星大学	振动	T.C.Huang	2年	1983.6.1				公派
糜仲春	男	美国布朗大学	流体力学	苏兆星	2年	1983.7.20		1985.7.22		公派
童秉纲	男	加拿大滑铁卢大学，转美国	空气动力学	协作者：许为厚	1.5年	1984.5		1985.10.9		公派
伍小平	女	美国纽约州立大学石溪分校	实验力学	协作者：Fu-Pen.Chicng	1年	1984.6				公派
吴清松	男	加拿大多伦多大学	气体动力学	J.J.Gottlieb	1年	1984.7.11		1985.8.5		公派
陈成光	男	加拿大麦吉尔大学	爆轰学	J.H.S.Lee 李克山	1年	1984.8.3				公派
杨庆时	男	加拿大康可迪大学，后转麦吉尔大学	固体微力学建筑结构力学	D.R.Axelrad	1年	1984.9.22				公派
王肖钧	男	美国西北大学	固体力学	Tcd Belytschko	2年	1984.11.9				公派
夏 南	男	美国康涅狄格大学	流体稳定性	J.D.Lin	2年	1985.6.8				自费公派
徐立功	男	澳大利亚			1年	1985.8				公派
唐志平	男	美国华盛顿州立大学	材料性能	Y.M.Gupta	2年	1985.11.6				公派
许勤伦	女	美国普渡大学	材料结构	D.L.Smith	1年	1985.11				自费公派

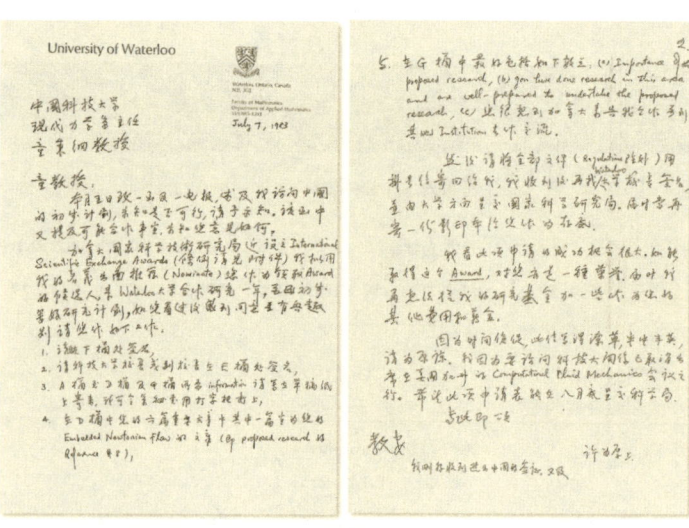

图 6-1　许为厚到中科大访学及请童秉纲到加拿大访学的信

图 6-2　童秉纲在滑铁卢大学留影[①]（1984 年 5 月）

到国外的大学做访问学者需要一个合作研究的题目。出国前，我和庄礼贤研究了许为厚发表的非定常牛顿-布兹曼理论，我们认为，对钝头体而言，前人已提出适用于定常流情况的内伏牛顿流方法，可以尝试将该方法扩展至非定常流动，再计入布兹曼的离心力修正，随即做出数学分析，采用摄动法将主控方程归结为一组常微分方程求解。当时，我与许

---

① 档案号：ZP-001-025，资料存于采集工程数据库。

为厚教授定的研究题目就是"钝头体的非定常内伏牛顿－布兹曼流动理论",访学期间经费由加方负责。到了滑铁卢大学后,我开始着手计算多种外形的动导数数据,并与前人的实验结果作对比分析。这实际上还是我在非定常流方面研究的延续。后来,我和许为厚教授合写的文章《非定常内伏牛顿－布兹曼流动理论》,于 1986 年登载在《航天器与火箭杂志》(*J. Spacecrafts & Rockets*)第一期上。当时杂志编辑部对这篇论文的评审意见是:"该文是高质量的,……其研究途径在技术上具有真正的兴趣。"南安普敦(Southampton)大学的 East 教授评论它"改善了内伏牛顿流概念的精确性"。该项研究是 1987 年中国科学院科技进步二等奖中的一项成果。

有必要做个说明,对该研究内容,庄礼贤也应是作者之一,但是许为厚从国际合作的方式考虑,不同意这么办,只能将他的贡献写到致谢栏中,为此我深感抱歉。

在滑铁卢大学期间,许为厚教授曾提议中科大与滑铁卢大学结成姐妹学校。当时中国科学院应用数学研究所的副研究员刘彦佩[①]在滑铁卢大学组合与优化系访问,他的合作教授 W. T. Tutte 想把多年珍藏的全部期刊赠送出来,刘彦佩找到我,问我中科大是否愿意接受这批期刊的捐赠,我立

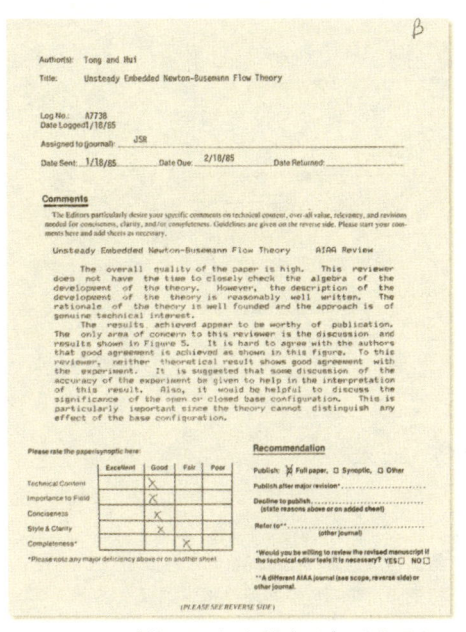

图 6-3 《航天器与火箭杂志》对童秉纲、许为厚的论文给出的审稿意见[②]

---

① 刘彦佩(1939－),天津宝坻人,数学家。1963 年从中国科学技术大学数学系毕业后,在中国科学院数学研究所进行学术研究。1982 年赴加拿大滑铁卢大学访问研究,与 W. T. Tutte 合作,在确定准确计数显式方面打开了研究的新局面。主要研究领域为一般运筹学、组合最优化、图论等。

② Unsteady embedded newton-busemann flow theory,档案号:PJ-001-001。资料存于"采集工程数据库。

即将这两个意见写信给包忠谋①，请他转呈校领导，希望能够考虑这两个建议。

访学见闻

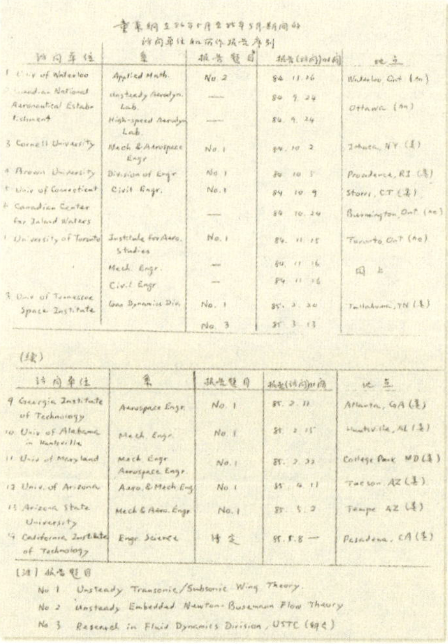

童秉纲在84年5月至85年5月期间的访问单位和所作报告序列

访问单位	系	报告题目	报告(访问)时间	地点
1 Univ of Waterloo	Applied Math.	No. 2	84. 11. 16	Waterloo Ont (加)
2 Canadian National Aeronautical Establishment	Unsteady Aerodyn. Lab.	—	84. 9. 24	Ottawa (加)
	High-speed Aerodyn Lab.	—	84. 9. 24	
3 Cornell University	Mech & Aerospace Engr	No. 1	84. 10. 2	Ithaca, NY (美)
4 Brown University	Division of Engr	No. 1	84. 10. 5	Providence, RI (美)
5 Univ of Connecticut	Civil Engr.	No. 1	84. 10. 9	Storrs, CT (美)
6 Canadian Center for Inland Waters		—	84. 10. 24	Burlington, Ont (加)
7 University of Toronto	Institute for Aero. Studies	No. 1	84. 11. 15	Toronto Ont (加)
	Mech. Engr.	—	84. 11. 16	同上
	Civil Engr	—	84. 11. 16	
8 Univ of Tennessee Space Institute	Gas Dynamics Div.	No. 1	85. 3. 20	Tullahoma, TN (美)
		No. 3	85. 3. 13	

(续)

访问单位	系	报告题目	报告(访问)时间	地点
9 Georgia Institute of Technology	Aerospace Engr.	No. 1	85. 2. 11	Atlanta, GA (美)
10 Univ of Alabama in Huntsville	Mech. Engr.	No. 1	85. 2. 15	Huntsville, AL (美)
11 Univ of Maryland	Mech Engr Aerospace Engr.	No. 1	85. 2. 22	College Park MD (美)
12 Univ. of Arizona	Aero. & Mech Eng	No 1	85. 4. 11	Tucson AZ (美)
13 Arizona State University	Mech & Aero. Engr	No. 1	85. 5. 2	Tempe AZ (美)
14 California Institute of Technology	Engr Science	待定	85. 5. 8 —	Pasadena, CA (美)

[注] 报告题目

No 1 Unsteady Transonic/Subsonic Wing Theory.

No 2 Unsteady Embedded Newton-Busemann Flow Theory

No 3 Research in Fluid Dynamics Division, USTC (中文)

图 6-4 童秉纲在 1984 年 5 月至 1985 年 5 月期间，访问单位和所作报告列表②

我出国时已经 57 岁了，不能像年轻人一样，一味闷头做研究，我要了解外国的风土人情，了解外国人的做事习惯，对国外空气动力学的学术动向，乃至他们的整个教育制度做全方位的考察。

在滑铁卢大学访问期间和在美国访问期间，我还应邀到多伦多大学、布朗大学、康奈尔大学等加拿大和美国的 14 个高校和研究机构考察和讲学。我做过十几次报告，即一小时的 seminar，“非定常跨声速流的局部线化面元法”是讲的次数较多的，大家都认可。到加拿大滑铁卢大学访问，按照国家公派留学的补助标准，每人每月是 400 加元，而我参与的访学项目

① 包忠谋（1924–2009），江西南丰人。中国科学技术大学前副校长，国家同步辐射实验室工程经理、教授。1948 年毕业于南京中央大学电机系。1948–1952 年在青岛电厂、青岛电业局任助理值班工程师和工会主席，1952–1958 年任水利电力工会全国委员会生产部秘书、副部长，1958 年调新创建的中国科学技术大学工作，先后任科研处、教务处副处长、处长，副教务长，副校长。在长期的抓教学和科研进程中，为中国科学技术大学的发展做出了重大贡献。

② 档案号：DA-001-011，资料存于采集工程数据库。

是由许为厚教授申请的国际合作项目，拿到的钱比公派留学的人要多一些，这也使得我更宽裕一些，可以到各地参观、访问、讲学等。比如，我借助短期访问讲学，在美国走了 12 个州，大大开阔了我的眼界。其实，我到加拿大是第一次出国啊，就像"刘姥姥进了大观园"，一切都是新鲜的。

我所亲历的国外的校园环境，一般都不轻易换装。校园里的建筑，大多数年头不小，即使外表看起来已经很破旧，校方也不会轻易去装修。比如说东京大学的建筑，有的建筑年龄都超过 100 年了，仍然维持原貌，建筑的内部可以装修，做一些修缮。我去加州理工学院，它是 1920 年成立的，年头不是非常长，但是它有些建筑看起来比较老旧。不像现在我们的校园里里外外装修一新，他们没有这个概念。另外就是他们学校重视诚信自律，像加州理工学院有诚信制度。我最近看了一个美国的资料，很多大学的学生进去要签诚信宣言。

我所碰见的西方人，包括西方的学生，大部分都是很守规矩的。比如在滑铁卢大学的学生俱乐部里，学生可以喝酒抽烟，但按照加拿大的规定，必须要达到 19 岁（在加拿大的北部，19 岁才算是成年）才可以。刚进大学的学生有的不到 19 岁，有的已经到了 19 岁，如果在中国，可能会让到 19 岁的同学去买酒来大家一起喝，但在加拿大不会出现这种事情。有一次，我和滑铁卢大学的一个研究生一起参加一个集会，集会大门上写着"No Jeans"的便条，那个研究生就马上开车回去把衣服换下来，然后再返回会场。

还有就是公私分明的特点，我也深有印象。在滑铁卢大学等学校，任何人不能将公用的桌椅搬到自己屋里私用，否则你的舍友会告发你，因为这不符合规矩。在办公室里，工作人员可以随便拿办公文具，不需要登记，但是只能在办公室使用，不能拿到家里。再有，私人之间发贺卡，发卡人的地址落款要写自己家里的地址，而不能写单位的地址。等于说，自己不是用公款发的，私人之间的交往也不能用学校的名义。在中国，我们会有各个单位之间的沟通，他们就没有这种习惯，发贺卡都是私人之间的互动。坐公交车的时候，老年人坐车可以打折，老年人上了车和售票员说一声，他就会卖给你打折票，不会需要老年证之类的证明，有一种充分的信任。还有一些当地的音乐会，需要交入场费，但举办方往往不会设置收费员，每个人都自觉投钱。

我们国内与西方在接待邀请做报告的来宾时，在礼仪上不同。我们肯定会很早就去接来宾，安排好招待所。他们那里就是公事公办，比如说我到布朗大学去做个报告，在报告的前一天，他们给安排住宿，招待所里有个贵宾房间，睡的那张床、家具，够一百年历史，所以他把你当作贵宾，床看起来并不起眼的，但是那是古典的。他只提供你住一个晚上，吃晚饭是你自己想办法。第二天下午，校方和我约定时间做报告。中午的时候，学校接待我的人带我去吃了个便餐，就只有主持人可以陪你吃饭，公家报销，其他的老师、学生都是自己付钱。我做完报告之后，和他们握个手就再见了，人家学校也就不再管我了。但是你到日本去就不一样了，因为它是东方，你做完报告后请你吃饭，学生也参加。台湾也是那样。到韩国也像中国一样。做报告是有酬金的，当时在加拿大一场报告有100加元的报酬，在美国是100美元。但是酬金手续，要经过几次程序，一般不是马上就可以拿到钱的。让你先在一个表上签字，签了字返回去，第二次又以通信方式让你签字，第三次再给你汇寄酬金，它的财务制度很复杂，这方面不太容易滋生腐败问题，你不可能大吃大喝。了解了他们的这些规矩之后，我后来在国内接待外国人时，也不会过于热心，就是按照人家这种习惯做。

我少量听了一些国外本科生的课程。他们的课时比我们少。他们有的学校一个学期12周，一门课每周三小时，相当于36个小时。当时我们这里的研究生上课可能一门课40小时到60小时。他们讲课时间虽然少，但我听过一次吴耀祖讲课，他讲得还挺有深度的，你想想36小时讲的课，肯定有相当一部分知识不会讲到，就要学生独立自学。从国外经历我受到了启发，我在讲授《涡运动理论》课程时将课时减少到36学时，其中讲授22学时，留出一部分给学生自学。

北美对硕士生要求低。我去参加过硕士答辩，硕士论文相当于做一个大习题，国外的硕士生标准定得低，我们这里硕士生要3年毕业，比他们要求高。但是我们的博士生的质量，千差万别，有的学生没有达到要求就毕业，其实这是害了学生，因为这是不可能回炉的。

国外高校对博士生的培养是很严格的，基本上是"严进严出"。即使到了答辩的时候也有可能无法通过，而且一旦不通过就只能空手走人，没有各种补救措施，不能像国内一样补考或延期。这样的博士生培养模式对我很有启发，也就是说，博士生没有达到一定的学术水准就不能获得学位。因此，后来我们实验室有些学生，读到后面比较吃力，不能达到博士毕业的标准，即使以硕博连读的方式招进来，我们也会让他以硕士学位毕业。

在国外与台湾的留学生交往比较多，因为我们的文化一样，语言相通，双方都很热情。1985年1月1号我就到田纳西大学空间学院，那个地方是美国空军所属的大型风洞设备的基地，简称叫AEDC，风洞试验当然也有保密的，是在一个小镇附近很大的区域，在这个区域中间有一个风洞群在里头。中间没有老百姓居住。像我作为访问学者，他们批准我进去，认识了吴建民教授。他是大陆出生，后来到了台湾念台湾大学。接着在美国，包括他的夫人都是加州理工学院毕业的博士，在美国当教授，他们和我的年龄差4岁。当时台湾的留学生很多，我们经常结伴，因为上班需要坐车，我自己不开车，从我们住的地方到学校还有相当一段路，有的人就拼车。吴建民教授在我访问始末都举行了联欢会，把台湾人和大陆人聚在一起联欢。他们很喜欢去了解大陆，我们和台湾人关系很好，可是和香港来的人就没有交往，因为和他们语言不通。

我在国外讲学的一大困难是英语交流。我的英语主要是在中学阶段学习的，阅读写作方面没有问题，但是口语和听力还是不行，因为没有受过系统的训练。到加、美的高校作报告，当然是要用英语讲，当时我最怕的是提问的环节，因为首先要听懂人家的问题，然后还要用英语来即时表达，这对我来说也是一个比较难过的关口。所以，在游学阶段，我很注意练习英语听说能力。

图 6-5　童秉纲在美国田纳西大学空间学院访问（1985 年 1-2 月，图为校园留影）[1]

巧 遇 鱼 游[2]

本来我在美国做公费访问学者只有半年，待了三个单位，第一个单位叫田纳西大学空间学院，在这个地方呆了两个半月；第二个是亚利桑那大学，呆了近两个月；第三个就是加州理工学院，吴耀祖先生给我加了三个月，在那里待了五个月，经费由他负责。

我真正开展研究工作的就这两个地方：一个是滑铁卢大学，写了那篇文章"非定常内伏牛顿－布兹曼流动理论"；另一个就是在加州理工学院从事鱼游研究。

人生的机遇变化无常，倒霉的时候不堪设想，机会来了也很难想象。我到加州理工学院做访问学者就是机缘巧合的事情。在 20 世纪 50 年代，有个哈尔滨力学学会，哈军工的曹鹤荪先生是学会的理事长，我是理事，

---

[1] 档案号：ZP-001-033，资料存于采集工程数据库。
[2] 鱼游，是"鱼游"运动力学研究的简称。指在生物运动力学中，对鱼类游动过程中与水相互作用的流体力学研究。

我们经常在周末碰面，聊一些学会的事务，曹鹤荪很欣赏我。后来，我在哈工大当理论力学教研室主任的时候，曹鹤荪是哈尔滨军事工程学院教务部部长，在1955年曾经邀请我去给他们学校的全体教师做报告，主要讲组织教研室的经验。之后，我和曹先生一直保持联系，他也一直很关照我。曹鹤荪是吴耀祖在交通大学航空系读书时的系主任，他曾经教过吴耀祖。曹先生和吴耀祖教授打过招呼，他希望吴耀祖能请我去他那儿当访问学者。吴耀祖很重视老师的建议，就开始找我，但他不知道该怎么来找我。当时我在加拿大，后来到美国的几所学校访学，一直在国外。他和我从来没有联系过，也就不知道我的情况。

1984年，华罗庚先生受加州理工学院聘请担任荣誉访问教授，吴耀祖先生跟华罗庚先生比较熟悉，吴耀祖就通过华罗庚先生想找到我。当时，华罗庚先生的小儿子华光是中科大65级的学生。华光给我写了封信，告知了吴耀祖先生的意思。我收到信之后就马上给吴耀祖写信，他就着手给我安排访问学者的行程了。

图6-6 童秉纲在美国加州理工学院工程科学系做访问学者（1985年5月—10月，图为童秉纲与该系教职人员合影。后排右二为童秉纲，前排右一、右二为吴耀祖和其夫人）[①]

---

① 档案号：ZP-001-031，资料存于采集工程数据库。

当我和他讨论做哪些方面的研究时，我跟他说："我不想在这里继续做空气动力学，能不能让我做点新的东西？"他说："这个领域（鱼游）对你合适，因为这也是流体力学的问题"。他给我介绍了鱼游方面的一些研究，希望我参与到这个领域中来。吴耀祖是鱼游流体力学的奠基人之一，与英国的莱特希尔（Lighthill）一起为这个新领域做出了奠基性工作，他当时已经站在了这个领域的前沿，这个领域是我接触到的一个全新的领域，对我来说充满了新鲜感与挑战性。

我发现鱼游是一个有意思的崭新的研究方向，而且可以预见到在不久的将来会有很好的发展和应用，同时国内也有相应的条件独立开展这方面的工作。当时来预测鱼游的流体动力，用的办法只有两个：一个是莱特希尔的细长体理论，他把鱼当成圆柱那样子的细长体来研究，就是研究鱼体每个截面的运动与水的相互作用，实际上鱼游是非定常的，但是他假定为准定常的，搞了一个估算公式，这个公式应用很广。吴耀祖提出了一个二维波动板理论，他把扁平鱼看成腹长很宽，当作一个二维的波动板，模拟鱼的往复摆动。他向我建议，可以将已有的二维研究结果发展至三维情况。于是，在五个月的时间里，我主要熟悉了这一领域的国际研究动向，并试着对三维问题计算做准备。正是由于吴耀祖教授的指点和帮助，才有我指导的程健宇的博士论文，在这一领域建立了三维波动板理论。

吴耀祖先生是美国工程院院士，博学多才，我有机会听到他对当前流体力学研究的某些评论。例

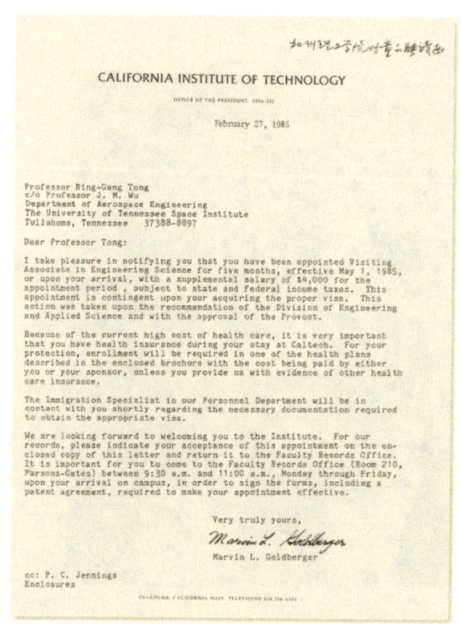

图6-7 加州理工学院给童秉纲的聘请函[①]

---

① 档案号：XJ-001-011，资料存于采集工程数据库。

如，他对极端地面效应的研究现状不满意，我记在心里。1988年，博士生汪前喜要求做一个数学解析的难题，我为他出了一个"波形曲地面的极端地面效应分析"的题目，使得这一课题变成非定常和非线性的难题。1990年，他完成了博士论文《运动物体极端曲地面效应的非线性理论》，其论文发表在 JFM 权威刊物上，以谷超豪院士为首的答辩委员会评价称："无论从深度还是广度上都大大超过前人的工作。"吴耀祖教授评价道"从国际水平观之，是卓越超群之作。"

1985年10月10号，我回到北京，结束海外的访问活动。

第七章
"很晚创业，小有成就"

我的学术生涯因获两个称号而被延长。一个是 1981 年我被国务院学位委员会评为国家第一批博士生导师。按照正常来说，我 60 岁就该退休了，也就是 1987 年。但是，博士生导师可以 65 岁退休，而国务院学位委员会评的博士生导师可以到 70 岁退休，这就将我的学术生涯延长了 10 年。另一个是我 1997 年当选中国科学院院士，也就是我 70 岁的时候。因为院士可以不退休，一直到干不动了为止，所以，我就又接上了，可以继续做学术工作了。

三维波动板理论

1985 年，我在加州理工学院访学的五个月期间，跟随吴耀祖先生，开始接触生物运动力学这个新领域，了解了这一领域国际研究的动向，学到了这个领域的一些入门知识。吴耀祖曾在 60 年代系统地发展了二维波动板理论，还第一次讨论了鱼类运动的最佳方式。1985 年 10 月，我结束了在加州理工学院的访问，回到国内。在吴先生的建议下，我打算在国内开始做鱼游，也就是生物运动力学方面的研究。庄礼贤和我一直是在非定常流领域合作，而鱼游流体力学也属于非定常流的范围，因此，我就和他商量，能否将鱼游作为新的研究方向，庄礼贤欣然同意。我和庄礼贤共同指导博士生程健宇开始做鱼游方面的工作，由我担任程健宇的导师，庄礼贤做副导师。

研究生物运动力学这个交叉学科的意义是什么呢？有两个方面，其一，工程技术专家要利用生物运动力学理论研制仿生水下航行器和微型飞行器；有人做过研究，像手掌那么大的微型飞机就飞不起来了，因为雷诺数[①]太小，介质（空气）粘性效应很大。相当于飞机在糨糊里飞，所以只有拍翼的方式才可能飞起来。昆虫的拍翼和鸟的拍翼还不一样，鸟的拍翼运动就是普通的上下拍，昆虫的拍翼有所不同，用了大攻角，而且它拍到上下两端时，翼端会发生扭转。这使得昆虫拍翼能够产生足够的升力。微型飞行器需要模仿鸟和昆虫的飞行，因此我们要研究他们飞行时升力产生的机理。仿生水下航行器就是要模仿鱼的游动，我们的三维波动板理论就是对鱼游运动机理的一种研究。其二，动物学家要研究游动和飞行的力学效应对动物的生理学、生态学、动物行为及进化的相互影响。因此，生物运动力学方面的研究成果也会受到生物学家、生态学家的关注，对他们自己领域的研究有所帮助。

在当时鱼类游动推进动力的有关研究中，已经有两个研究模型。一个是英国人莱特希尔（Lighthill），提出细长体理论，将鱼简化为细长的圆柱体。按照这种简化模型，对鱼游运动做准定常研究，给出了一个"鱼游"推进动力的估算公式，这个公式应用很广泛。之后就是吴耀祖先生，提出二维波动板理论。他将鱼体看作是扁平的二维波动板，也是一种很好的模型。我在加州理工学院跟吴耀祖先生访学的时候，他就建议我做一个三维的模型，这种模型更为接近实际，且还没有人做过。

在吴耀祖教授的建议下，我和庄老师就指导程健宇来建立鱼类游动的三维波动板理论。基于流体力学的理论，如何建立一种更加符合实际的模

---

① 雷诺数是衡量流体运动中黏性大小的无量纲参数，其数量越小，表示黏性效应越大。

型呢？经过我们细致的讨论，发现绝大多数鱼类和海洋哺乳动物都具有扁平的多样平面形状，都采用波幅沿体长具有不同增长方式的波动推进方式，而且由于雷诺数足够大，都适用无粘势流近似，基于这种认识，我们就把这个问题归结为：具有任意平面形状的、波幅沿体长任意变化的三维波动板在势流中运动，基于拉普拉斯方程求解其流体动力性能，求解的方法是非定常涡环面元法，可在时域内数值求解，在鱼类巡游条件下，可简化为在频域内求解。基于这种认识，我们对鳗鲡模式和鲹科模式进行分析，研究它们各自的形态和波动方式与游动性能的关联及其不同特征，发现波动推进方式减弱了三维流动效应，特别是"体长接近一个波长的鳗鲡模式，三维效应几乎消失"。而且根据该理论对不同展弦比波动板的分析结果，我们给出了上述两个经典理论的适用范围。另外，我们还建立了三维波动板理论的反问题，即最佳游动方式的数值分析方法，并应用于亚鲹科模式、鲹科模式和月牙尾推进三种类型的尾鳍形状优选，基于流体力学观点来讨论动物进化的形态适应问题。

三维波动板理论，是我们在生物运动力学领域的第一项研究成果。三维波动板理论是在经典的莱特希尔（Lighthill）细长体理论和吴耀祖二维波动板理论之后首次揭示鱼游的三维效应。1988年9月，程健宇完成博士论文《水生动物游动的流体力学研究》，顺利通过答辩毕业。

1991年，我们把三维波动板理论正问题的研究内容发表在 *J. Fluid Mechanics*（*JFM*），又把以形态适应分析为主的研究内容作为我在第五次亚洲流体力学会议（1992）上大会邀请报告的主要内容。英国当时任 *JFM* 副主编的 Tim Pedley 教授，经手刊出这篇论文。Tim Pedley 教授说，程健宇、庄礼贤和童秉纲提出了一个新的流体力学方法，在扩展应用于大波幅情况时更为精确。他在给程健宇的一封信（1996）中这样回忆："这是一篇重要的论文，是在60年代 Lighthill 的开创性工作之后，第一个可以计算鱼类三维流体力学的新方法。Lighthill 的细长体理论假定作用于鱼体上某个截面的流体载荷与其后面的流场无关，而三维波动板理论率先去掉了这种近似，认识到尾迹对运动物体的反馈作用"。

程健宇毕业后得到洪堡基金支持，于1991年到1993年到德国萨尔大学动物研究所做博士后研究。程健宇在德国萨尔大学以纳赫提格（Nachtigall）教授[①]命名的动物研究所跟随Blickhan博士合作研究。合作研究的课题是探索海洋哺乳类动物的肌腱与脊柱的弹性机制是否能够节省能量。其后，他去利兹大学，在Tim Pedley教授主持下，并与J. Altringham合作，做鲹科游动的整体模化，也即是要解决神经控制下的肌肉动作、生物组织性能和流体作用之间的耦合问题。这两个课题都应用了三维波动板理论模型，并与鱼类运动的生理学和仿生学相结合。1992年7月2日，R. 伯里克翰，W. 纳赫提格撰文"三维波板模型"对生物学研究的意义，评价了程健宇和我们合作的论文。纳赫提格教授和Blickhan博士说："动物研究所正在研究鱼类运动的生理学，生物力学和仿生学，借助我们实验室积累的运动学数据，直接应用三维波动板模型于多个问题，该模型较前人的工作更接近于实际情况，由于生物学实验室中又都有计算机，它的方法很有潜力成为人们研究鱼类运动的通用工具。"

纳赫提格教授对该计算模型（三维波动板理论）的特点总结如下[②]：能够应用于多种形状；能够测算多种游动方式；能够描述更为真实的三维流动图像；能够寻求出最有效的解答。

另外，吴耀祖教授看到这项研究后，这样评论道：该研究在理论上推进了前人所创新的物理模型和数学方法，在实际意义上，又使生物学家对鱼类推进至生物化学，肌肉生理以及流体和生物体内的能量代谢有了更为具体的工具，贡献很有价值[③]。

三维波动板理论也逐渐为国际鱼类生物学界所认识，被认为是当时该领域最重要的进展之一。该论文发表十几年来一直被人引用，包括 *Annual Review of Fluid Mechanics*（2000）上的Triantafyllou的总结性论文。

[①] Nachtigall，著名动物学家，曾任德国技术生物学和仿生学学会主席。
[②] 纳赫提格"三维波板模型"对生物学研究意义，档案号：PJ-001-004，资料存于采集工程数据库。
[③] 吴耀祖对《鱼类波状摆动推进的流体力学研究及其形态适应分析》成果的评审意见，档案号：P-001-010，存地同上。

鱼游方面的工作，自此之后就没有再做了，一直到了1997年，我们才又开始做这方面的工作，并成立了生物运动力学实验室。

调入中国科学院研究生院

由于我夫人晋晓林的关节炎一度很严重，不太适应合肥潮湿的气候，想回到干燥的北方生活，加之我们也上年纪了，越来越需要孩子照顾，而我们的独生子童卫平在北京。当时我老伴已年近五十，过几年退休了就调不成了，而当时我们的户口也还在北京。1980年冬，我夫人晋晓林向中科大校党委呈递了请调报告，但是一直没有批准。到了1981年10月22日，我们夫妻俩又联名向近代力学系党总支和校党委提出了将晋晓林调回北京研究生院的报告，后来晋晓林逐步调回了北京。

1984年，我已57岁，也希望能回到北京。当时中科大和中国科学院研究生院还是一个系统，只需要转一下人事档案就行，且我当时的户口还在北京，就想调到中国科学院研究生院工作。我找到了当时的中科大校长管惟炎。管惟炎有些犹豫，说要再考虑考虑。1985年1月12日，我给管人事的龚昇副校长写了信[①]，龚昇表示同意，并去做了管惟炎的工作。我马上打了申请，很快得到批准。1986年2月，我和晋晓林就到了中国科学院研究生院（2012年，该校更名为中国科学院大学）工作。

我虽然调离了中国科学技术大学，但仍然担任中国科学技术大学近代力学系的教授、博士生导师和科大学术委员会委员，并保留职工住房。刚离开中科大的几年里，我每年要回中科大呆三个月左右的时间，与我在中科大的团队以及我的研究生一起工作。

童先生到合肥来，会到实验室里来。90年代初的科大流体力学

---

① 童秉纲致龚昇的信，档案号：XJ-001-010，资料存于采集工程数据库。

实验室条件相比现在是很简陋的，就是几台 PC 机来做计算。童先生到实验室之后，会和实验室的老师们面对面交流，询问一些研究进展等方面的事情，有时也会将计算机中的东西展示给他看一下。有时也会就相关问题展开讨论，或者汇报一下当前的进展。当时虽然有投影仪，但是不舍得使用胶片，手写的又不容易擦掉，就只能在黑板上板书，童先生和几位老师坐在下面指导。当时是几位老师联合带一位学生，有时候也通过这种方式来指导研究生，学生在黑板上讲述，几位老师都要提出自己的指导意见，一起指导学生。童先生人虽已调离中科大，但中科大分给他的房子和教授职位还保留着，因此，老师和学生也会经常到童先生的家里来讨论问题。在当时的条件下，交流的环境、地点是没法讲究的，也没有必要讲究了，总之是怎么方便怎么交流。[1]

组建空气动力学实验室

在 80 年代末，中央批准的"863"高技术计划中提到要发展航天技术，希望开展"天地往返系统"的高技术研究，在 2000 年的时候能够发射航天飞机。这调动了空气动力学科研、设计和教学人员的积极性。在这样的背景下，中国科学技术大学流体力学教研室的老师们也开始做准备，与航天 701 所、14 所、中国科学院力学所、中国科学院计算中心等机构联合成立研究合作团体，希望能够承担国家有关空气动力学的研究课题。

1987 年 8 月 14 日，我给中科大的辛厚文副校长提出了在北京成立"空气动力学科研点"的建议，并就科研点的建设作了一些设想[2]：该科研点由北京研究生院物理教学部和科大近代力学系双重领导；该科研点的任务是

---

[1] 陆夕云访谈，2014 年 3 月 22 日，合肥。资料存于采集工程数据库。
[2] 童秉纲给辛校长及校领导的信，档案号：XJ-001-020，存地同上。

为合肥的研究基地发挥"窗口"作用，及时获取北京的科研信息，抓住课题申请的机会，同时承担一部分课题项目；由中科大校方支持至少6万元，购买一台高档的微型计算机，供一般性计算之用；由北京研究生院支持，提供机房及办公室用房，配备管理人员一名。

1987年8月21日，我又向北京的中科院研究生院的颜基义副院长提出在北京成立"空气动力学实验室"的建议，并希望研究生院尽快提供相应条件。我提出①：一是在我院教学用房尚紧的情况下，先在教二楼解决一个机房（两开间的），中设四个终端，以及一间工作室，中设6个座位；二是每年为该科研点保持研究生招生名额，至少招一名硕士生和一名博士生，这样我院才有起码的队伍去攻关；三是注意吸收能干的、适于合作的青年博士和中年学术骨干，待有合适对象另行提名；四是暂配备管理人员一名，负责内外联系和机房管理，另行提名。这些要求最终被批准。

1987年，我向马晖扬提出，希望他能到北京来和我一起工作。1988年，马晖扬老师就调到研究生院，我们一起组织成立了空气动力学实验室。我们这个实验室也就成为这个空气动力学跨校团队的一个点。

中国科学技术大学流体力学教研室和当时位于北京的中国科学技术大学研究生院（后来的中科院研究生院）物理教学部终于在北京建立空气动力学科研点。该科研点以我们在研究生院的研究生为主要力量，同时中国科学技术大学流体力学教研室的教师和研究生也参与其中，参加有关的学术活动，一起申请科研课题。

非定常流与涡运动和涡控制

1986年到1997年，算是我从事科研的第二个阶段，在这段时间我主要从事非定常流、涡运动和涡控制、航天器防热的计算气动热力学三个方

---

① 童秉纲给颜副院长及院领导的建议信。档案号：XJ-001-021，资料存于采集工程数据库。

向的研究。从 1986 年到 1997 年，一共毕业了 10 名博士。

非定常流与涡运动和涡控制这些领域，在当时还是一个比较新的研究领域。早期做的是非定常空气动力学，我们做的时候，起码在国内，还是比较早的。尤其是建立了空气动力学实验室的团队后，有了很好的发展平台，出了一些成果。

先说一下非定常流方面的研究。我的一个博士生，叫汪前喜，当时是 1985 年冬，我刚从加州理工学院回到国内。他就和我商量博士论文的题目，我建议他做运动物体极端曲地面效应的非线性理论研究。什么是极端曲地面效应？我先解释一下，大家知道飞机飞行的时候，如果非常靠近地面的话，升力会大大增加，这叫地面效应，极端地面效应就是离地更近的情况下，出现的一种效应。前人提出地面效应之后，做的很多研究成果都是在定常流的情况下，而非定常流的情况还没有人做过。于是，我就建议他把地面变成波形面，这样地面效应就成了非定常流的情况，而且还引起了非线性问题。他居然把有攻角的三角翼、圆柱体、尖锥三种情况在波形面上运动的极端地面效应都做出了全解析解。汪前喜的论文是个非定常和非线性的难题，他用匹配摄动法建立了三维薄翼非定常极端曲地面效应的三维非线性数学模型，发现了曲地面效应与对应的平地面效应的等效关系；基于作者导出的两个新的势流精确解，给出了小展弦比升力面和细长旋成体在极端曲地面效应下的近似解析解，进而揭示了极端曲地面效应和水波面效应的物理规律。很多专家对他的论文评价很高，最后他的文章也发表在 *J. Fluid Mechanics* 上。关于他的博士论文，当时任中国科技大学校长的数学家谷超豪，担任答辩委员会主席，他评价："论文所研究的问题，在空气动力学中是有理论意义和应用价值的，列举了一批与之相应的重要的应用问题，论文中数学问题的归纳，匹配适当方法的引用，两种精确解的制作等方面，都是很有创造性的，有相当的难度，且工作量是很大的，跟前人对有关问题的研究相比，论文所得到的结果，显得更为深入和广泛，论文叙述严谨清晰，逻辑性强，评议人认为这是一篇高水平的博士学位论文。"吴耀祖也评价说："从国际水平观之，是卓越超群之作。"用到"卓越"这个词，那是非常非常不简单的。最后，汪前喜获得中国科学技术大学 1990 年度郭沫若奖学金，也是对他工作的肯定。

到了 1989 年，庄逢甘院士先后申请到两期自然科学基金重大项目，都有讨论旋涡流动规律的子课题，前一项目是 1989—1993 年，后一期项目是 1994—1998 年，我负责其中的子课题，我指导我的博士生陆夕云和孙德军分别参与先后两个项目的有关研究。

我作为导师有两篇博士论文在重大项目中成为亮点。一篇是陆夕云的。他是南航的保送生，硕博连读读了七年。陆夕云的博士论文《非定常流动的数值模拟研究》的内容之一是研究圆柱动态绕流现象，圆柱动态绕流看似个简单模型，但可以揭示复杂的涡运动形态及其非线性机制。我们率先数值模拟了圆柱沿任意方向大幅振动的近尾迹复杂涡结构形态及其演化过程，给出了频率 - 振幅引起相平面内的涡结构分区图，揭示了涡脱落中相位转换，模态竞争等非线性特征。他的博士论文获得好评，像北航的吴礼义老先生看了以后说，相当于两篇博士论文，要他去当博士后，但很遗憾他已经决定留校了。

第二期重大项目的亮点就是我的博士生孙德军的博士论文。他做的是圆柱尾流从对称到不对称突变的机理，在来流速度很小的时候，它的尾流很规则，当来流速度大了，尾流从对称的马上就变成了非对称的，这个问题虽有很多人研究但没有得到很好的结果。孙德军在做这个工作的时候，已经有了一个理论，就是稳定性理论中有一个对流不稳定性和绝对不稳定性，可以用来作为分析方法。此后，我说："你做静态的还不够，你要做个动态的，做动态就非常难了。"所以他想了个办法把动态问题也做出来了。他的论文答辩时候也很被看重，比如答辩委员会主席周恒先生说："你怎么能收到这么好的学生，我怎么收不到？"后来，他的博士论文也得到了中国科学院院长奖学金，也成为上述第二期重大项目的一个亮点。

我和实验室的师生在提高二维涡方法的精度和计算效率方面先后做了若干开拓性工作。成功处理了物面上具有凸拐角点或局部质量引射的复杂构形绕流问题；发展了计算复杂构形的快速涡方法，有效提高了流场分辨率；提出了一种新的自适应涡团模型和相应的确定性计算格式；又提出了一种涡方法与有限差分法结合的分区混合计算方法。与此同时，还应用这些方法成功地模拟了钝体绕流、剪切层和尾迹的演化、旋涡之间的相互作用、旋涡碰到物体的反弹等问题，揭示其流动机理。

此外，为了促进非定常流和涡控制的研究，还要推进学界的交流和共同提高。我和崔尔杰等一起组织了若干次全国性的学术活动。例如，在1989年美国召开的第二届剪切流动控制会议上，我们联名做了"中国剪切流动控制研究新进展"的主题报告。又如，1990年举办了"非定常流与涡运动"讲习班，由多位专家讲各自专题，其后，我作为主编之一，整理出版了专著《非定常流与涡运动》①

1984年，国内第一届分离流涡运动研讨会召开，是空气动力学学会主办的。当时是陆士嘉、崔尔杰、庄逢甘、卞荫贵等人的倡议下召开的，现在有些老先生已经去世了。第一届研讨会有北航、701、29基地等几个单位的学者参加。这个会议的第一届童先生应该没有参加。在当时，这个会每两年一次，讨论充分，学术民主，是整个空气动力学各式各样的会议中，最受欢迎一个会。今年已经第14届了，本来是2012年应该开14届，但是有原因就延了一年，到明年就是这个会议的30周年纪念了。童先生他是三人组委会的成员之一，但是由于年纪大了没有到场。下一届由4个中年人顶上来，上一届组委会的三位老先生都要退居二线了。童先生是一直积极推动这个会议的。

第二个会就是吴镇远②先生，他提议在国内办一个涡动力学研讨会。他提出来以后和童先生商量，童先生表示很支持。吴先生和童先生，都是这个会的灵魂人物。童先生定的规矩，说这个会不挂靠在任何的学会和学术机构下，是一个同行之间平等的结合，完全是自愿组织起来。2008年，这个会在北京召开了第一届，是国际性的，规模比较小。这个会的一个特点是参与人员必须是受到会议邀请才能参加，

---

① 童秉纲等主编:《非定常流与涡运动》。北京：国防工业出版社，1993年。

② 吴镇远，1931年出生于江苏南京，空气动力学专家。美国佐治亚理工学院教授。

另一个特点是讨论的时间和报告的时间是1∶1，一个报告可以争论一个小时，讨论很充分。这种会议很受大家欢迎。今年是在上海吴镇远主持办了第二届国际性的，童先生已经不参加了，但是他给这个会定的原则就是小型、高端、基于邀请、充分讨论，这几个原则我们一直在坚持。①

涡动力学研讨会，参会人数我们掌握在一二十人，都是邀请的，我们觉得哪位学者是在这个方面做得比较好的、有见解的我们就邀请。这个会没有出会议论文集，因为这个会议的目的主要是讨论，你提出个东西来了，大家互相质疑，互相提出疑问，这样才会产生新的东西，互相启发，产生碰撞，产生想法。这个会对中国的运动生物力学，飞行和游动方面的学科促进很大。因为是童先生领头的，我们几个办，但是这个会确实是对我们这个领域促进不少的，像我们国家这个领域，在国际上还是挺有名的，还是可以的。像有一年的流体力学年鉴上吴耀祖写过一篇综述文章，就提到过一些我们国内的进展，包括童先生的一些论文。②

学科的发展过程中难免会碰到一些难点，流体力学也是一样。比如，湍流的建模问题曾经是流体力学发展中的一个难点。要推动学科的发展，攻克这些难点，需要学界的团结努力，而我需要去协调促进事情有所进展。

随着计算机技术的进步，计算流体力学也得到了很大发展，但湍流的建模问题却一直得不到有效的解决，成为流体力学发展中的一个瓶颈。因为以往提出的湍流模型与实验数据总有着很大的差距。童秉纲意识到这个问题已成为计算流体力学乃至流体力学发展中的一个难点。国内在湍流的建模问题一直也没有很好的研究成果，刚好，童秉纲的一个同事石灿馨，1978年曾跟马晖扬先后到美国访问，跟着美国

---

① 吴介之访谈，2013年12月16日，北京。资料存于采集工程数据库。
② 孙茂访谈，2014年04月11日，北京。存地同上。

的一位学者Lumley专心做湍流模型，得到了很好的结果，"做得很有成就，国际上几个非常有名的计算流体力学的商用软件当中的湍流模式，好几个都是他发展的"。1998年，石灿馨回国访问期间，童秉纲就动员石灿馨回到国内一段时间，共同推动国内的湍流模型研究。石灿馨认为这件事很有意义，就欣然答应。童秉纲开始联系北京大学湍流实验室，北京大学开办了为期15天的讲习班，因为湍流建模问题是很重要的学术问题，因此很受欢迎，近百人来参加这次讲习班。庄礼贤也带着自己的学生，申请了两个基金，参与到湍流模型的研究中。首先研究的重点是湍流模式的评估问题，就是寻找一些航空航天飞行的实验数据与各个模式计算的结果对比，来评估各个模式之间的优劣。后来张涵信曾主持召开了一次香山科学会议，提出组织一个计算流体力学的联盟，来推进计算流体力学中湍流模式问题的研究。[1]

《涡运动理论》简明教程

我调到中国科学技术大学研究生院（北京）以后，在这里开了一门课叫"漩涡运动原理"，从1986年到1997年，这门课我讲了10遍。我觉得，在研究生阶段，课堂上仅传授知识是不够的，必须让学生学会独立学习和研究的能力。所以我将授课时间定为36个小时，而不是学校原定的60个小时，讲课的时间只占其中2/3。课上主要讲一些基本概念，细节问题都不讲，剩下的时间让学生做大量习题，让他们自己学习钻研，最后还要写成学习总结。"漩涡运动原理"这门课，就是讲授漩涡运动的基本原理，为进入现代研究领域提供基础知识[2]。

与此同时，中科大的尹协远也在开讲这类课程，其后，由朱克勤接

---

[1] 马晖扬、吴介之访谈，2014年4月4日，北京。资料存于采集工程数据库。
[2] 漩涡运动原理教学大纲，案件号：SG-001-012，存地同上。

着讲授。从八十年代到九十年代，涡运动理论是国际和国内广受关注的热门研究领域，有大量的论文，出现了几部专著，但未见到教科书。因此，在90年代初，我和尹协远、朱克勤一起商议合作撰写和出版《涡运动理论》的简明教程事宜，由尹协远任主编，依据我们积累的讲稿和教学经验，合作撰写一本有特色的简明教程，旨在构筑从流体力学基本理论通向涡运动研究前沿的一座桥梁。经过几年的合作努力，这本教材于1994年在中国科学技术大学出版社正式出版，由三人署名，我是第一作者，第二作者尹协远任主编，朱克勤是第三作者。在中科大成立五十周年之际，这本书作为精品教材，经过尹协远的独自修订，于2009年出版了第二版。这本教材出版至今已20年，在读者中仍享有盛誉。1996年9月，台湾成功大学航空太空系邀请我去讲学，主要就是讲这本书的内容。在一次课堂上，该系的一个研究生在课堂上拿出了这本书，我问他："这本书你是怎么弄到的"？他说："我在台湾买的。"我才知道这本书已经销到了台湾。

1999年1月，田纳西大学空间学院的吴介之教授撰文向流体力学专业的师生推荐《涡运动理论》这本教材，在文中提到[①]：

1. 它的选题说明作者对流体力学的发展趋势有敏锐的观察，对传播涡动力学知识的必要性和紧迫性有清楚的认识。

2. 如何在流体力学基础教材和涡动力学专著之间建一桥梁，使尽可能广的读者尽早理解涡运动的重要地位和基本内涵，在某种意义上比写一本专著还难，这也是笔者自己在十五年来涡动力学教学中一直探索而未尽成功的问题，本书作者却做到了这一点。

3. 本书从涡量场的运动学和动力学入手，从涡量的产生到旋涡的形成及其运动和相互作用，包括面涡、涡索、线涡和点涡系，并讨论了地球物理涡和涡方法，这是一个完整的正确思路，它反映了涡运动自身演化的规律，很有助于把握涡动力学的物理本质。

---

① 档案号：QT-001-130，资料存于采集工程数据库。

航天器气动加热的气动热力学研究

上世纪 80 年代，美国已经出现了航天飞机，其构形和流场复杂，不仅是附着流的边界层传热，还存在激波干扰下的分离再附流动，而在邻近再附点的局域会产生严重的热环境，需要预估。不用数值计算的办法，无法解决。上世纪 80 年代末，我国开始研究航天飞行器，集中研究这种复杂外形再入大气层时受热情况，要精确预测航天器由于气动加热在其表面的局部区域出现的峰值热流和最大加热量，给出可靠的数据。为此我们开展了基于有限元方法的计算气动热力学研究。

在航天飞行器工程中，很大的困难之一就是防热问题，知道由空气动力造成的飞行器表面的加热率是防热设计的前提条件。准确的确定飞行器表面的气动加热率要比确定其空气动力还困难。需要弄清楚高超声速飞行器返回大气层的受热情况。本世纪起特别关注新一类飞行器，即近空间高超声速巡航飞行器。什么叫近空间呢？航空的飞机一般的飞行高度在两万米以下，从两万米到大气层边缘，大概在 20 公里以上，100 公里以下这个区域，这个区域的空间叫"近空间"。近空间飞行器就在这个空间中飞行，一般在 30—50 公里的高度范围做高超声速的飞行。近空间飞行器是一种战略性武器，目的就是实现一个小时内打击全球任何一个地方，是代替核武器的最主要的战略性武器。近空间飞行器的外形与洲际导弹不同，相应的气动热力学问题也就产生了，其热环境也有所不同。因此我们就做近空间飞行器气动加热问题相关的工程理论研究。

从 1988 年，我与航天空气动力研究院的姜贵庆开始合作指导博士生，到现在 27 年了。我们一起指导了 8 名博士生。在上世纪 90 年代开始在学术上探索一条新路，发展了有效的有限元算法来解决复杂构型高超声速气动热环境预测问题，推进了计算气动热力学的进展。本世纪开始，我们又以近空间巡航飞行器为背景，研究其气动加热若干新问题的工程理论。我们做的是理论性的，可以给出解析式的工作，这种研究在国内外是很少有人做的。

从90年代之初，在张涵信的倡议、组织下，国内几个科研组组成了流体有限元研究联合体，我和姜贵庆组成的小组是其中的成员，前后延续了10年，还得到国家自然科学基金重点项目（1999—2001）的支持，由我主持组织了该项目的实施。

我带领团队在结构网格框架内建立了对激波具有高分辨率的NND有限元格式，发展了一套有限元－有限差分混合算法，适于计算高超声速复杂构形的粘性流场。我们还根据壁面流动的守恒律（能量方程和动量方程），用有限元方法对壁面附近单元立式，分别导出了计算壁面热流和摩阻的积分型公式。对热流计算而言，与传统的温度梯度差分算法相比，这种积分型算法大大减弱了因微商数值离散方式与网格雷诺数存在强相关引起热流计算的不确定性，能够可靠预示复杂流动中的峰值热流。这些成果被航天五院成功地应用于神舟1号飞船局部构件存在复杂流动的热环境预测。在该单位2001年10月的证明函中指出，"分别对俯仰、滚转及偏航三类姿控发动机附近区域、控制翼耳片以及缝隙的流场结构作了数值模拟，给出了相应的热环境预测结果，这些结果与地面试验结果相符"。

进入新世纪以来，气动加热领域存在新问题需要研究解决。按照钱学森技术科学思想，即技术科学的目标是要创造工程技术的理论，以此引领工程技术的发展。从2005年起，我连续招收了3名硕博连读研究生从事气动加热的3项理论研究。技术科学的研究手段有理论分析、实验研究和数值模拟三种方法。模型解析理论分析是力学的传统方法。数值模拟是当今最热门的手段。高超声速流动的实验手段是稀缺的资源，只有极少数人有可能做实验。由于工程技术问题趋于复杂，传统的解析理论分析当前已很难看到，被遗忘了。只有数值模拟几乎在"唱独角戏"，数值模拟手段有很多优点，但其结果是离散的，多因素综合的，很难形成工程技术的理论。我就带着研究生将模型理论分析方法和数值模拟手段结合起来，力求得出近似数学表达式的结果。

王智慧于2011年5月完成的博士论文题为《尖化前缘气动加热受稀

薄气体效应和非平衡真实气体效应的工程理论》，我举行了一个很高档次的博士论文答辩委员会，包括俞鸿儒、张涵信、过增元等3位院士，共8位专家的评阅，由俞先生主持了答辩会，认为该博士论文"给出了当前难得一遇的原创性解析理论成果"。后来，王智慧的博士论文获选成为2013年中国科学院百篇优秀博士论文之一。此后，Springer出版社联系我们，说王智慧的博士论文被选中，要翻译成英文出版，后来已于2015年出版。Springer出版社在全世界范围内遴选出版顶尖博士论文工作，每年不足百篇，被选中是非常难得的。也因为这些成果，我的团队承担的国家自然科学基金培育项目"近空间飞行器的关键基础科学问题"重大研究计划（#90716011），因此被相关专家组确认"取得突出进展"而决定给予延续支持3年（#91116012）。除了参与国家自然科学基金委支持的基础性研究课题，我们还和航天工程单位开展工程应用型的合作研究，使部分研究结果在工程快速估算中得到直接应用。其中，和29基地（中国空气动力研究与发展中心）合作的一个项目荣获2015年军队科技进步奖二等奖，王智慧和鲍麟分别排名第3和第6。

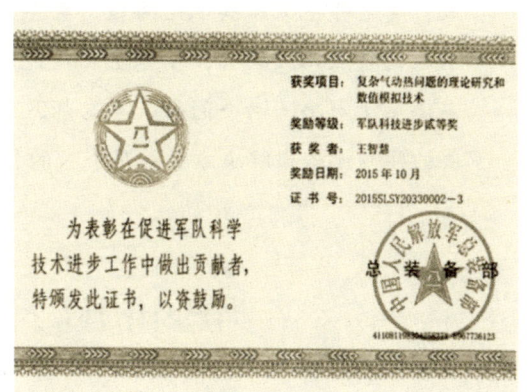

图7-1 王智慧的科研成果获军队科技进步奖二等奖（2015年10月）

通过几年的实践，在我指导下团队得到的这些有特色的研究结果，既可直接用于热通量工程估算，又具有工程理论的学术价值，因此，备受有关工程院所的关注，受到多个航天工程单位和相关院校的关注，已有两个航天工程单位主动和我们签署了研究合同，希望把我们的研究成果应用于两个国家重大专项之中。目前已见到部分成果在工程单位得到应用。

　　童先生和姜老师是各有特点的，在他们的合作中，童先生管科学，姜老师管工程。姜老师是我们空气动力技术研究院的，他一主要贡献是对烧蚀热防护，尤其在我们国家载人航天卫星和导弹的防热技术上做出了很大工程贡献，在我们飞行器的总体部门有相当高声誉。童先生学术界声望也很高，他是从流体力学转到对工程感兴趣的，他们两个合作20多年了，童先生为姜老师能解决问题的能力折服，姜老师被童先生严谨思路和学术上造诣吸引，他们两个一拍即合。童先生原来是流体力学的方向，跟姜老师认识之后才逐渐转入跟航天相关的气动热，防护这一块，合作之后就没有罢休，直到现在。几十年如一日，非常不容易。

两个人的特点很清楚，童先生更加注重学术提炼和理论成果的提高，姜老师更注重理论对他的指导，然后工程上实现。两个是相互交叉，姜老师也做一些理论问题，童先生也会关心工程应用。但是就两个人的特点比较而言，童先生比较追求整个理论水平认识的提高，他不满足于解决一两个问题，姜老师就是实践问题，工程部门急需要解决的问题他给出解决方案，两个人的指导方法也不同。①

当选中国科学院院士

我1997年当选中国科学院院士，也就是我70岁的时候。所以我就又继续做学术工作了。

童先生曾两次参评院士，当然是别人提名他的，但第一次没有被评上。后来，关于三维波动板理论的评价可能被钱伟长获悉，他评价这是一项了不起的研究成果，随即推荐童秉纲参评院士，钱伟长的推荐当然起到了至关重要的作用。②

---

① 艾邦成访谈，2014年10月5日，北京。资料存于采集工程数据库。
② 庄礼贤访谈，2014年3月21日，合肥。存地同上。

1997年，在评上院士之前，按照当时的规定，博士生导师70岁就应该退休了，我也做好安排，将自己的研究生安排毕业后，也不再招收新的学生了。我们在科大的同事和学生决定一起给我举办一次庆祝活动，来祝贺我的70岁大寿，地点就选在了现在的中科大专家楼。在宴会期间，很多同事都自发的到台上讲话，回忆1978—1984年期间的往事，我听了以后说："呀，很多事情，我自己都忘了，记不得那么多事情了，但是这个能看到大家深厚的友谊啊。"吃了饭以后，有一位徐立功老师一起走，徐立功跟我说：以后这种场面很难再有。我因他们的深情深受感动。

> 那个时候我们去参加庆祝活动都是自己掏钱，大体采用AA制的方式。然后我们几个在校的一些老师稍微多交一点，就把童先生跟晋老师的给垫上了。童先生一直不愿意要系里出面给他做这个事儿，所以以他学生的名义来做这个事儿。那个时候我们这些同事虽不富裕，但也谈不上很缺钱。校领导来参加也都是自己掏钱。①

1997年3月，张涵信、周恒、白以龙、郭尚平和俞鸿儒五位院士准备联名推荐我作为数理学部院士候选人。

周恒院士给我打电话，说："你送份材料。"我说："我今年70岁了，我不想干了。"他说："你这人怎么搞的，人家削尖脑袋往里钻，你怎么写份材料都不行？"我就写了。那年8月，当时我还在加拿大探望儿子，马晖扬通知我，让我回国补充材料，在中科院院士第二轮评选会前提交材料。到了1997年11月，经过数理学部全体院士会议的两轮筛选，鉴于我在流体力学中的非定常流、生物运动流体力学、涡运动等方面的工作，我当选中国科学院院士。

人的机遇，就像诸葛亮所说的"谋事在人，成事在天"，什么意思呢？就是说自己做事，不断地做，至于成不成那就不是自己的事，成事在天，天晓得，但是你做了再说。自己要不断地主动积累，等机遇来了，你就赶

---

① 尹协振访谈，2014年3月22日，合肥。资料存于采集工程数据库。

图 7-2　童秉纲中科院院士证[1]

上了这个机遇。第二个是"得道多助，失道寡助"，指自己得道，别人就会帮助你。

这种"得道多助"的情况以前也发生过。1979 年，中科大科研处的一位女同志，她看到了国防科委要评奖，就问我是否知道这件事，当得知我还不知道的时候就要我赶快填表，还帮我把表格送到北京。后来，1979 年我得了两个奖，这对我评教授、评博导也是有帮助的。1981 年底，我被国务院学位委员会评选为博导。评博导要求具备教授资格，当时如果论资排辈的话，我们系里还有好几位老先生比我大 5 岁左右，有两位还是国外得了学位的，教授还轮不到我，所以我也没想什么。1980 年，学校里下命令给系里，要求把童秉纲材料报上去，没有论资排辈。1980 我就被评上教授了。

我就是持着"谋事在人，成事在天"这种心态在做事情。

创建"生物运动力学实验室"

在 80 年代后期，我从加州理工学院吴耀祖那里访学回到国内，曾与庄礼贤老师一起指导博士生程健宇做过鱼游方面的研究，提出了三维波动板的流体力学模型及其相应的理论，为国际同行所肯定和运用。到了 90 年代，就放下了这一块的研究，开始做非定常流与涡运动方面的研究。到了 20 世纪末，我又重新开始做生物运动力学方面的研究了。

童先生和中科大联合再次启动做仿生力学，有多方面的原因：该

---

[1] 中国科学院院士证，档案号：ZS-001-060，资料存于采集工程数据库。

领域是力学与生物学相交叉的学科；该领域与机器鱼、微型飞行器的研制等国家重大需求有关；童先生曾在80年代后期做过这方面的研究，有一定的基础。①

生物运动力学分支学科简介

鱼类等水生动物和有翼昆虫等飞行动物经过了近亿年的进化过程，为了获取食饵、逃避敌害、生殖繁衍和集群活动等生存需要，经过漫长的环境适应的自然选择过程，发展了各具特色的在水中游动和空中飞行的能力，其整体功能渐趋优化，既可以在持久游速下保持低能耗、高效率，也可以在拉力游速或爆发游速下产生快速机动响应，为当前的人造航行器和飞行器望尘莫及。21世纪初，仿生学研究在国际上逐渐受到重视。

生物运动力学是将鱼类、昆虫等生物视为有生命的机器，需要研究它们在神经信号控制下，驱动其强劲的推进肌产生收缩动作（相当于原动机），形成波状摆动或拍翼运动，将肌肉中蕴藏的生化能转化为机械能，从而实现自主游动和自主飞行的科学规律。因此，该学科的研究任务是从整体上研究这些生命机器的力学设计概念及其理论，包括神经控制、肌肉力学、生物材料性能、生物的形态及其运动模式（运动学）、其推进和控制机制（生物外部流体力学）、能量转换及其效率（力能学）以及整体数值仿真等。

生物运动力学是一门交叉学科，其研究意义也是多方面的，一方面研究它的形态包括运动形式，分析其力学性能，以了解其形态的功能，即研究游动和飞行的力学效应对动物的生理学、生态学、动物行为及进化的相互影响，是生物学家所关心的一个重要方面；另一方面，研究他们的运动机制，为仿生技术提供科学依据，为研制新一代水下航行器、机器鱼、微型飞行器服务，是当前工程界所关心的一个前沿。

---

① 陆夕云访谈，2014年3月22日，合肥。资料存于采集工程数据库。

1997年，我评上院士之后，我的科研生涯可以继续了。这基本可以看作是我科研生涯的第三阶段。在这个阶段，我们主要是做生物运动力学和气动加热两个方向的研究。气动加热的研究，前面已经讲述。生物运动力学方面，我们与中科大成立了仿生力学研究的联合团队，建立了仿生力学实验平台，研究生院这边成立了一个中科院研究生院生物运动力学实验室，主要研究昆虫飞行和鱼的游动的流动物理。

1999年，中科大工程科学学院院长伍小平院士找到我说："中科大流体力学方面最近找不到大题目做，你有什么办法能够把流体力学这个摊子带起来"？我跟她提建议做生物运动力学，组成一个相对较大的团队。因为中科大近代力学系是很有实力的，我到研究生院之后成立的实验室是一个规模相对较小的实验室。因此，也需要与外面合作，取长补短，组成一个更大范围的团队。

从1999年秋天开始，我就开始着手推进这方面的研究：在2005年以前，将自己的硕博连读生全部定位于这个研究方向，自己也边学边干；联合中科大力学系的队伍组成团队，在中科大建立了三个实验摊子；营造国内外合作交流的环境，与国外专家建立协作关系或邀请他们来访交流，并密切国内同行之间的联系和合作；积累条件，逐步争取基金委和中科院等对这方面的支持。

组织这个团队，我作为个人可以成为主角，因为科大的老师大多是我的学生。但是作为团队来讲，以中科大为主，因为科大有实力。这样我们两边就组成了一个联合团队。

这个联合团队的主持人就是我的博士生陆夕云教授，团队一共有5个教授。我们与科大组成的联合研究团队，重视与国内有关研究力量建立广泛的合作研究关系，并发展国际合作交流环境。这个团队做了如下的努力。首先，规划好研究方向和近期目标是推进学科建设、能否取得成效的关键。例如，在申请第1期和第2期国家自然科学基金的重点项目时，我分别建议研究鱼类的机动运动和鱼类运动链的一体化作为选题。我认为，选题要考虑需要和可能，既要抓住创新的主流，又要切实可行。其次，这样的团队必须具备4种研究手段：活体运动观测、模型实验、数值模拟和理论模化，其中当务之急是要抓实验手段建设。基于团队的努力，我们逐渐为中国的游动和飞行生物运动力学研究打开了新的局面

生物运动力学的研究，一般需要四种研究手段，第一种是活体观察，就是观察鱼游和昆虫运动的实际情况；第二种是模型试验，就是做一个模型，让模型来模拟生物的运动，在模型装置上安置传感器，来测量运动中有关的数据；第三种是数值模拟，就是用计算机来模拟和计算；第四种是理论模化，就是用解析理论，或半解析半数值的办法来求解，探讨流动物理。要开展这方面的研究，这四种工具要齐全。科大方面就弄到一笔钱，把有关的实验室建立起来，搭建了颇具特色的仿生力学实验平台，包括一批符合研究要求的设备，如低速风洞、拖曳式水槽、回流式水洞和静水池以及多种先进测量仪器，他们也自行研发了一系列模拟机构，包括拍翼运动机构及控制系统研究平台，模拟鳗鲡游动模式的波状壁机构，模拟鲹科游动模式的单波长变振幅模拟器，模拟二维流动的肥皂膜装置等等。这样，团队就具有了展开研究活动的基础条件。

童先生这次重新开始做鱼游方面的研究，是要以鱼游来带起科大非定常流甚至是流体力学学科的新发展，同时也将科大的流体力学学科点的实验设备和技术带动起来。童先生根据对国内生物运动力学发展状况的了解，了解到北京航空航天大学的孙茂教授在昆虫飞行方面建立了团队，做了很多工作。所以想到或许鱼游方面的工作在国内没有人做，而且自己之前也有了一些工作作为基础，所以，童先生就找到我，看能不能将研究方向改到鱼游方面。

要再次进入这个研究领域，当然需要钱，需要设备。

童先生让我联系北大的湍流国家实验室，看他们能不能支持一下。但因为各方面的条件，没有争取到北大的钱。后来童先生说，建议我们先申请一个基金。所以童先生就申请了一个关于昆虫飞行方面的课题。他让我申请关于鱼游的课题，有了这些钱这个方向的研究就可以动起来了。另外刚好赶上学校211和985工程有专项资金，童先

生就去争取这笔钱，拿到了大概几十万，用来购买设备等等。从各个方面凑了些钱，启动资金就有了。然后还要团队的组建，科大这边有陆夕云教授、杨基明教授和我，还找了一个伍小平院士手下，搞光测力学的续伯钦老师。另外还找了机械系的一位老师。这时刚好赶上了中国科学院知识创新工程二期，陆夕云就到中科院基础局去争取，后来把这个课题作为中国科学院知识创新工程重要研究方向。资金有了保障，一些重要设备就开始建了。

下一步我们又申请到一个自然科学基金重点项目。除了科大，童先生还找到清华曾理江教授，还有北航的王田苗教授，搞机器鱼的，四家联合起来申请了这个基金。第一个重点基金做完以后，又续了一个，实际上做了两个重点基金的工作。

童先生是站在比较高的位置把握大的方向，组织队伍的事情，具体的研究工作由大家各自完成。[1]

同时，研究团队初步建立了国际、国内学术合作的环境。在国内外合作方面，一是刘浩博士（曾在日本理化学研究所和千叶大学工作）于2001年11月签订了中日双方计算生物流体力学合作研究协议书，每年到研究生院交流两次，每年8月在研究生院召开一次生物外部流体力学研讨会；二是加州理工学院的吴耀祖、佐治亚理工的吴镇远和台湾大学应用力学所的张建成教授都有合作意向[2]，国内清华大学曾理江（研究昆虫自由飞测量）、北京航空航天大学王田苗（研制机器鱼）、哈尔滨工程大学吴清铭（研制特种水下机器人）也有合作意向。[3]

2003年，中国科学院基础科学局将"飞行与游动的生物运动力学与仿生技术"研究列为中国科学院知识创新工程重要方向项目，由研究生院和中科大共同承担。

---

[1] 尹协振访谈，2014年3月22日，合肥。资料存于采集工程数据库。
[2] 张建成的来信，档案号：XJ-001-078、XJ-001-080，存地同上。
[3] 筹建中科院研究生院生物运动力学科研点的汇报提纲，档案号：SG-001-029，存地同上。

基于这些积累和研究基础,我们决定成立生物运动力学实验室。后来,由我所在的中科院研究生院物理学院出面向学校提出申请,于2003年4月13日由中科院研究生院下达文件批准成立了中国科学院研究生院生物运动力学实验室。

起初,实验室只有我和马晖扬两名教授和几名研究生,缺少青年固定人员,人员结构不合理,因此先后挑选了3名博士毕业生,补充到实验室中。于是,余永亮、鲍麟和王智慧就先后入职了。而今,余永亮已是教授,鲍麟和王智慧也已经是副教授了。

> 童先生主要做的是理论分析和数值模拟。那么实验怎么办呢?就是采取协作的办法,就是科大,他们比较大,所以他们建了水槽、水洞,专门做了这个方面的实验,然后和清华的协作也是做实验,我们这边主要还是做理论分析还有数值模拟这块。
>
> 我们说的"老科学家",他就是有这样的一种责任心,就是不是我一个人如何做这个事情,而是这个学科如何在国内可以推广,所以他就是看看如何通过协作来一起做这个事情。刚刚我说生物力学中,推动这个事情的是童先生还有崔尔杰他们,这种类型的事情很多,他有威信在那,还有人格魅力在那,所以他很能够把一些队伍组织起来。童先生当时做好几个重点项目,实际上就是通过这种形式组成一个联合团队,大家一起来做。通过童先生的努力把大家形成一个团队,使我们国内整个生物运动力学的发展,形成了队伍,形成了力量。①

要推动这个分支学科的发展,除了组建团队,争取经费外,还要营造学术环境,促进交流。我们这个团队就去申请关于仿生力学为主题的香山科学会议。

申请到的第一次是2003年10月21日召开的第214次香山科学会

---

① 马晖扬访谈,2013年12月16日,北京。资料存于采集工程数据库。

议,主题是"飞行和游动的生物力学与仿生技术"。我与中国航天科技集团701所的崔尔杰院士共同担任会议执行主席。在会上,我和陆夕云做了"关于飞行和游动的生物力学研究"主题评述报告,另外还有5个报告是我们的联合团队做的。这次香山科学会议分析了国内外生物运动力学及相关仿生技术研究现状,探讨了这个学科的一些重大问题和重大战略需求。后来,时任中科院院长的路甬祥院士又提议再开一次仿生学的香山科学会议,于是,当年的12月11日,以"仿生学的科学意义与前沿"为主题的第220次香山科学会议又召开了,这次会议我与中科院上海植生所研究员杜家纬,中科院院士李朝义和中科院化学所研究员李峻柏一起来担任会议执行主席。这个会议主题是仿生学,不只是仿生力学,还包括仿生化学,仿生物理等分支。我们以这个团队的名义申请到了一些经费,包括国家自然科学基金和中科院重要方向项目,都是前后两期,课题的申请人和主持人大多是陆夕云,经过这十年的发展,这个团队也发表了相当多的文章,取得了一些成绩。2006年陆夕云教授应邀出席在日本召开的"The 3rd International Symposium on Aero Aqua Biomechanisms"("第三届国际飞行和游动生物力学研讨会")做主题报告,介绍团队的研究成果。迄今,陆夕云等又多次在国内外学术会议上做邀请报告。

中国科学技术大学与研究生院的仿生力学学科发展是在童秉纲的设计和谋划下展开的[①]:

1. 组织研究队伍。首先在中国科学技术大学近代力学系建立了由1位院士、5位教授组成的团队,建立了三个实验研究组。在中国科学院研究生院成立了生物运动力学实验室。

2. 在本世纪初期,童秉纲组织中科大和研究生院申请两项自然科学基金面上项目;接着向中科院申请了知识创新工程二期重要方向项目和国家自然科学基金重点项目。最后又申请了知识创新工

---

① 摘自《十年磨一剑——童秉纲先生与中科大仿生力学学科的发展》。档案号:QT-001-132,资料存于采集工程数据库。

程三期项目和国家自然科学基金重点项目。这是学科发展的物质基础。

3. 学术环境营造。两次香山会议；2006年在日本举行的"The 3rd International Symposium on Aero Aqua Biomechanisms"大会上陆夕云教授应邀作了大会报告；2007年8月，在北京举办了题为"The Beijing Workshop on Advanced Biomechanisms: from Animal Locomotion to the Cardiovascular System"的中日双边国际研讨会。

4. 童秉纲力主建立一支由实验研究、数值模拟、理论模化相结合的研究队伍。科大建成了一个在国内外有特色的仿生力学实验平台：包括一座低紊流度低速风洞，一座拖弋式水槽，一个小型回流式水洞和一个静水池；配备了测试仪器，包括热线风速仪、粒子成像速度仪、三维激光测速仪、测力天平、高速摄像机；自行研发了一系列模拟机构，包括拍翼运动机构及控制系统研究平台，模拟鳗鲡模式鱼游运动的波状壁机构，模拟鲹科模式鱼游的单波长变振幅模拟器，模拟二维运动的肥皂膜装置。

原创性成果

经过几年的努力，整个联合团队在这方面都取得了阶段性成果。而我们这个实验室自成立以来，根据自己的特长，并借助科大的实验平台，在鱼类机动游动及昆虫拍翼机理的研究取得了一些原创性的研究成果。

一个是"昆虫拍翼的流体力学机理研究"。这也是余永亮[1]的博士论文题目。当时为什么选这个题目呢？2002年，孙茂教授的文章发表后，我

---

[1] 余永亮（1976-），四川临水人，中国科学院大学物理学院教授。2004年毕业于中国科学院大学物理学院，留校任教。从事飞行与游动生物运动力学以及非定常流与涡运动方向的研究。

第七章 "很晚创业，小有成就" *157*

说:"我们再做数值模拟的工作已经没有意义了,永远也赶不上他,因为计算程序不是短时间内能搞出来的,我们必须要另搞一套。那搞什么呢,就搞理论模化。"要做理论模化,首先得建立简化的理想模型。我们先把拍翼变成二维的往复拍动。方程怎么简化呢?原本空气动力学中大雷诺数运动可以简化为无粘流,但是像昆虫,它的雷诺数很低,只有两三百左右,似乎不能简化为无粘流。如果用N-S方程又太复杂了,不具有可操作性。但由于其非定常性很强,斯特劳哈尔数接近于1,两个相比的话,雷诺数分之一是次要的,所以就又可以简化成无粘流,就是在强非定常流动之下依照无粘流来算。这样,方程也大大简化了。这种简化是否妥帖,我心里还没有把握,我想要听听别人的意见。2001年我到浙江湖州开会,我就在会上就这种简化处理方法做了一个报告,美籍华人教授吴镇远认为这种处理方法可以。我们就依照这种方法做了。这就是强非定常流动可以抑制黏性效应的判据,为生物外部流动理论建模提供了重要依据,首次用势流理论阐明小型昆虫翅翼强非定常运动和前后缘分离涡控制是中小型昆虫高频扑翼飞行的高升力来源和流动本质,即附加惯性效应、前缘涡控制和后缘涡控制。

2003年,我们的文章发表在《力学学报》的英文版上。有一个《流体力学年鉴》(*Ann. Rev. Fluid Mech*),每年出一期,都是最权威的人来评述各个领域的进展。在2011年的流体力学年鉴上,请吴耀祖来综述鱼游和昆虫飞行方面的进展,题目叫"*Fish Swimming and Bird/Insect Flight*"。在这篇文章中,他认为,昆虫的大攻角拍动这个领域近期有四篇代表性论文,分别是1996年英国人Ellington测量昆虫拍翼的流场显示的工作。1999年,美国人Dickinson做了一个拍翼的机构,在机构上安装测力的传感器,来做模拟实验的工作。还有北航的孙茂教授,他用三维的纳维-斯托克斯方程数值模拟昆虫拍动。我们的理论模化工作是第四个。文章中用了相当多的篇幅来叙述我们这项研究的内容。而且,在这篇综述文章中,引用了我们团队7篇论文,这个也是很少有的。2010年,吴耀祖给当时中国科学院的院长路甬祥的信中说,中国学者在过去10年参与研究了国际上这个最活跃的分支领域(昆虫飞行),他们真正使中国的这些研究进入国际科学舞台。后来，余永亮留在实验室工作之后继续在这个领域开拓，做出了一些新进展。

图7-3 余永亮博士学位论文答辩会合影
（2004年6月30日，前排左一陆夕云、左二童秉纲、左四余永亮）[1]

另外一个成果是我们首次建立了二维变形体动力学方程，并将它与流体力学方程耦合计算。在鱼类游动的力学研究中，一个重要问题就是鱼在急转弯时的力学特征问题。这个问题的研究首先从杨焱博士开始，后来经过刘庚博士——杨焱后面就是刘庚——他在 *Physic Review E* 上发表了两篇文章，解决了鱼类急转弯问题。最终，我们建立起满足系统动量和动量矩守恒的生物体自主推进模型，实现了鱼体自主推进的数值计算平台，首次获得鲹科鱼类定速前游的尾迹涡结构以及成功地分析了强机动转弯流动物理。也因为这方面的工作，刘庚毕业后被弗吉尼亚大学的华人教授董海波选中，去做了博士后。

第三个成果是余永亮独立建立了流体力学中的虚功率原理，用虚功率

---

[1] 档案号：ZP-001-076，资料存于采集工程数据库。

把物体受力和流场中的广义力联系起来,构建起分析流体力学的框架,并由此导出流体作用于物体的力和力矩的定理,阐释了流场中多物体之间的相互作用关系;从理论上解答了大雁群飞人字排列减阻的空气动力学机理。这个工作为分析生物体变形的推进机制以及生物体之间相互作用机制提供了有力工具。

图7-4　中国科学院大学刘庚博士论文答辩合影（2013年5月,前排左一余永亮、左二马晖扬、左三陆夕云、左五童秉纲、左六刘庚）[①]

这个交叉学科研究已推进了10多年,可谓"十年磨一剑",通过团队的集体努力和多种研究手段的相互配合,做出了一批成果,其中一部分发表在国际著名刊物 *PRL*（*Physics Review Letter*）、*JFM*（*Journal of Fluid Mechanics*）、*PoF*（*Physics of Fluids*）上。与此同时,国内的同行也纷纷做出了具有国际影响的高水平研究成果,表明中国在该研究领域已形成良好的局面。

在此期间,我们研究室有5名博士生在该领域取得学位,其中有创意的主要成果有:(1)率先对小型昆虫拍翼的低雷诺数、强非定常流动提出了理论模化的解析途径,归结为二维平板的非定常势流绕流问题,由此揭

---

① 中国科学院大学刘庚博士答辩合影,档案号:ZP-001-095,资料存于采集工程数据库。

示了拍翼的物理机制;(2)率先给出鱼体的二维变形体动力学方程及其与 N-S 方程耦合的计算,建立了鱼体自主游动(包括强机动)的计算平台。(3)率先建立了鱼类运动链一体化正问题的理论模化研究框架并开展鲫鱼的形态和肌肉组织材料性能以及肌电图的实验测量。

另外,在航天器气动加热研究领域,我们也取得了颇具新颖性的"工程理论"结果,如王智慧的博士论文,也属于"原创性"之列。他采用模型理论分析方法提出了尖化前缘气动加热受稀薄气体效应和非平衡真实气体效应的判据,揭示了两种效应耦合作用对气动加热影响的物理机制,并构建了预测热流的桥函数公式。该研究具体实践了"工程科学"思想,在当前该领域研究严重依赖数值计算和经验公式的大背景下,走出了另一条可行的道路。

附:童秉纲漫谈"成功之道"

我的经历可以总结为"艰苦求学,国难当头;投身建设,岁月良多;逆境很长,挨批挨斗;很晚创业,小有成就"。我的做事哲学可以概括为"精心筹划,真诚合作;锲而不舍,讲求成效",做人"要勤奋、要认真、讲诚信、讲和谐"。

我 45 岁才开始科研,只能说"小有成就",怎么可能大有成就?如果谈"成功",我想可以总结为四条。

第一条,我内心坚强。我的人生遭遇了"三起二落",如果我的心理状态不好的话,恐怕我早已不在世间,这说明我的心理状态是坚强的。而这种心理状态又与我从小形成的价值观有关系。即使在最艰难的时候,我都没想过随意结束自己的生命。我从小就吃苦,母亲培养我很不容易,我如果死了,母亲以后怎么办?人活在世上总得要为社会做点事,有点贡献,所以即使在饱受摧残的"文化大革命"之中,我依然保持良好的心态。1972 年,我从"文化大革命"的牢狱之灾(3 年半)解放出来,紧接着就被安排去干科研，这放在一般人身上，情绪上一时很难转过弯来，但当时我一做起事情就把一切苦难都忘了。人家说我是阿Q精神。当时有几种选择：要么索性甩手不干了；要么凑合干一下，应付了事。但我却是用全副精力干活的。人家也许要问我，为何刚刚遭遇大难，我的科研起步却能如此迅速呢？其实，多年的教师生涯让我具备了很好的逻辑思维能力，科研跟教书有共性，我在教学之中受过锻炼，再去做科研，自然更加得心应手。

第二条，我的一生总是不断奋斗，不断积累。我是个有抱负的人，不甘于庸庸碌碌，所以做完一样事还得做新的事。可以用一句话概括我的价值观——谋事在人，成事在天。自己要做事，要不断地做，至于成不成，天晓得，但是做了再说。

第三条是"人际机遇"。我的学术经历有两件大事：一个是当选博导，一个是当选院士。这背后都有很多的无名英雄帮助我。

当选博导这件事我一开始并不清楚。1980年，国家公布学位条例；1981年就要选博士点，必须是教授才能被当选博导，而我当时还是个副教授。我在1956年评为讲师，过了22年，也就是1978年才是副教授，当副教授，我51岁了。当时如果论资排辈的话，我们系里还有好几位老先生比我大5岁左右，都未任教授，他们中有两位还是国外得了学位的，教授轮不到我，所以我什么也不过问。但是，学校没有论资排辈，选中了我。1980年，我被评为教授，教授当时有规定，学校评的教授还得要报安徽省批准，但是学校就不管了，直接上报我为博导候选人。1981年冬天，安徽省评我教授的通知和博导的通知同时到达。

上报的过程还有一段故事，我们科研处的一位女同志，她看到了国防科委要评奖的通知，她问我："你知道不知道？"我说："我不知道。"她说："你赶快填表，我给你送到北京去。"于是我填了表，她给送到北京去。在1979年我得了两个奖，这也是为我评博导、评教授有帮助的。

1997年，我当选院士。这中间有很多际遇。1985年，我从5月开始到10月，在吴耀祖教授那里跟着他学习。如果我不到加州理工学院去的话，我不会因做鱼游而出彩，恐怕也很难有当选院士的条件。而在评选院士过程中，我没有专门为这个荣誉去找过任何人。当时院士评选是由5位院士一起商量的，他们一致想要推荐我当院士候选人。天津大学的周恒院士给我打电话："你送份材料。"我说："我今年70了，不想干了。"他说："你这人怎么搞的，人家削尖脑袋往里钻，你怎么写份材料都不行？"于是，我就写了份学术成就的材料，结果就当选了。用一句成语来说就是"得道多助，失道寡助"，如果我为人不好，怎么可能有这种机遇呢？

第四条，我要不断做事，凡做一件，就要成功一件。就科研来说，永远要冒险的。做创新工作不冒险哪行。但是，我们有一句俗语叫"有志者事竟成"，还有一句是"取法乎上，仅得其中；取法乎中，仅得其下"，就是说如果你的标准放在上等，那么你可能最后结果只能是中等，我做的事尽量要往好处做。再有一个，就是发挥群体作用。个人的力量是微小的，我一个人能干多少事情？因为我很晚才做科研，所以更要依靠大家的力量，团结合作，"一加一大于二"。除此之外，与人为善，己所不欲、勿施于人，待人以诚、言而有信……这些人生箴言，都深深地烙入我的血液之中，形成了我的人格，这些与我自小受到的家教与师教密切相关。最近我家乡的张家港市第一中学，它的前身是我就读的梁丰中学，他们出版了一本涉及校史的书《与物为春》，其中有一章，主要讲"童家的故事"，其中第一句话就说："童家的子女都是有出息的，当地的人，老的人都说童家的子女都是有出息的。"这都是我母亲的功劳。家教、师教在我们那个年代社会比较朴素，特别讲究这套东西。

现在的时代，你们在同样的条件之下，你是不是能脱颖而出？关键是你自己要培养自己。重要的是你自己的主观能动性怎么样，你有没有志气沿着你的途径来发展自己。以上是我对个人成就的一点概括，希望对大家有所启发，大家可以思考。

附:《涡运动理论》成书过程

尹协远

图 7-5 尹协远[①]

尹协远:(1940—),中国科学技术大学教授。1963 年毕业于中国科学技术大学近代力学系。1963 年留校任教。主讲过"流体力学"、"高等流体力学"、"非定常流与涡运动"、"环境流体力学"等本科及研究生课程。研究方向为旋涡动力学和涡控制、计算流体力学,环境流体力学等。与童秉纲同事以及合作 30 余年。

一、背景

20 世纪七八十年代以来,对"流体力学"学科的发展,林同骥先生曾形象地形容是从"空气动力学"从一枝独秀到多分支、交叉学科的百花齐

---

① 照片来自采访视频截图,档案号:SP-001-009,资料存于采集工程数据库。

放，五彩缤纷。在经典流体力学领域也经历着从"附着流"到"旋涡分离流"，从"定常流"到"非定常流"研究的转变。

上世纪 80 年代，国内活跃着这样几个群体，一个是以张涵信院士为首的研究"分离流"的团队，发起召开了"全国分离流学术会议"。当时研究焦点主要是分离流场的拓扑结构，三维分离准则什么的。另一个是以童先生和崔尔杰院士为首的学术小组，旨在促进国内"旋涡流动与控制"的研究，发起召开了"全国非定常流和涡控制学术会议"。这两个会议分别两年召开一次，后来它们又合并为一个学术会议，叫"分离、旋涡及流动控制"，一直持续到现在。1990年童崔两位先生还在承德举办了"非定常流和涡控制"暑期讲习班。在此基础上，由童秉纲、张炳暄、崔尔杰主编，组织专家们编写了《非定常流与涡运动》专著，1993年由国防工业出版社出版。这是国内第一本全面介绍非定常流和涡运动知识和当代发展现状的专著。可惜因为编辑仓促，印刷错误较多，各章风格也不尽一致，但瑕不掩瑜，这仍旧是一本内容很好的书。此外，628所的吴介之教授也在积极宣传和推动"涡动力学"研究，先后组织了北航会议，中科大、江苏大学系列讲座和南航会议，在此基础上，1993年由高教出版社出版了《涡动力学引论》（吴介之、马晖扬、周明德著），这是国内第一本论述涡量和涡动力学的专著。在此期间，1989年，庄逢甘、张涵信、崔尔杰三位先生还组织和推动了国家自然科学基金重大项目"旋涡、激波和非平衡起主导作用的复杂流动"课题的立项，有力地推动了非定常流与涡运动领域研究的发展。

童先生和我们组成了"非定常流和涡运动"课题组。这个组是国内率先进行这个领域研究的小组之一，是一个公认的活跃的研究群体。例如，童先生的第一个博士生李潜（现航天11院研究员）的博士论文就是研究"涡团法"的，另一个博士生朱克勤（现清华大学教授）的博士论文是用"面元法"研究大攻角下三角机翼的非定常运动，另一个博士生王东耀研究了"确定性涡方法"。组内成员如马晖扬"涡核破碎"的理论研究，尹协远"细长机翼大攻角非线性涡升力"和"旋拧流不稳定性"的研究等也各具特色。

二、成书

除科学研究以外，童先生在北京的中科院研究生院，尹协远和朱克勤在合肥的中科大近代力学系先后开设研究生课程，讲授涡运动理论。在讲授过程中，我们深切地感到编写一本研究生教材十分必要。当时国内外已有几本专著出版，如上述的《非定常流与涡运动》和《涡动力学引论》，国外还有 *Vortex Flow in Nature and Technology*（Lugt H J, New York: John Wiley & sons, 1983）、*Vortex Dynamics*（Saffman P G., Cambridge University Press, 1992）。但是，这些作为教材，或是内容过多，或是过于专深，对初学者难度较大。因此，童先生提出根据我们在中国科学技术大学研究生院（北京）和近代力学系的讲稿，编写一本研究生教材。这本教材应成为从本科流体力学基础教学过渡到涡动力学前沿研究之间的一座桥梁，使读者了解前沿研究所必需的基础知识和工具。学时在40—60之间，即2—3个学分，一学期授完。

这给选材提出了很高要求。内容要求少而精，既要有系统性、基础性，又要有前瞻性。力求做到物理概念清晰，论述严谨，同时也有必要的数学演绎。即使是经典的内容，也力求用现代观点加以阐述。本书的大致结构是从讲述涡量场（分布涡）的运动学和动力学的普遍特性开始，继而讲述三种典型的旋涡（集中涡）形态：面涡（剪切层），线涡（细长柱状涡）和点涡，再讲到旋转流体中的涡，最后介绍了基于涡量动力学方程产生的涡方法。这就构成一个比较完整的体系，反映了涡运动的基本规律和基本理论，有助于把握涡动力学的物理本质，再进一步可以研究更深的专题。

选材中除经典的内容外，也注意介绍了若干具有基础意义的新进展。例如，在涡量场特性中介绍了helicity（螺旋度）和enstrophy（旋涡拟能）概念，在第二版中又增加了诊断复杂流场中涡结构的几种定义，这在当前湍流研究中经常出现。在面涡一章中面涡卷起时奇点形成和非线性演化；在线涡一章中涡索中的弧立波，以及点涡系的混沌等，都是现代研究中的新内容。

童先生为写作本书倾注了他的大量精力，除为本书确立框架结构，选材内容以外，还亲自撰写了第1章绪论和第8章旋转系统中的流体运动两章。绪论是全书的灵魂，提纲挈领地论述了研究涡运动的内容、方法和意义，给出了贯串全书有用的控制方程。旋转流体中的涡是地球物理流体力学的重要内容，在海洋、大气运动中普遍存在，缺少了这一章，涡运动理论就是不完整的。在这里，涡运动受到大气斜压性和科氏力支配，呈现更复杂的图像。

对于其他章节，童先生也是逐字逐句的修改，直至标点符号。我记得当时他已调回北京的中科院研究生院，为了本书多次专门到合肥来。当时计算机软件还没有现在这样先进，我们专门请了系计算机机房的同志中文打字，打了改，改了再打，反反复复地修改。

三、影响

据我所知，本书是国内第一本关于涡运动理论方面的简明教程，1994年出版，受到普遍好评；为庆祝建校50周年，作为中国科学技术大学精品教材，从2009年1月出版第2版，到2009年4月第4次印刷，印数达6500册。对于这样一类专门教材，读者群是不大的，能够4次印刷，我们还是感到欣慰的。

本书出版后的两年，童先生于1996年应邀去台湾成功大学航空太空系讲学，我们特意把几十本书从合肥邮寄到台湾，以备讲课之需。但童先生意外地发现，该书在台湾已有出售，这说明本书得到海外的认可。

本书承蒙吴介之教授评介，他说，"本书的选题本身就是一个成功"，"各章的选题和每章内容的选取，既是简洁的、必要的，又是现代的，包含了若干具有基础意义的新进展"，"是一本难得的好书"；"这里反映了作者举重若轻的功力，丰富的教学经验和编著时的精心"[①]。当然，对于书评中的溢美之词我们应该保持清醒谦虚的态度待之。

---

① 吴介之推荐《涡运动理论》，档案号：PJ-001-024，资料存于采集工程数据库。

我随手在网上搜一下反映，如当当网上对本书有134个评价，其中132个是优，两个是中。摘其中评价如下，

"正在找这方面的内容！内容不错，如果精装就更好了！"

"师兄推荐的书，正在看，感觉非常不错"。

"科大的书，出的就是经典，精品！值得我好好研读，学习。学习流体力学领域的同仁，可以买回来看看，我觉得很值得！"

"不愧是中科大的精品教材！"

第八章
育人之道

  我归根结底是一名教师，教书育人是我毕生的追求。我始终秉承钱学森"技术科学"的思想，选择自然界和航空航天领域中受关注的典型实际流动问题，拓展模型理论分析方法，提供新的理论答案及其流动物理，培养理论功底扎实的研究人才。1981年，我被国务院学位委员会批准为流体力学专业第一批博士生导师。我本身没有博士学位，没有博士学位的人培养博士生本身就是一个难题，所以30余年来，我始终在思考，如何培养博士生才最为合适？通过多年的摸索，我形成了一套培养模式，即由导师、副导师和博士生组成科研团队，将博士生培养与科研进展融为一体。30余年来，我共培养了22名合格的博士，特别是最近10年，我的工作相对没有以前那么繁忙，我将全副精力都用来培养研究生。我的最后一名博士生张薇是2014年毕业的，当时我已经87岁。这些学生中，有的已经成为国内流体力学领域的中坚，如朱克勤、陆夕云；有的已经在航天部门担任重要角色，如艾邦成、俞继军；有的正在快速成长，如余永亮、鲍麟、王智慧等。在培养博士生的过程中，我也不断地在思考和总结一些方法，积累了一些经验。

合格博士生的三条要求

近代大学的诞生至今不止一百年了，实际上学位制建立之后就一直存在两种教育模式：一种是本科教育，本科教育主要还是知识传授型，主要以上课、考试为主，当然也要培养独立工作能力，但主要是传授知识，他只要把各门功课考及格就能毕业。另一种是研究生教育，硕士生是博士生的初级阶段，博士生的教育模式是独立研究型，他的培养方式不一样，是由导师单独培养，有点像以前的私塾一样，目标是培养他独立从事科学研究的能力，做创新性研究的能力，所以他的博士论文应该有相当水平的创新性成果。

按照学位条例，一个合格的博士生，从业务、知识水平和能力三方面来讲，有三条要求：

其一，在本门学科上掌握坚实宽广的基础理论和系统深入的专业知识。掌握坚实宽广的基础理论，还有系统深入的专业知识，并不仅仅是指要选修多少门课，而是指他真正读懂了，是深读而不是浅读，也就是对有关的基础理论达到真正理解它的深度，而不是"不求甚解"。

其二，要具备独立工作的能力，独立工作能力是对博士的基本要求，因此学生需要有丰富的想法和实在的能力。这里强调的"独立"，就是指学生要从头至尾是研究的主角，什么主意他自己拿，而作为导师，我只能起到从旁帮助的作用，指点把关。他选了一个题目以后，他怎么进行调研，怎么提出问题，怎么进行研究，都是他的事。例如，现在我指导的研究生是硕-博连读生，学制为5年，他能不能毕业？能不能按时毕业？其实完全取决于他独立工作的成效。现在研究生除了第一年要上课，第二年以后不上课了，都是独立研究。天天都像星期天，能否顺利毕业就要取决于他们是否善于利用时间。博士生要获得学位，不像本科通过考试一样，考试及格就能毕业，而是要独立做出论文来，符合质量，而且具备了独立从事科研工作的能力。他的知识来源并不完全靠老师的传授，导师只能给他指点，而他应该向所有各方面的专家请教问题，包括给海外的科学家发E-mail向人家请教。总之，他是独立自主的。这种培养模式是从西方学来的，这样才可能培养出创新型的人才。

其三，在科学或者在专门技术上做出创造性的成果。什么是创新性成果呢？就是前人没做过。研究生要做创新性工作，就要学会在研究中善于提出问题和解决问题。就是你对某一个领域首先要抓住问题，要会提出问题，所谓提出问题本身就是要提出那些新的很有价值的而且重要的科学问题。然后你对这个新问题要考虑如何解决它。做基础性研究就是一个不断提出问题和解决问题的过程。什么叫新结果呢？一是其内容和结论是新的，二是其内容和研究方法都是新的，还有一种是内容以前有人研究过，但是用全新的方法来做的，异途同归。

多年来，在博士生的指导工作中一直存在着两种模式。一种是以导师的研究框架为中心，由博士生来填充和发展这一框架，前后接力，形成系列成果；一种是根据新任务或新动态，鼓励博士生去独立耕耘，闯出自己的新世界。我始终坚持后一种培养模式。我总是为每一位博士生提出新的问题，希望他们能够独立构建一个新的研究框架。在研究的过程中，我会及时适当地对他们进行指点把关，扶植他们难得的自主意识和创新努力，并定期让他们汇报自己的进展与心得，在讨论与交流之中提升与完善他们的研究工作。

选题至少要有三个创新点

培养博士生的首要目标是什么呢？我觉得，博士生最重要的是具备独立从事科研工作的能力。导师应该为他提供一个具备开拓性的完整题目，启发他独立搭建一个崭新的研究框架，做前人没有发现和探究的事情，这才能充分培养学生的创新能力。我给每个研究生出的题目，在体量上都够得上一篇博士论文，而且需要通过他自身的独立工作来完成。我们的科研团队包括导师、副导师和研究生，一般有三到四个人，副导师有时还是从外校聘请的兼职导师，在我们的团队中，主角是研究生，他们需要独立自主地完成任务，导师和副导师所起的作用往往只是指点把关。现在有些导师只是让学生帮忙干点杂活儿，学生自己怎么能得到成长呢？所以在美国和日本这些国家，即使像国家实验室这种科研机构，包括NASA等，都不得招收研究生，研究生只能在研究型大学中培养，大概就是为了防止"因为任务很大，就要学生去打工、干杂活"这种事情发生。

所以，我给博士生提出的往往是该领域重要的、有前瞻性的博士论文题目。这些题目，有的出自刚刚申请到的国家自然科学基金，这些获得资助的题目都是具备创新性的比较新的，有的则是预先储备的，我们正准备做的，让研究生先做起来，到一定时候再去申请基金或者别的项目。一般的工程项目我不做，工程项目虽然可以拿很多钱，但要让学生做琐碎的事情，如何能培养高水平的人才呢？

在博士生入学时我就提出明确要求，他们的博士论文至少要三章具备创新性，至少有三个创新点。比如，在最近十几年中，余永亮的博士论文是很突出的，他的研究题目是《昆虫前飞拍翼非定常空气动力学的理论模化研究》，一共发表了三篇学术论文，也就是说，他的博士论文具有三个创新点。其一，"对小型昆虫拍翼引起的强非定常粘性流动作理论模化的解析途径"（2003），也就是说，在这种情况下，能否对N-S方程略去粘性项，简化为无粘势流的拉普拉斯方程？我们发现，这是可行的。由于非定常性判据ST远远大于粘性效应1/Re，从而建立了对该问题得以做解析理论分析的新方法。经过检验，我们计算出的升力变化规律，与前人得出的实验和数值计算结果一致。其二，"昆虫前飞时，往复拍动的非对称性的流动控制机理研究"（2005）。当时研究昆虫拍动还限于悬停状态，我们首先涉及前飞问题，而且是采用了理论模化的方法，做出了流动控制机理分析。其三，"昆虫拍翼方式的非定常流动物理再探讨"，基于上述理论模化的方法，发现昆虫悬停状态的非定常升力来源于三个因素：一是拍翼运动的附加惯性效应，但是每个周期的平均升力为零；二是翼前缘大攻角引起的前缘脱涡效应；三是翼后缘脱涡效应。原来人们的认知是归功于前缘脱涡，但是我们的发现是：高升力主要取决于后缘的脱涡。

图 8-1　童秉纲、余永亮游览浙江莫干山合影[①]（2001 年 10 月 30 日）

余永亮博士论文的这三个亮点，诞生的过程是复杂而曲折的。我们知道，昆虫的拍翼跟鸟的拍翼不一样，鸟的个体大，昆虫很小，大多数昆虫尺寸才几个毫米，其拍翼频率在 100 赫兹以上，就是每秒钟拍 100 次以上，其拍翼方式除了往复运动以外，在往复运动的两端还急速旋转、变角度，靠这个动作来产生高升力。关于昆虫大攻角飞行的空气动力学研究，目前公认的有 4 篇开创性论文。其一是 1996 年，英国的 Ellington 开始做活体测量，然后 1999 年美国的 Dickinson 做了很大的拍翼模型来做模拟实验，尽管当时活体测量有人做了，模型实验也有人做了，但对于自由飞行的昆虫来说，精准测力是不现实的。国内北航的孙茂教授，

---

① 2001 年 10 月 30 日，童秉纲（左）在出席学术活动后与博士研究生游览浙江莫干山，档案号：ZP-001-071，资料存于采集工程数据库。

2002 年在 *JEB*（*Journal of Experimental Biology*）杂志上发表了三维 N-S 方程数值模拟结果，讨论拍翼产生高升力的原理。后来，晚了一年，余永亮等 2003 年在中国的刊物，就是英文版的《力学学报》上发表了文章，讲了拍翼的理论模型，就是理论模化工作。这项工作受到了国外和国内的高度重视，生物运动力学创始人之一吴耀祖在其 2011 年 *Ann.Rev.Fluid Mech.* 文章中做出高度评价；另外，还有英国一个学者的论文，指出了这些创新点；再有，孙茂教授写的国内生物运动力学发展史也专门提到，认定这是昆虫飞行研究的亮点。应该说，做这样一项研究有难度，也是有压力的。

我记得余永亮在攻读博士学位之初，我们目标还不明确，起初也想试试数值方面的途径，后来发现孙茂老师发表了三维的数值模拟以后，我们就得另外考虑。如果我们也做数值模拟，不可能赶得上孙茂，他连三维数值模拟都做出来了，我们如果要发展计算程序，在时间上是不允许的。我

图 8-2　鲍麟博士学位论文答辩后合影（2007 年 1 月 15 日，由左至右依次为余永亮、马晖扬、鲍麟、童秉纲）

们唯一的选择只能是理论模化，即模型理论分析，做成半解析半数值的。要做模型理论分析，必须要对 N-S 方程做简化。那么对非定常的小型昆虫而言，拍翼的雷诺数非常低，只有 200 左右。按照原有的观点，雷诺数那么低的话，你不可能简化成为一个无黏流，但是我们认为在强非定常情况下是个例外，可以把 N-S 方程简化成为势流方程，不考虑黏性。所以这个关键突破以后，就做出来了。我作为导师，当时也很有压力。孙茂老师曾问我，说你准备怎么做呢？我跟他说，我肯定做的和你是不一样的。所以从那以后我们就相互信任了，他那里毕业的学生我不能要，否则会被误解为"要他的计算程序"。

与此相关的是鲍麟的博士论文。他做的是昆虫翼柔性变形的力学效应，这在本世纪初是一个突出的重要难题。我确定这个题目时还征求了美国 Dudley 教授的意见，他认为这是很合适的选题。鲍麟最终搭起了该领域的研究框架，重点是对实验结果的分析，建立了蜻蜓翼乃至其他昆虫翼材料的黏弹性本构关系，该论文被上述吴耀祖教授的那篇评述文章所引用。

还有一个例子是气动加热的理论模化研究，就是用模型理论分析的方法来解决。王智慧的博士论文，研究的是近空间飞行器尖化前缘气动加热受稀薄气体效应和非平衡真实气体效应的工程理论，这也是一个很难的题目。该题目源于高超声速稀薄气体流动中气动热的解析表达式。由于利用数值模拟和经验公式的办法，无法得到规律性的结论，因此，我们决定采用求解近似解析解的办法，提出稀薄流动判据，构造出了预测热流的桥函数的解析式，而且率先给出了高温气体分子离解和复合反应的非平衡流对热通量影响的解析表达式。论文答辩委员会认为该博士论文"给出了当前难得一遇的原创性解析理论成果"。

因此，我总是对我的博士生说，一篇博士论文最少要给出三个亮点，这三个亮点既能证明自己的能力，也能说服专家，只有这样的严格要求，他们的博士论文才能在科学或专门技术上得到某些创造性的成果，他们才算得到了独立从事科研工作能力的锻炼，达到博士学位的要求。

图 8-3　王智慧博士学位论文答辩后合影(2011 年 5 月 15 日，从左至右依次为姜贵庆、童秉纲、王智慧、俞鸿儒院士、鲍麟)

"拔高"的博士论文要求

培养博士生，首先要为他们寻找一个在该领域中有前瞻性的、有生命力的博士论文题目。然而，虽然题目目标明确，但究竟每一步该如何进行，我自己也无法一下子都想出来，需要逐步试着办。所以我给研究生布置题目时，一般只能大概说一个背景、范围和目标，要他们自己去准备调研。我这几年培养的都是硕博连读生，这些学生名义上是念五年，实际上往往要念到六年。我发现有这样一个规律，他们在逐步进行博士论文工作时，早的话是第三年，晚的话是第五年，突然会"开窍"，冒出新思想，这个题目究竟是怎么样做法，会越来越明朗，结果往往会发现前人没有考虑过的新的途径。假如我一早就给学生布置，像工程任务一样，那一定会大大削弱他们的创造力。所以，在布置论文题目的时候，虽不能说完全未知，但我总会给他们布置一个并不那么清楚的问题，让他们自己去摸索，自己寻找研究手段和方式，包括论文的结构框架，都让他们自己去考虑，这样他们才能真正具备独立研究的能力。

我对延期毕业是有心理准备的，三年毕业是不太可能的。大概1994年9月份，童老师到合肥检查我的论文进展情况，我给童老师做了细致的汇报之后，他跟我讲：你的论文高度不够，还要增加一章。增加一部分什么内容呢？我的论文一直做得是静态物体的流场分析，童老师说他希望这个物体能动起来，然后分析它的流场稳定性。而此时，我心里完全没底，之前也没有调研过，还要重新摸索技术路线。因此，我感觉心理压力很大，因为我此时已经在延期期间了。后来我明白了童老师的考虑，他就是要我们再上个台阶，迈过一个门槛。这个过程对我终生都有影响。①

我的学生一般读到研究生第三年或第四年，脑子突然就开窍了，为什么呢？这其实是他们在自我摸索中，实现了学习型向研究型的转变。我们的研究生，大学毕业时通常还是学习型的角色，只会读书，但对如何研究思考少有锻炼，而经过自己的一番摸索，当他们转变为研究型学生以后，效率就大幅提高了。而这个时候，我往往会对学生的博士论文提出"拔高"的要求，让他们把这种研究型的状态多维持一两年，促进他们学术能力的再次升华。这种"拔高"，往往就是在已有的基础上，添加一章或两章使他们的博士论文在理论上走得更远一些，可想而知，这种"拔高"难度是很大的，但对学生更长远的学术研究能力培养又是必要的。在这种激励之下，他们能更好地发挥自己的学术研究潜能，在研究中达到豁然开朗的境界，学术能力得到更进一步的提升。所以，我们的博士培养一般比标

---

① 孙德军的硕士和博士学位是分阶段读的。孙德军访谈，2014年3月22日，合肥。资料存于采集工程数据库。

准毕业时间延长一年，多是因为"拔高"的需要。这样，学生才能真正具有独立从事科学研究工作的能力。

论文写作与口头表达

我们每周都要开小组会，每次我都会让学生提前准备好在会上报告最近的研究进展——当然不是要强迫他去讲，主要是轮流地介绍近期研究的做法、想法或者是对今后的设想。当然，学生们刚开始一般不知道怎么讲，往往讲得很琐碎，我就要慢慢引导他们，让他们慢慢熟悉汇报的流程和技巧。一般作报告的时候，首先要介绍一下引言，研究对象是什么，研究问题又是什么，然后各个步骤的研究方法又是什么，最终的结论如何得出，有何意义。学生们往往经过几次组会，就会慢慢熟悉起来。

小组会对锻炼口头表达方式，也是很有帮助的。我有好几个学生，刚开始表达能力是很差的。记得我的学生杨焱，他原来说话时，总是把一句话拆成两半，中间拉开了，所以他讲的话大家就不明白了，我就得提醒他，说你得想办法把话连起来。他读了差不多6年，最后答辩时的表达是很好的。还有一些学生，虽然学术底子很扎实，但是汇报的时候表达能力不行，这就会影响研究成果的展示。像张薇，她一开始作报告的时候，讲话就像机关枪一样，噼噼啪啪的，如果不看她的PPT，根本不知道她在说什么。所以后来，她每次做报告的时候，我都要向她强调，一定要放慢语速，一定要逻辑清晰。有时候还要让他们特别关注讲话的对象，在组会的时候，大家面对的是同一实验室里的人，都共同具备一定的基础知识，但是具体的研究方向各有不同。我要求他们在作报告的时候，除了表达能力要过关，报告内容深度的把握，以及表达策略也要特别注意，要把提出问题、分析问题、解决问题、得到的结果，一个一个说清楚，他们制作的PPT也要简洁明朗。同样他们出去开会的时候，面对的听众也是多样的，我也会特别叮嘱他们注意这些细节。另外，博士生培养中还有开题报告、期中检查和硕转博答辩等环节，这些环节都是对博士生表达能力的一种训练。在短短的 15 分钟内，要明确报告主题，该如何引入和展开，又如何收束和提升，这些我都要一一指导他们。

  我的表述能力在童老师的帮助下得到很大提高。我记得我来北京报到的第一天，童老师就发现一个问题：我说话经常说半句话，这个表达习惯很不好。他就很认真地告诉我，要我注意说完整的话。我们平时开组会的时候，他让我们做 PPT，来锻炼我们的表达能力，每次他都会认真的评价，也经常指出我的表述问题。后来，我在南京参加一个会议，童老师听后告诉我这次我的表现只能说及格了，我觉得很惭愧。最后我答辩时候，别的老师反映还不错，童老师也给了我一个很高的评价，说是这次是我讲得最好的一次。[①]

  我们最开始过来讲报告的时候，很紧张，也很害羞，思路也不清晰，根本讲不清楚。因为我们想，就是把所有问题都摆着，发现什么就往上面摆，因为很紧张。有一次讲 PPT，我发现书上可能有一个地方没有讲清楚，我觉得发现了一个新方法，要把它讲出来。我在讲的时候，按照书的例子一步一步讲，讲了很长时间，大概讲了四五十分钟。童老师听完就说，我听你的听完了，我到最后我才知道你要讲什么东西。前面你讲了很多细节，我也听不懂，我也不知道你要说明什么。他就告诉我说，我大概听你的讲的 PPT，我猜你大概是这么个意思。你发现书上好像哪个地方的推导有问题，你可能从这个不能往下面做了，你发现自己可以用一个新的推导方式把它做出来。所以你就应该这样讲，你先讲，你发现了什么问题，你把这个问题摆在前面，然后你再说，你这一次怎么去把这个问题解决了，然后再阐释，你到底把这个问题解决了没有。这样的话，你也不要讲那么多细节，你只

[①] 杨焱访谈，2014 年 10 月 5 日，北京。资料存于采集工程数据库。

要讲一些枝枝干干就可以了,这样的话,下面的同学才会听的很清楚。他们不会涉及到太多细节的工作,他们也知道你到底要做什么,到底要讲什么。①

就在上周,我去福州大学面试,面试是什么形式呢?就做一个小时的学术报告,再加半个小时的课程试讲,要讲一个本科的课程。当时童老师听了之后非常关心,因为我毕竟是已经毕业两个月了,目前工作还没有落实。但是前后一共三次的在他的办公室,他主动的跟我说,这个报告该怎么讲,你要注意对象,要注意结构,不要先说细节,要有逻辑。他一步一步地给我总结起来,可能他讲的这个时间都不止一个半小时,而我做的报告也就一个半小时。经过一次次他的讲解之后,我去面试什么结果呢?首先前面一个小时的学术报告讲完之后,就给我八个字的评价,表达清晰,逻辑清楚。后面还有半个小时的试讲,人家说不用讲了,已经讲得很好了,当时说我们还是走个流程吧。然后试讲也就走个过场就结束了,所以整个面试很顺利。可以说我这六年下来,我口头表达能力有长足的进展。包括我以前见到我的同学,同学就说,你不一样了。我问他哪里不一样了。他说,我觉得你现在说话比以前清楚多了,以前说话太快,根本听不清,这真的都是在实验室锻炼出来的。②

还有就是动笔问题,我发现学生第一次发表文章,都是很艰难的,起码要用两个月的时间。如何将这些材料组织起来,对材料进行深化和凝练,文章的框架布局,包括文章的中英文表述等,其实很多涉及逻辑思维的方法问题,文章的写作锻炼是培养博士生的一个非常重要的方面。比如说鲍麟,他有一次得到了一个很好的结果,但他当时的英文写作能力不行,无法将那个结果很清晰地表述出来,更不要说写出英文的味道,让大家明白这个结论的重要性。所以,我就得一字一句地帮他修

---

① 朱毅访谈,摘自实验室九位师生访谈,2014 年 9 月 28 日,北京。资料存于采集工程数据库。

② 张薇访谈,摘自实验室九位师生访谈,2014 年 9 月 28 日,北京。存地同上。

改他的英文论文,有些地方提一些修改意见,有些的地方要帮他完全重写。他那篇文章是比较棘手的,到底应该怎么写,我那段时间也一直在思考。那时候我每天早上九点多就在我们家对面的公园遛弯,一边遛弯一边考虑文章,最后终于想出来一个办法,比较形象地将他那个结论表达出来,后来他那篇文章投出去,人家都觉得很有意思,就发表了。

  在我博士论文最后的这样一个写作的过程中,童老师当时已经84岁的高龄了,他原来是每天下午到实验室来,有半天的时间和我们研究生交流。在那一段时间他上下午,上午从8点多就到实验室,中午回去吃饭之后下午还来。整个一天都在实验室来跟我探讨。第一个是我论文应该怎么样写,第二是我的论文写出来之后这一部分给童老师给我修改。这个修改的过程中不单是大方向怎么修改,而且细致到标点符号。标点符号的错误,我本来应该用句号的,我用了一个逗号,这个童老师都给我圈出来,都给我改了。而且给我说到你这个过程要有长进,你这样低级的错误这一次我给你改出来了,下一次这种错误不能再犯了,在这个过程中你要学到一些东西,要有长进。①

还有一个例子,是我的博士生刘庚,他2013年博士毕业,在 *Physics Review E* 上发表了两篇关于鱼游的论文,内容新颖,被美国弗吉尼亚大学的华人教授董海波所欣赏,邀请他去该校读博士后,并成为他的助手。

  他毕业后到董海波教授那里读博士后,到现在已经两年了,他逢年过节总要给我发信,一再说到他在我们这里培养的流动物理分析能力。他发表的第一篇论文是论述鱼类快速逃逸(C-Start)时,由于曲率行波的流动控制,能够增强转弯角度和逃逸速度。刚开始,他仅给出了数值计算结果,这是个现象,没有说明机制。我建议他要回答"how"和"why",最

---

① 王智慧访谈,摘自实验室九位师生访谈,2014年9月28日,北京。资料存于采集工程数据库。

后他揭示出：影响逃逸效应的要素是鱼体大弯曲运动的驻波与曲率行波的相位差。最终，他给出逃逸效应与相位差的规律。这篇文章刊登在 *PRE*，董教授欣赏他的这篇论文和另一篇论文的流动物理分析。

有时候，我也会把一些外面邀请我审的稿子给我的学生先看看，让他们指出别人写文章优劣，之后我再细看稿子，并让他们比对我的评价，这样子他们既能学习到别人写文章的优点，拓展一下视野，也能学学怎样去评价别人的文章。

> 在这个培养过程当中，童老师也注重培养我们的视野。他把一些本身要求童老师审稿的稿子、稿件，他说让我先看，看了以后提出别人文章当中的不足，还有哪些地方不好。我看了以后就发现，有一些稿子的语言风格比较像英文稿子说中文话，对一个问题的阐述不清楚。童老师后来就也把文章看了以后，把他的评价写出来，让我看看这个评价。我就发现里面有很多问题我没有看出来，所以我从他的评价当中也学到了很多东西。童老师以一个很高的标准判别一件事情的时候，这种标准给我们很多的启发。我们以后不能犯这些类似的错误。后来像童老师说的，我在物理学院里面有很多关于文字起草的工作，我们参与了这方面的工作。为什么人家选中我，是有道理的，我们在这方面受到童老师精心的培养。尽管以前我们的老师教的还可以，但是实际上没有得到训练。而在现实生活中，我们的这种表达，书面表达，口头表达都得到了加强。在这样一个读博士过程当中，童老师培养的是我们比较全面的，他是希望我们成为将才、帅才。[①]

其实有一些学生的问题，我不可能完全能够帮助他们。我只能通过他们的报告，知道他们的进度，了解他们在研究中有什么困难，尽最大的努力从各个方面帮助他们解决问题。比如有些问题，我虽然不是完全了解，

---

① 余永亮访谈，摘自实验室九位师生访谈，2014 年 9 月 28 日，北京。资料存于采集工程数据库。

但是我认识这方面的专家，我就会帮他们去联系，让他们直接去请教专家，或者看到好的论文的时候提醒一下学生。比如说杨焱，他最后做的课题要与实验结合，我亲自联系了清华的曾理江教授，请她带着我们直接到他们实验室，看他们的实验设备，而且商定了双方的合作关系。还有一次日本的千叶大学刘浩教授来访，我和他会面的时候，就把鲍麟带上了。他当时读研究生一年级，还没有介入课题。但我也在会上向刘浩教授介绍他，说他是将来要做昆虫翼的柔性变形效应，这样子他就可以更好地向刘浩教授请教了。总之，导师要尽自己最大的努力为学生创造各种各样的学术研究条件。

人文素养的培育要放在第一位

在我培养学生的过程中，实际上并不是把科研成果看成是第一位的，我把它认为是一种副产品。当然，如果他是优秀博士生，他必须要论文做的像样，论文都不像样，那么一切就无从谈起。但科研成果并不是我们的唯一追求。我认为教育的目的是造就具有综合素质的人才，要让学生明白：比学习重要的是做事，比做事更重要的是做人。所以，培养博士生，要让他能做出优秀工作来，应将他的能力，特别是人文素质放在第一位，而将他的科研成果作为一种副产品。

以前我们的博士生培养条例规定的是业务能力的规格，但是现在我们要突出研究生的综合素质培养，也就是不能将学生培养成为专业机器。"专业机器"这个名词是爱因斯坦在一次讲话中提到的，指的是不应把人培养成专业技术的机器。爱因斯坦认为，用专业知识教育人是不够的，通过专业教育，学生可以成为一种有用的机器，但是不能成为一个和谐的人，要使学生对价值有所理解并产生热烈感情，那才是基本的。意思就是说，我们需要培养全面发展的人，而不是专业机器。在国际教育领域有现成的论述，育人有三个要素：一个是知识，一个是能力，还有一个是人文素质。我曾经把它总结为"Q-A-K"的育人方式，即培养学生通过学习（To know）、做事（To do）和做人（To be）的实践，使其在知识（Knowledge）、能力（Ability）和素质（Quality）三个方面得到综合提高。博士生通过学习获得知识，通过做事培养能力，而只有好好做人，才能培养出自己的人文素质。以重要性来说，在博士生的培养中，人文素质的重要性大于能力，要杜绝"专业机器"的出现，就要注重学生人文素质的培养，引导他们树立正确的人生观和价值观。中国传统的育人观就是"道德文章"，就是说一个人的成就与其道德修养是紧密联系的，换言之，要有杰出的学术研究造诣，就必须要高尚的道德人格。最典型的是，唐代著名文学家韩愈，在《师说》一文中用六个字指明教育的要义——"传道"、"授业"和"解惑"。授业和解惑，属于知识教学的范畴，而传道则是传授人文精神，教导学生如何做人。显然，"传道"是更高一层的育人追求。

我们的博士生归根结底应该是社会高级人才库，很可能会逐渐成长为某一领域的领军人才，因而具备良好的人文素质尤为重要。像在高校里当教授的朱克勤，他具备足够的学术地位、足够的学术影响力，他可以面对很多很多、各式各样的学术问题，但他同时还是北京高校的道德模范。有一年他给我一本书，中间每个学校里面列了一名道德模范，清华就是朱克勤，而且他不止一次被人家推举为优秀学生导师等等。这些都显示，在他优秀的研究能力背后，还具备很高的人文素养。

> 童先生培养人的模式，在选题、调研的交流中，逐渐选择一个合适的题目，有些学生的论文是与课题相关的，但也只是相关。童先生是为了培养人而做课题的，能够为带学生提供条件嘛，而不是为了完成项目而带学生，这个是本质上跟现在的一些情况是不一样的。这就一种理念：培养人是第一位的，科研成果只是这个过程的一个副产品，是一个自然而然的结果。①

---

① 陆夕云访谈，2014年3月22日，合肥。资料存于采集工程数据库。

要帮助学生树立高尚的人格,老师首先要用自己的表现来潜移默化地对学生有所启示。我把研究生也当做自己的合作伙伴,充分尊重他们的意见,充分信任他们。比如其他实验室可能会规定学生每天几点按时报到,但我们实验室不是这样子。像去年,有学生反映实验室里有人每天都来得晚,是不是我们制定一个规则,几点上班,几点下班,把这个规则固定下来。但是我都否决了,我觉得要充分相信学生,学生他们有自己的时间计划,他们会自觉安排研究进程。科研要靠他们的自觉性来完成,如果没有自觉性,即便把规则制定得再详细,再严格也没用。所以我没有时刻盯着他们,而是给他们充分的自主性,让他们在一种比较宽松的氛围下去做科研。

我离开了北京,自己有一些事情,不在北京。而且那段时间童老师有事情找我,我当时心里有点害怕。因为他找我的时候我不在北京,在外地,我事先也没有跟他说。童老师给我打电话,接到电话之后,第一句话童老师问我现在在哪里,我就说我现在有点事情不在北京。接下来我原来想童老师会不会问我为什么不在北京,为什么交给你的事情没完成,你干什么去了。童老师非常理解我,马上就说你有事情你先完成你的事情,我们回来再说。这一下子就让我感觉到童老师不是时刻盯着你,他是信任你,而且尊重你,知道每个人确实有一些事情需要去完成。但是这些事情完成之后,你只要在这个实验室,有足够多的精力来把你的工作完成,他是相信你的。不会每天按时按点的盯着你。[1]

同时,作为导师要充分尊重学生的时间,学生的科研时间是很宝贵的,我从来不用一些私事去占用他们的科研时间。而他们让我修改论文,我从来不会堆着不看,都是尽可能快地给他们返回意见,不要耽误他们论文的写作进度。

---

[1] 王智慧访谈,摘自《实验室九位师生访谈》,2014年9月28日,北京。资料存于采集工程数据库。

我们在别的课题组竟然能看到这个事情，老师会有很多与科研无关的事情会让学生去做。在我们这里比较少，甚至是没有。我记得我刚来的时候，我是大师兄，我看童老师有很多稿子都要拿到楼下找打字员去打。我说童老师我给你敲就行了，我有很多时间。童老师说不，你应该把这些时间拿来做科研，不要因为这种事情浪费你的时间。他就把这个稿子拿到下面打印，有一些文献他自己去复印，也不找我们去做。这个事情我后来在反思，我们真的那么多时间在做科研吗？后来在做科研的时候我真的很下功夫，因为童老师很珍惜我们的时间，我们为什么不珍惜自己的时间呢？从一件事情反映出他对我们的尊重，也是我们自己应该反省的，这种教育的理念，以身作则。这个在现在浮躁社会当中已经很少了。①

童老师说过一句话，他说你们的工作不能在我手里耽误时间，这是童老师让我感动的话。就在2010年五一之前，童老师当时走路摔了一跤，当时周萌还要毕业，他在合肥（中科大）上学。他的论文都是通过电子邮件过来，我都是每次打印出来。当时还是五一，五一的时候按道理要放假，童老师每天都给周萌改论文。是我打印出来，然后送到童老师家里去。在童老师改完之后，我去取过来，扫描了之后，给周萌发回去。所以那段五一，我当时觉得我五一应该和朋友出去玩的，但是童老师要工作。为了周萌的论文不被耽误，童老师五一都没有休息，并且是在家里办公的。后来童老师好了点之后，他就自己过来把这些论文修改完之后，让我扫描过去。童老师非常珍惜我们学生的科研时间，从来不会说我们的论文给他，他会堆着不看。我们学生给他的论文，他最多两天给学生返回意见。②

---

① 余永亮访谈，摘自《实验室九位师生访谈》，2014年9月28日，北京。资料存于采集工程数据库。

② 管子武访谈，时任童秉纲院士秘书，摘《自实验室九位师生访谈》，2014年9月28日，北京。存地同上。

图 8-4　段占元与童秉纲合影（2002 年 11 月，博士学位授予仪式上）[①]

　　另外，作为老师，我自己本身要以身作则，不论是在学术研究还是在为人做事上，都要做出表率。比如我们一直很讲诚信，不占学生任何利益。从前我们在高质量的学术期刊上发表文章，会获得学校的奖励。2013 年，我到二炮去，见到了段占元——他在第二炮兵研究院工作，有好久没见面了。他想起了一件事情，很感动，他说他还记得我那个时候把发表文章的 2000 块钱全给了他。再比如说这几年，王智慧在我和鲍麟的指导下有研究成果，2015 年，中国空气动力研发中心国义军等要联合我们，申请国防科技进步奖，我说，同意联合申请，但让鲍麟、王智慧署名，我这么大年纪了，不再署名了。另外，我们实验室的老师之间也没有那种虚伪的应酬，更不会有你算计我、我算计你这种事，可以说营造了不同于世俗的学习环境，让学生在这里能接受到比较正常的空气，老老实实做人，踏踏实实做事。而我们实验室每年固定在迎新的时候进行聚餐，还会有一些诸如圣诞聚会的活动，通过这样的方式，也是增加了师生之间的交流，提高了整个团队的凝聚力。

**　　童先生有几个原则，一个是谁的事谁来负责，那么经费就全部给**

---

　　① 2002 年 11 月，童秉纲（右）出席博士学位授予仪式时，与所指导的博士研究生合影。档案号：ZP-001-074，资料存于采集工程数据库。

谁。当时我记得童先生跟我们大课题组，当时还有中科院的老师。有一次参加过他的会议，比如说他申请了80万的经费，理论，实验各做一部分，他就会把他叫过来，因为他不去严格地算账，而是两家一人一半，这很清晰，所有跟他合作的人就感觉很愉快，并没有在那算具体的细账，他通过这种无私地大分工，比如说童先生牵头申请一个自然基金，他会分块，哪一块哪一块，就很公平很合理的分配这些经费，让大家都能舒心地做事情，这是他在具体的操作过程中很有胸怀的体现。①

图8-5 中秋节聚会②（2004年。前排：马晖扬、孙孝兰（马晖扬夫人）、晋晓林、童秉纲、胡成行；第二排：胡文蓉、徐晶磊、杨焱、鲍麟、余永亮；第三排：徐明、许丁、周萌）

此外，在培养过程中，导师不仅要指导学生如何做人、做事、做学问，还要为学生创造可以潜心学习的环境和条件。比如在日常生活中，我把学生都当成自己家的孩子，时时关心他们的身心健康，帮助他们应对生活中的困难。每一届的学生刚到北京来的时候，我都要叮嘱他们注意交通

---

① 艾邦成访谈，2014年10月5日，北京。资料存于采集工程数据库。
② 2004年9月28日，中秋节聚会，档案号：ZP-001-079，资料存地同上。

安全、人身安全等，特别是在段占元在学校前面的路口被撞了之后，我更是常常提醒他们要时刻注意安全，北京比较大，整座城市人多复杂，一定要特别小心。还有就是南方的孩子刚到北京，气候上不是很适应，就要叮嘱他们注意昼夜温差，适时增减衣服等等。要读博士，一个强健的体魄特别重要，所以学生们的身体健康，我和晋老师都很关心。像鲍麟读书期间有一次眼睛上长了一个小肿块，要动手术。他考虑问题简单，只想就近找个医院拿掉就好。我跟他说不行，眼睛是很重要的，万一动手术有风险，出事就不好了。我让他去同仁医院，给他详细地解释怎么去挂号，怎么挂得上，应该要看哪些大夫，至少是副主任医师。他后来要动手术，我又让他师弟陪着他一起去。还有学生牙齿不好，我也介绍他去看好点的医生。晋老师在这方面是养生专家，她也时常关心我学生们的身体，操心他们的健康，教他们如何注意养生，像是叮嘱他们要注意保护好腰椎、颈椎，平时要注意用电安全，适时进行电器排查等等。像有一次我送了一把勺子给学生，那是晋老师从超市带回来的，我送给他其实是想告诉他，吃盐要定量的，这也是日常养生的内容。

图8-6　童秉纲课题组学生集体春游合影（2013年5月11日，右一为刘庚、右二王仲威、右五张薇、左一朱毅、左四管子武）

第八章　育人之道　　*189*

我记得在2001年的时候，那时候我和胡文蓉都到合肥去充实知识。因为我们在北京的时候觉得学的课程不太够，有一些关于流体力学方面的概念还不够清楚，所以童老师要把我和胡文蓉派到合肥，跟庄老师学习什么是非定常空气动力学。我到合肥以后，刚开始以为只要一周我就能回来，结果去了以后才发现学东西不是容易的。时间长一点，童老师给我打电话，他说小余你在合肥是不是衣服没带够，你可以在那买，你差钱的话我给你，在合肥买一些衣服穿。这些他就说把你的后顾之忧给解决掉，因为我们当时学生的时候，收入不像现在学生那么高，每个月真的只够吃饭的。那时候我就很感动，我说童老师在生活上关心的无微不至，从我个人角度来讲是难以理解的。我认为导师应该是高高在上，童老师是一个院士他这么体贴我们，关心我们。①

童先生非常关心学生的生活，他会通过各种手段帮助学生的方方面面。

有一次我因为龋齿要去校医院补牙，他让我周二或者周四去，因为周二周四是清华玉泉医院的陶大夫来校医院出诊，陶大夫是副主任医师，医术高，而且和童先生认识，这样他给我看牙的时候就能特别关照一下。

我这学期有一门课在雁栖湖校区上，但是学校规定学生不能乘坐教工班车，而学生班车的时间不合适，这就给我造成了麻烦。童先生知道这个情况后，就让我跟校车司机打声招呼，可以让我乘教工班车去上课。因为校车司机多数也给童先生开过车，他们互相认识。但童先生并不是摆架子搞特殊，他是在司机接送他上下班的时候，对待司机师傅很有礼貌。可以说是他的人格魅力让他具有了这么大的影响力。

童先生还会关心我的感情问题。我女朋友在合肥，在中科大读博，异地恋比较辛苦。他有一次问我和女朋友关系怎么样，可能是因

---

① 余永亮访谈，摘自实验室九位师生访谈，2014年9月28日，北京。资料存于采集工程数据库。

为看出来我当时状态不好。但他并不是刨根问底儿像八卦隐私一样，而是点到为止，很有分寸，然后给我讲他和晋老师的故事，告诉我男女相处难免磕磕碰碰，男的要胸襟宽广，要包容，不要计较鸡毛蒜皮的小事。而且男女其中要有一方努力在事业上做出成绩来，另一方多承担些家务，这样家庭才能比较长久稳固。我听了之后很受用。同时我也把晋老师的采访视频拿给女朋友看。今年童先生和晋老师已经结婚60年了，是钻石婚，看到他们现在依然这么健康、幸福，让我们这些晚辈很受鼓舞，很憧憬。①

王智慧是2006年保送到中科院研究生院的，他本科毕业的时候，家里发生变故了。他老家是农村的，本来就是贫困家庭。他以前在河南省上中学的时候，作为贫困生，学校会给予一定的经济补助，到了中科大读本科，也就是按照原来的贫困生标准补助他。但是他本科快毕业时，父亲突然去世了，家庭突然失去收入来源了，而他母亲又是残疾人，不能劳动，他还有个弟弟在中学读书。所以那个时候，我专门跑到合肥去找他谈话，问他的想法。他对我坦白，他也没拿定主意怎么办。我就给他提了一个建议，我说他如果现在去找工作，作为本科毕业生，对家里的生活帮助也很有限，还是应该继续读博士生。而他的生活困难，我们尽量想办法缓解，减轻他的后顾之忧。所以等他来报到之后，我就想办法给他发放特殊的补助，用借款的名义，因为还要顾及他的自尊心。他的生活仍然相当困难，但是最基本的经济压力还是有所缓解。王智慧读博士的时候，虽然生活压力比较大，但是他很有志气，学术能力也比较扎实。他刚来的时候，我就告诉他，第一年他需要把蒙特卡洛模拟这个办法搞明白。他第一年很快就搞出来了，程序也通了。第一年我问他，你去当家教了吗？他说我没有。因为第一年在中关村，那时候很多人去当家教，可以有一点收入，他没有去，只是在专心致志做研究。所以他来了以后做得很好，他的研究结果受到了很多人的重视，最终得到了2013年中国科学院百篇优秀博士论文，

---

① 王仲威访谈，摘自《实验室九位师生访谈》，2014年9月28日，北京。资料存于采集工程数据库。

一百篇中的一篇。后来，这篇博士论文还作为 Springer Theses 出版。最近几年，Springer 出版公司每年在全世界范围内挑选一些非常优秀的博士论文来出版，它英文说法是"recognizing outstanding"和"very best"。王智慧的博士论文能被它选中，在这个系列出版，是非常难得的。类似情况的还有李邦明，他在读博期间结婚了，也有了孩子，在北京生活也很困难，我们也想办法资助了他。他如果太贫困，就没法安心念书，所以我们无论如何要资助他。

> 我家里状况不好，我考上研究生的那一年，父亲去世了，母亲又一直是残疾人，还有一个上高三的弟弟，家里情况很困难。硕士一年级的时候，每个月有700块钱的补助，童老师觉得700块钱供我一个人在北京生活是足够的，但是家里还需要帮助。童老师给我算了一笔账，考虑我们当地农村的生活条件，每个月在吃穿方面的花费，还有其他零碎的一些花费，如果要请保姆，每个月需要多少钱的工资。所以童老师从实验室的流动资金里给我提供了一个借款，每个月另外借给我500块钱，签了借款合同，认为我的补助，再加上借款可以解决经济问题，能够让我在学习安心地学习和科研。这样的借款一直持续了四年，从研一到博士二年级的四年。到了硕博连读第5年的时候，由于这边研究生的工资已经涨了，所以就没有继续借了。童老师给我借款，没有限定什么时候还，他只是说这个由你自己的情况来决定，刚毕业的时候，他说：现在是你正需要花钱的时候，也不必这时候还，等你经济条件改善之后再还。童老师不希望因为生活的后顾之忧影响我们科研精力的投入。①

不同的学生资质能力和性格不一样，作为导师，我也要有所区别地培养他们。像我的一个硕士生徐明，虽然很用功，但是资质不太好，再加上从小身体就虚弱，这样的情况读博士是顶不住的，我就和他家长商量，最

---

① 王智慧访谈，2014 年 10 月 10 日，北京。资料存于采集工程数据库。

图 8-7 庆祝教师节暨童秉纲八十八岁米寿聚会
[2015年9月10日。前排：朱克勤、马晖扬、童秉纲、晋晓林、孙孝兰（马晖扬夫人）；后排：倪明玖、孙德军、陆夕云、杨基明、艾邦成、俞继军、胡文蓉、余永亮]

后让他读硕士，毕业后就工作了。又如杨焱，那个学生资质很好，但是比较懒散，我就需要适时敲打他，他研究生第二年还没有做出什么成果，心很散，我专门把他找过来，告诉他，他这个样子不适合读博士，他后来意识到了错误，向我认错，表示他会努力起来，后来他的博士论文也合格了。还有一些女学生，还要考虑一些实际的生活问题，晋老师也一直关心她们。

第八章 育人之道　　**193**

结　语
一路走来，何以成就今天的童秉纲？

童秉纲院士经历曲折。他经历了人生的"三起两落"，在困苦中抓住机遇，承担起时代使命。他是建国后的第一批大学毕业生，分配到哈尔滨工业大学学习与任教，后被调入中国科学技术大学，文革之后，临危受命，带领中科大流体力学教研室走向"中兴"之路；他在文革中开始接触科研工作，以近五旬之躯在流体力学领域耕耘二十余年，终被推选为中国科学院院士；进入新世纪，他全力推动我国生物运动力学的发展，坚持在科研中亲自指导博士研究生，至今89岁高龄依然如此。童秉纲的成就是在"努力做事，完成使命"与"时代需求，助推优者"的双螺旋互推下实现的，是个人与时代交叠的结果。

个 人 品 性

童秉纲的成长经历锤炼了他过人的品性。童秉纲之所以能够在逆境中坚持自我，在顺境中成就自身，在于他的内在品性使其既能淡化与环境的冲突，又能充分利用所处环境中的积极因素而发展。强大的内心与丰富的经历涤荡出童秉纲的智慧，为他斩荆披棘，走到当今。

童秉纲在磨难中自我保护，在磨难后懂得淡忘。对于个人而言，这是一种根据环境利弊自我调整的能力。对于童秉纲而言，这种能力直接源自于他的童年经历与母亲的谆谆教诲。在战争的岁月里,每个人的童年记忆中都充斥着磨难。生计困难、性命轻薄,童年时期所经历的生离死别、盛衰更替,自然而然地反映到日后的生活秉性与人生观念中。童秉纲的父亲去世后,其母带着五个孩子在战乱岁月中坚强地生活,她坚持让子女读书,并以博大的爱与丰富的生活阅历教育子女,教会他们如何看待并度过苦难。与别人相比,这种特殊的童年经历赋予童秉纲一种坚毅和豁达的生死观,如其所说"内心很强大"。无论面对何种困境,童秉纲始终坚信,调整自己的心态活下去,才有可能迎来希望。新中国成立早期的某些政治运动,对很多知识分子的人生观产生了很大冲击,一些人被眼前的人性畸形和规则扭曲所震惊,动摇了他们原先对人的理解和行动方式,使得他们在苦难面前变得尤其消沉。然而,在"反右"和"文化大革命"的低落中,童秉纲的生死观使得他在心中时刻提醒自己:要保护自己的大脑,最大限度地防止受到突如其来的磨难冲击。这样,他才能够以淡定的姿态去面对人世的不容与磨难,并很快在外部环境转好后淡忘痛苦,投身科研事业。苦难使他变得波澜不惊,在后来的人生中修炼成一种心态平和、包容豁达的心境。

人格魅力是童秉纲身上的一种凝聚力。这也是周围的人对童秉纲多种品质综合后的评价。在上世纪 80 年代初,科大近代力学系的很多教师多由"文化大革命"前的毕业生来校任教,比如庄礼贤、孔祥言、徐立功等。从 1978 年开始,童先生担任科大近代力学系副主任,系里的老师多是助教和讲师,童秉纲作为副教授,逐渐在共事人群中成了年长者。此种情况下,年长者逐渐被赋予了一种引领的责任。高速空气动力学教研室的老师全票选举童秉纲担任教研室主任。很多系里的老师都是童秉纲的学生一辈。作为年长者,童先生处事很有亲和力,逐渐在自己的周围营造了一种全无钩心斗角、融洽和睦的氛围。周围的人多称自己深受童先生"人格魅力"的感染。这种"人格魅力"成为童秉纲推进管理工作、搭建科研团队、促进国内外学术合作的一种内在凝聚力。在培养博士生的过程中,这种"人格魅力"也通过他的言传身教内化为学生为人处世的基本准则,提高了学生的综合素质,成为一种"无形财富"得以传承。

"名利"被童秉纲看作"副产物"。名利分配不均是科研团队常见的解体原因。在童秉纲看来，名利是做好事情之后的副产物，刻意的追逐是本末倒置的。这种名利观造就了童秉纲被接纳、被认可和被推举的一种可能。在科大近代力学系任职期间，童秉纲提高补助金额帮助教研室的老师改善生活；在课题报奖时，将年轻人排在前面；在与校外学者合作申请课题时，从不计较经费分配问题等。这种"轻名利"的观念为他赢得了更多的认可和合作机会。

"三起两落"

从1953年到1984年，童秉纲经历了自己人生最为坎坷的"三起两落"。这三十余年中，他从"反右"和"文化大革命"中走了出来，又在三次"起升"中完成了在困难与使命中的穿梭。

在新中国成立初期向苏联学办高等教育的时代背景下，哈工大需要建设成为"学习苏联的典范"，理论力学教研室需要在理论力学教学方面成为"学习苏联的典范"，而年轻的童秉纲乘着时代的风帆，意气风发，少年得志，年仅25岁就开始担任理论力学教研室主任。在他担任教研室主任的7年中，他能够担起责任，主持创建了该教研室的教学平台。然而，1958年的"反右"运动中，他因曾给某干部提了工作意见，遭到批判，被视为异类，教研室主任的角色名存实亡，也迎来了事业的巨大挫折。

1958年建校的中国科学技术大学按照"全院办校，所系结合"的方针，尝试创办一所新型的社会主义大学。中科大没有采用苏联理工分家的模式，而是施行理工结合、科学与技术结合的模式进行人才培养。1961年7月，童秉纲调到北京新成立的中国科学技术大学近代力学系任教，接着又担任该系高速空气动力学专业教研室副主任。他带着学习的姿态开始接触流体力学，接触钱学森的工程科学思想，并出色地完成了"力学补课"、"流体力学"、"理想气体动力学"等几门课的教学任务。到1966年"文化大革命"前，他协助钱学森系主任和林同骥室主任建设这个领域的专业教学体系，完成了科大在高速空气动力学教育实践的一项创举；然而，"文化大革命"很快到来，1968年9月8日，童秉纲被戴上了"漏网右派"的帽子，被隔离审查，又被关进专政队，"挨整"了三年半的时间。在"挨整"期间，他时刻处于生与死的挑战之中，他时刻提醒自己：要活着出去，保护自己的大脑，不受到暂时低落的冲击。这样，他才能在"挨整"结束后很快忘掉苦难，投身科研。

中科大南迁到合肥后，原来在北京依靠科学院各所办学的优势不复存在，在濒临解体的极端困难条件下，科大开始了第二次创业。1978年起，童秉纲任科大近代力学系副主任，1983年又被任命为系主任。与此同时，他又兼任流体力学专业教研室主任2届共4年。在他和广大教师的同心协力之下，科大的流体力学专业乃至整个力学系走上了一条中兴之路。

这30年是他一生中的青年和中年时期。他在时代背景下，完成了个人被赋予的时代使命，为哈工大和科大的发展做出了贡献，担起了时代的责任。

大器晚成，成绩斐然

童秉纲从45岁开始科研工作，至今89岁仍工作在科研一线。在这一人生阶段，他的科研工作既受到国家需求的有力助推，解决了国家急需解决的问题，也赶上了"科学的春天"，取得了诸多原创性研究成果。

一、从教学顺利转向科研

童秉纲从1952年开始从事教学工作，青年时期的工作主要内容是为本科生授课和教研室管理。童秉纲没有留学经历，没有读过博士，也没受过系统科研训练，自己做科研也是到了中年（45岁），重要研究成果是到了58岁以后取得的。要解读童秉纲的学术成长经历，有一个问题是绕不开的，即：童秉纲如何从教学转向科研，又能够取得可喜的研究成果？我们尝试从以下三个方面来探寻答案。

童秉纲在教学与编写教材中的学习到了学术研究的逻辑和思维。童秉纲在哈工大当师资研究生和担任理论力学教研室主任期间，在苏联专家克雷洛夫的指导下，接触苏联"伏龙科夫"学派的教学思想、方法和经验，并善于在教学实践中总结教学法。他深刻理解理论与习题之间的鸿沟，并在教学法中用心弥补，编写了《理论力学教学方法指导书》，解决了理论力学授课中"理论容易习题难"的问题。他还将这种教学法带到了《理论力学》的编写思路中。1961年，童秉纲到科大近代力学系任教，开始接触流体力学和高速空气动力学。与同时代的人相比，青少年时期打下的外语基础使他能够快速学习并转向新的学科，于是他迅速胜任新学科的授课任务，如理想气体动力学、流体力学等课程。在这期间，他一方面补充了自己在流体力学方面的知识，另一方面在教学过程中深刻体会了钱学森的"工程科学"思想。这种授课过程促使他加深对知识的理解，逻辑和思维也得到很好的锻炼。

在三次"起升"中，童秉纲不仅担当起了时代的重任，也获得了锻炼和提升的机会。在这三次任职中，他除了知识和能力方面的提升外，还获得了别人的认可，积累一些学界的资源，开阔了自己的视野，为后来的科研成就准备好了外在客观的条件。

国家需求帮助童秉纲科研起步。由于高速空气动力学学科与航空航天事业密切相关，中科大高速空气动力学的教师都被分配到与航空航天有关的工厂锻炼。这样，童秉纲就被分配到了沈阳的112厂和139厂去，他在139厂帮助厂里解决导弹动导数的计算问题。这对于童秉纲来说，是一个很好的机会，至少能够从事与专业有关的工作。这是童秉纲科研生涯的起点。70年代末，中国导弹的研制工作正处在向自行改型和独立设计的转变阶段，原有的一些空气动力学估算方法已不满足当时的需求。童秉纲由于之前在139厂从事一些与动导数有关的计算工作，航天五院、八机部、航天二院和航天一院相继找他签订研究合同或合作协议。通过十几年的努力，童秉纲带领团队最终为工程部门提供了机翼和旋成体在亚、跨、超、近高超和高超声速来流下的动导数计算方法，以及钝头体发生烧蚀（即添质作用）和发生非对称转捩等情况下对动导数的影响的研究报告。

这些以满足国家现实需求为目的的课题，对于童秉纲在科研领域的起步是至关重要的。通过这些课题，童秉纲获得了经费支持，组建了导师、副导师和研究生科研团队，并取得了一个个科研成果，实现了从教学思维到研究思维的转变。

二、年过半百，学术精进

1984年5月—1985年10月，童秉纲到加、美高校访学，此后直到2014年，是童秉纲的学术耕耘期，可谓是"很晚创业"。在这近30年的时间里，童秉纲主要在非定常空气动力学、非定常流与涡运动研究、气动热力学理论研究以及生物运动力学方面开展研究；尤其是在游动和飞行的生物运动力学研究领域，首次提出了模拟鱼游三维流动效应的三维波动板理论，得到国际同行的公认；近10年又倡导组织联合团队和推动更广泛的国内外合作交流活动，诞生了若干有国际影响的研究成果，从而为中国开展在生物运动力学研究打开了新局面。童秉纲年过半百，却能够在科研领域取得如此成就，这不得不引起我们思考。

（一）治学方法成熟

童秉纲曾说："我没有博士学位，却可以指导博士生。"童秉纲没有受过科研训练，只是在自己摸索与学习中开拓学术疆域。然而，他却探寻到了自己成熟的治学方法，并形成了自己培养技术科学研究人才的育人理念。

研究方向选择上扬长避短。根据生物运动力学实验室人少、理论基础强的特点，根据技术科学研究人才培养的定位，选择理论模化作为研究手段，努力将实践中得到理论问题求解到解析解或半数值半解析的程度。这既寻找到了自己实验室的定位，也符合建立工程实践的技术科学理论的科研理念。

注重科研团队建设，善于开展合作交流。童秉纲的三次"起升"中都与管理协调的工作密不可分，这使他在协调与管理的能力方面得到了很好的锻炼。这种锻炼使他深刻理解团队内关系如何疏导、合作如何建立等管理问题。因此，童秉纲就在近30年的科研耕耘中，建立起了凝聚力强大的科研团队和卓有成效的科研合作。比如，他与中科大联合成立仿生力学研究平台；与姜贵庆教授20余年在气动热研究中长期合作；组织国内学术会议；与美国、日本等学者交流合作等。

具有学术的战略眼光。童秉纲做学术研究的前提是，着眼于流体力学整体在中国的发展。20世纪末，童秉纲看到生物运动力学的发展契机，不仅在中国科学院大学建立了生物运动力学实验室，还积极推进该学科在国内的发展，为中国的游动和飞行生物运动力学研究打开了新的局面。

形成了自己的博士生培养方法。童秉纲是从教学走向科研的，培养学生一直是他最为倾注心血的事情。对于博士生培养，他按照技术科学研究人才培养的定位，对博士生提出"三创新点"的博士论文创新要求，以保证学生的培养质量。他认为博士生的研究工作进行到一定阶段时，需要适时"拔高"，"逼"学生在现有研究基础之上再拔一下，促使学生的科研效果达到升华。他指导的博士生往往在"拔高"过程中有了更大的突破，短短时间里做出很可观的研究成果。博士生的培养与课题研究是分不开的，但是童秉纲将两者的关系定位为"博士生要做出优秀的研究成果，但是这只是将博士生培养成为优秀人才的一个副产品"。除了业务方面的训练，童秉纲更看重学生为人、做事等综合素质的培养。这种培养是在他的言传身教、实验室师生之间的协作中逐渐完成的，是他"润物细无声"的良苦用心。

（二）偶然机遇与时代助推

"文化大革命"之后，中国迎来了"科学的春天"。中国在科研方面的投入逐渐加大，科研选题也相对多样，童秉纲申请了多个国家自然科学基金的培育项目、重点项目以及其他类项目，获得了经费保障。童秉纲也获得了延续科研生涯的机遇，能够享受"春天的阳光"，焕发出更大活力。

科研生涯得以延续缘于两次偶然机遇。童秉纲在科研方面"很晚创业"，大量成果产出也是在1985年以后取得的。本应正常退休的他，恰逢两个事件得以延长科研时间。一是，1981年，童秉纲被国务院学位委员会批准为首批博士生导师，可以工作到70岁。这使他免于在1987年时达到60岁退休，同时得到出国访学的机会，因此开辟了鱼游的新方向。二是，1997年，童秉纲当选为中国科学院院士，这又使得他免于1997年再次退休，这样，他可以继续推进生物运动力学的研究直到现在。

流体力学学科发展对童秉纲具有助推作用。在美、加访问期间，童秉纲恰巧得到曹鹤荪举荐到加州理工学院吴耀祖处访问，获悉生物运动力学的研究信息，并开始接触相关研究，从而使他能够抓住新兴学科的发展机遇。20世纪末，国际流体力学学科的分支"生物运动力学和仿生技术"发展迅速，而中国在这个分支上尚没有很好的发展，这是在中国推动该交叉学科发展的重要机遇。他倡议建立以中国科学技术大学近代力学系为主体的联合研究团队，其中有教授5人，还有他领导的中国科学院研究生院生物运动力学实验室参加，他很重视与国内有关研究力量建立广泛的合作研究关系，并发展国际合作交流环境，推动国内生物运动力学发展。

（三）成果卓著

通过集体努力和多种研究方式的相互配合，童秉纲带领团队在气动热力学和生物运动力学方面做出了一批具有国际影响的高水平研究成果。在游动和飞行的生物运动力学研究领域，首次提出了模拟鱼游三维流动效应的三维波动板理论，得到国际同行的公认；近10年又倡导组织联合团队和推动更广泛的国内外合作交流活动，产生了若干有国际影响的研究成果，从而为中国开展该领域研究打开了局面。他还从事非定常空气动力学和非定常流与涡运动研究以及气动热力学理论研究，成果突出。童秉纲等编著的《涡运动理论》构筑了从流体力学基本理论通向涡运动研究前沿的一座桥梁，在当时，是国际上不多见的一本简明教程，出版至今已18年，在读者中仍享有盛誉。

今天的童秉纲既是眼前的这位89岁的老人，也是过去89年来无数"童秉纲"的交叠。他如何走过了这89年呢？

他总是在用准备迎接机遇。对于不确定的未来，眼前的预测都是短浅的。机遇总是垂青于有准备的大脑，童秉纲就是有准备的人，他时刻在准备知识、准备能力、准备资源。如何在苦难后再次起升，如何在机遇面前有所斩获，都是基于童秉纲在心理、能力、谋划方面所做的准备。

他总是在编织着"连结"，在"连结"中成就自己。他努力将工作与社会需要连结、将科研与学术态势连结、将研究方向与国家需求连结。这些"连结"是成就自己所需的大环境。他还将不同特长的人连结、将不同层次的事情连结、将不同范围的诉求连结，这些连结就是他在改造环境，发挥热量。可以说，童秉纲的一生就是在不断地搭建着各类"连结"。

童秉纲一路走来满是坎坷，坎坷中又不乏传奇。童秉纲能在坎坷中铸就传奇是他与环境相契合的结果。"需要被选中"和"能够被选中"，使得善于准备和编织连结的"童秉纲"能够成功并持续成功。

附录一　童秉纲年表

1927 年

9月28日（阴历9月初三），生于江苏省江阴县杨舍镇（今张家港市）。祖父童育泉，父童灏培，母郭南珍。兄弟姐妹5人，按年龄顺序依次为：童秉权（男）、童秉纲（男）、童秉彝（男）、童秉慈（女）、童秉枢（男）。

童灏培（1901—1938），江苏省江阴县杨舍镇人氏，南通纺织专科学校毕业，纺织工程师。

郭南珍（1902—1982），江苏省江阴县杨舍镇人氏，小学文化。

1933 年

9月，在杨舍镇杨舍小学开始读小学。

1936 年

冬，其外祖母去世，其母带着五个孩子搬家到在无锡工作的父亲之处。

1937 年

春，在无锡上小学四年级。

11月，八一三淞沪会战爆发后，无锡也受到日军轰炸，随母搬回杨舍镇老家。

11月中旬，举家到江苏宜兴市湖溇镇避难两个月。

1938年

年初，逃难结束，回到沦陷的杨舍镇老家。

6月17日（阴历五月二十），其父童灏培突染伤寒病去世。

9月，转到杨舍镇梁丰小学念书。

1939年

秋，在梁丰中学初中部读初中。被迫学习日语，共计长达6年。由于抗拒当亡国奴，其连字母都没有识全。

1940年

跟随其表兄徐世通，请前清秀才郭聘之补习语文和写作，补习将近一年。

1942年

秋，到梁丰中学高中部读高中。深受语文教师郭翼舟的影响，并在郭翼舟的指导下诵读《古文观止》。当时所用几何和数理化教材都是英文版，受到英语老师张文贵（号亦良）的教导，打下了很好的英文基础。

1944年

夏，高二暑假期间，因成绩优异，被当地的沈姓首富聘为家教，为其子沈玉成等补习英语和中文。

1945年

8月，热烈庆祝日军投降。

9月，其祖父童育泉去世。

9月，高中毕业后到梁丰小学做了两个月的小学教师，担任五年级的班主任。

11 月，辞去梁丰小学教师的职务，到南京报名参加考试，考取了南京临时大学补习班机电工程系，地点在南京金陵大学原校址。

1946 年

夏，参加国立中央大学和国立交通大学入学考试，并同时被国立中央大学机械工程系和国立交通大学电信管理系录取。因家庭经济原因，选择免交学杂费的国立中央大学就读。

秋，到国立中央大学机械工程系报到。

1947 年

5 月，参加"五·二〇"学生运动。

1949 年

4 月 23 日，南京解放。

在校修读了钱钟韩教授讲授的《热工原理》课程，深受其逻辑思维严密、简明扼要、深入浅出的讲课风格的影响。

在校修读了范从政开设的《锅炉设计》课程，锻炼了独立学习的能力。

夏，和龚家彪同学到无锡电厂实习一个月。

1950 年

加入新民主主义青年团。

夏，于国立中央大学机械工程系毕业，分配到哈尔滨工业大学做师资研究生。

8 月 15 日，到哈尔滨工业大学报到，并开始了为期一年的俄文集中学习。

1952 年

春，由于哈尔滨工业大学理论力学教研室的教学需要，开始从事教学辅导工作，协助古里曼老师带理论力学的习题课。

秋，与黄文虎、高为炳、吴瑶华、李国枢、谈开孚、陶城、尹昌言、吕茂烈一起师从苏联专家克雷洛夫，在学习理论力学的同时，参加理论力学教研室的新建工作。

9月，登台讲授理论力学课程，先后为机械系、动力系、电机系多届学生授课，授课至1961年离开哈尔滨工业大学。开始了长达62年的教学生涯。

9月，被任命为哈尔滨工业大学理论力学教研室代理主任，并负责组建教学平台。

1953 年

开始执笔《我国力学及机械学发展简史》。

9月，被任命为哈尔滨工业大学理论力学教研室主任，任期至1961年7月。

10月29日，通过研究生毕业论文答辩，论文题为《高等工业学校理论力学的教学方法》，在《哈尔滨工业大学学报》上发表。

1954 年

8月24日，与晋晓林女士结婚。晋晓林毕业后，被分配到东北林学院当教师。

组织教研室教师，翻译了伏龙科夫的《理论力学》和米歇尔斯基的《理论力学习题集》，作为理论力学教学用书。

6月，主持编写了《理论力学讲课指导书》和《理论力学习题课指导书》，在召开全国理论力学经验交流会上交流。担任理论力学全国经验交流会会议主席，并与黄文虎一起为苏联专家作会议翻译。

1955 年

年初，兼任哈尔滨工业大学教学方法指导科科长，分管全校教学计划，教学大纲和教学方法，任期至1957年。

4月19号，其子童卫平出生。

1956 年

获得讲师职称。

为高铁副校长起草年度教学工作报告的第一部分，此报告作为哈尔滨工业大学年度教学工作总结会的主报告。李昌校长为其作了修改，深受启发。

1958 年

由于 1956 年对哈尔滨工业大学教务部李迈副部长的工作作风提出批评，其教研室主任被停职，被划成"中右"，列入另类，长时间挨批挨整。

总结已有教学经验，主持编著《理论力学》教材，于 1959 年作为讲义印出。后经全国评选胜出，作为试用教科书，由人民教育出版社出版了《理论力学》上、下册，哈尔滨工业大学理论力学教研室编，1961 年第 1 版（作者排序中其名列首位）。后来由高等教育出版社出版。该书第 1—4 版获 1987 年度全国优秀教材奖，2003 年被评选为高等教育出版社"百部精品教材"之一。2012 年据出版社说，该书已出版到第七版，年销售 20 万册。

1959 年

在三峡论证会议上做了题为"水轮机尾水管压力脉动的分析"的报告。

1960 年

其妻晋晓林调入中国科学技术大学工作。

1961 年

7 月 1 日，调到中国科学技术大学近代力学系任教。

11 月，被任命为中国科学技术大学近代力学系高速空气动力学专业教研室副主任，兼流体力学教研室主任，协助系主任钱学森和教研室主任林同骥建设该专业课程教学体系和组织执行教学过程。

秋冬之际，系主任钱学森为其布置教学任务，要其在下学期为首届 58

级 200 多名学生集中补习力学基础，建议采用 von Kármán 和 Biot 著《工程中的数学方法》(1940) 作为参考书。

1962 年

2 月起，开设了力学基础补习课，顺利完成任务。

秋，为中国科学技术大学近代力学系 60 级和 61 级的学生共 300 人，讲授《理论力学》中的动力学课程。

1963 年

开始讲授理想气体动力学课程，至 1966 年因"文化大革命"暂停，共教授了三届。在授课经验的基础上，编写了《理想气体动力学》讲义。该讲义于 1988 年由国家教委工程力学专业教材委员会选定，重新撰写而成为审定推荐教材《气体动力学》，由高等教育出版社于 1990 年出版。这本书获 1995 年国家教委优秀教材一等奖和 1998 年教育部科技进步奖二等奖，并于 2012 年再版。

1968 年

9 月 8 日，被隔离审查。

11 月 20 号，被打为"漏网右派"，后被关押在专政队一年。

1969 年

6 月到 9 月，到房山区坨里，参加修建京原铁路的劳动。此后，开始了历时两年半的劳改阶段。

12 月，中国科学技术大学开始搬往安徽，随学校先到安庆，后又到合肥，继续接受劳改，直到 1972 年初。

1972 年

年初（春节前），由于学校要招收工农兵学员，劳改结束被释放。

5 月—11 月，学校要求下厂实习，到辽宁沈阳松陵机械厂（112 厂）

和新阳机械厂（139厂）设计科，协助设计人员开展研究工作。这是其从事空气动力学和流体力学研究的起点。之后开始了非定常空气动力学的研究，以及与型号挂钩的导弹和卫星回收舱的动导数计算方法研究，直到1985年。

1973年

应新阳机械厂（139厂）设计科的邀请，到该厂工作半年，帮助他们解决导弹动态稳定性导数计算的问题。

1974年

年初，继任中科大力学系流体力学教研室副主任，任期至1975年4月。

承接航天五院501部研究项目"卫星回收舱（短钝锥）再入的压力分布、气动力系数和俯仰阻尼导数（动导数）计算方法"。该项目历时三年，获国防科委1979年度科技成果四等奖，奖金500元。

1975年

承接航天二院210所项目"椭圆钝锥动导数计算方法研究（细长椭圆钝锥的内伏牛顿流方法）"。获国防科委1979年度科技成果四等奖，奖金500元。

童带领1972级本专业工农兵学员到北京空气动力研究所（701所）进行毕业实习，做毕业论文，共5个月。

1977年

在中科大给力学系流体力学专业74级工农兵学员讲"高超音速气动力学专题课"。

1978年

3月，递交入党申请书。

承接航天一院14所项目"钝锥在烧蚀和非对称转捩影响下的稳定性

导数计算方法"（1978—1981），该项目获国防科委1981年度科技成果四等奖。

8月23日，被评为副教授，开始招收硕士研究生。

12月，任命为中国科学技术大学近代力学系副主任，兼任流体力学教研室主任（历任2届共4年）。

1979年

3月，加入中国共产党。

1980年

承接当时第八机械工业部（八机部，1983年改为由航天二院二部管理）的项目"战术导弹动导数计算方法研究"（1980—1985），获得30万元的科研经费。该项目获中国科学院1987年度科技进步二等奖（其为第二受奖人）。

得到高等教育出版社和科学出版社同意，组织有关教师重译朗道等著《流体力学》和新译Schlichting著《边界层理论》，分别在上述出版社出版。

中国空气动力学学会第一届副会长、第二届常务理事、第三届副理事长，至2000年。

9月25日，被中国宇航学会聘为空气动力学专业委员会副主任委员。

1981年

12月28日，安徽省批准其教授职称，又被国务院学位委员会批准为国家首批博士生导师，在中科大成立流体力学博士点。

1982年

8月19日，其母郭南珍去世。

1983年

4月，与庄礼贤一起同航天工业部二院二部续签课题"战术导弹动导数计算方法研究",项目截止到 1985 年 12 月。

5 月 3 日,被任命为中国科学技术大学近代力学系主任,任职时间为 1983 年 5 月到 1987 年 11 月。

1984 年

5 月—12 月,赴加拿大滑铁卢大学访学。与许为厚教授合作完成的研究论文 "*Unsteady embedded Newton-Busemann flow theory*" 于 1986 年发表在 "*J. Spacecrafts & Rockets*" 上。

5 月 30 日,被教育部聘为高等学校理科物理学教材编审委员会和工程力学专业教材委员会委员,至 1989 年。

9 月 15 日,被中国空气动力研究会聘为《空气动力学学报》编辑委员会委员。

9 月 24 日,访问 Canadian National Aeronautical Establishment

10 月 2 日,访问康奈尔大学。

10 月 5 日,访问布朗大学

10 月 9 日,到康涅狄格大学访问,后到哈佛大学和麻省理工学院参观。

11 月 15 日—17 日,访问加拿大多伦多大学。

1985 年

1 月 1 日—3 月 11 日,访问田纳西大学空间学院(UTSI)。

2 月 11 日,访问乔治亚理工学院。

2 月 15 日,访问亚拉巴马大学

2 月 27 日,收到加州理工学院吴耀祖教授的邀请信。

2 月 22 日,访问马里兰大学。

3 月 11 日,访问亚利桑那大学,停留近两个月时间。

5 月 2 日,到亚利桑那州立大学访问。

5 月 8 日—10 月 8 日,访问加州理工学院工程科学系,在吴耀祖教授处开展鱼游方面的研究。

10 月 10 号,结束访问,回到北京。

1986 年

2 月，将人事关系转到中国科学院研究生院（2012 年更名为中国科学院大学）。

5 月，与卞荫贵先生共同指导的第一位博士研究生李潜通过答辩。论文题目是《不光滑物形绕流的涡团法解》。

5 月 30 日，继续被中国科学技术大学聘为教授职务。

11 月 20 日，与韩肇元一起申请中国科学技术大学科学基金项目"非定常流场的理论和试验研究"。

1987 年

1 月，和韩肇元一起申请到校内课题"非定常流场的理论和实验研究"，课题至 1988 年 12 月。

3 月 30 日，申请自然科学基金课题，题目为"绕机翼和旋成体跨音速非定常流的理论和实验研究"，至 1990 年 12 月，获批。

4 月，崔尔杰联合童秉纲和庄礼贤申请国家自然科学基金"非定常分离和旋涡运动的理论、数值和实验研究"（编号：B187301）获批，项目至 1990 年 12 月。

8 月 14 日，向中科院研究生院领导建议在北京成立"空气动力学实验室"，为即将全面开展的"天地往返系统"高技术研究服务。

11 月，在武汉参加第四届工程力学专业教材会议，并做了题为"气体动力学教学内容更新的趋势"的报告。

主编的教材《理论力学》第一版和其后 4 版获全国优秀教材奖。

所主持课题"战术导弹动导数计算方法研究"获得中国科学院科技进步二等奖，其为第二获奖人。

12 月 14 日，航天技术领域专题课题"航天飞机防热层表面缝隙气流的气动力和气动热分析"获得资助。

1988 年

1 月，承担国家自然科学基金项目"绕机翼和旋成体跨声速非定常流的理论和实验研究"（编号：1870364），至 1990 年 12 月。

1 月，与姜贵庆一起承担 863 航天领域课题"航天飞机防热层表面缝隙气流的气动力和气动热分析"（编号：863-204-TD1-6-28），至 1990 年 12 月。

1 月 27 日，其主编教材《理论力学》获国家教育委员会颁发的全国高等学校优秀教材奖。

与航天空气动力研究院的姜贵庆开始了 20 余年的合作，二人通过指导多名博士生，开始在学术上探索一条新路，发展计算气动热力学的有限元算法来解决高超声速气动热环境预测问题。

和马晖扬教授建立了空气动力学实验室，与中科大合作，长期从事流体力学领域的基础理论及应用研究，包括气动热力学、非定常流动、旋涡动力学、流动稳定性和生物运动力学。

9 月，其博士研究生程健宇，完成了博士论文"水生动物游动的流体力学研究"。该论文做出开创性成果，提出"三维波动板理论"，于 1991 年发表在 J. Fluid Mechanics。

9 月，其博士研究生朱克勤完成博士论文"涡格法超收敛性研究及升力面脱体涡模拟"，该生获中国科学技术大学 1989 年度郭沫若奖学金。

1989 年

1 月，所负责的中国科学技术大学与日本东京大学科技合作项目课题"涡的演化和激波—旋涡相干的数值模拟和实验研究"两校合作课题启动，科技合作项目延续到 1990 年底。

1 月，承担国家自然科学基金重大项目"旋涡、激波和非平衡起主导作用的复杂流动研究"的子课题之二"剪切层和旋涡运动对外激发作用的响应特性研究"（编号：9188010-02），至 1992 年 12 月。

3 月，出席在美国召开的第二届剪切流动控制会议，作了和崔尔杰联名的"中国剪切流动控制研究新进展"的主题报告。

3 月 21 日，访问美国亚利桑那州立大学，作了题为"中国的剪切流动控制研究"的学术报告。

3月22日，访问美国亚利桑那大学。

3月28日，访问美国加州大学圣迭戈分校，参加流体力学研讨会，做了题为"鱼类波状推进模型的水动力学"的学术报告。

3月31日，访问美国加州理工学院和南加州大学。

4月1日，访问斯坦福大学。

4月5日—12日，访问日本东京大学航空工程系和京都大学。在东京大学作了题为"中国的非定常空气动力学效应及涡控制研究"的学术报告。

1990年

和崔尔杰举办了"非定常流与涡运动"讲习班。

5月，其博士研究生汪前喜，完成博士论文《运动物体极端曲地面效应的非线性理论》，该生获中国科学技术大学1990年度郭沫若奖学金。

10月24日，被国家教育委员会聘为高等学校工程力学专业教学指导委员会委员。

主编的《气体动力学》出版，该教材于1995年获得国家教委优秀教材一等奖，后又在1998年获得教育部的科技进步二等奖。

1991年

担任国家教委工程力学专业教学指导委员会委员，至1995年。

5月，其博士生曹树声完成博士论文《计算气动热力学的有限元方法》，并通过答辩，获得博士学位。

7月，开始享受政府特殊津贴。

8月15日，被合肥市人民政府授予"七五"期间优秀科技人员称号。

12月10日，与中国人民解放军八九九五九部队签订科学研究技术经济合同书，题目为"用涡方法研究机翼动态失速特性"。

1992年

4月，其博士生陆夕云完成博士论文《非定常流动的数值模拟研究》，通过答辩，获得博士学位。

4月15日，申请到国防科技预研跨行业基金项目"翼型动态失速特性及其控制的机理分析"，资助时间为1993年1月至1995年12月。

8月—9月，分别在韩国首尔国立大学、第五次亚洲流体力学会议（韩国大田）、日本筑波大学和东京大学大学院数理科学研究科作题为"鱼类游动性能的水动力学分析及其形态适应"的学术报告。

1993年

1月，承担国家自然科学基金项目"非定常超声速分离流动的热物理特性研究"（编号：59276250），至1995年12月。

与张炳暄，崔尔杰合作主编《非定常流与涡运动》，由国防工业出版社出版。

12月，与姜贵庆一起到台湾成功大学参加第一届太平洋国际航空航天科学与技术学术会议。

12月14日，访问香港理工大学机械工程系，并作题为"计算气动热力学中的有限元方法"的学术报告。

1994年

1月，承担国家自然科学基金重大项目"复杂气体流动中旋涡、分离的流动机理与控制"子课题之6A子项目复杂非定常流动的涡结构演化和机理研究（编号：19393100-6A），至1998年1月。

1月，其博士生王东耀完成博士论文《一种新的确定性涡方法及非定常流动的数值模拟》，通过答辩，获得博士学位。

7月，承担863航天领域课题"局部复杂构形气动力与热环境数值模拟"（编号：863-2-6-4），至1997年6月。

9月，被评为1994年年度中国科学院优秀教师。

9月12日，与吴介之签订中美科学合作项目书。

9月20日，承担国家高技术航天领域项目"喷流控制对航天飞机气动力的干扰特性及相似准则研究"（编号：863-2-6-8-01），至1997年。

与尹协远、朱克勤合著《涡运动理论》由中国科学技术大学出版社出版。

1995年

1月，承担863航天领域课题"RCS对流场的典型干扰类型及相似性准则"之子课题"RCS对航天升力体流场干扰的相似性准则调研论证"（编号：863-2-6-8-01），至1995年12月。

4月，其博士研究生孙德军，完成博士论文《钝体尾迹的稳定性分析及控制》，通过答辩，该生获1995年度中国科学院院长奖学金。

4月25日，与航天工业总公司701所签订技术服务合同书，承担课题"攻角绕大头倒锥体的热环境有限元数值模拟"。

6月，申请到国家自然科学基金委员会资助的国际合作研究项目"复杂非定常流动的涡结构演化和机理研究"。该项目的外方合作者是美国田纳西大学的吴建民教授。通过此项目，孙德军、尹协远等出国交流。

10月，与中国人民解放军89959部队签订科学研究技术经济合同书，课题题目"高超声速弹头热环境的有限元数值模拟"，至1997年。

10月25日，获国家教育委员会颁发的为工科本科教学建设与改革工作做出贡献纪念证书。

11月30日，主编教材《气体动力学》获国家教委优秀教材一等奖。

12月，其与姜贵庆合作指导的博士生王岩，完成博士论文《可压缩涡旋流动结构及高分辨率有限元数值模拟》，通过答辩，获得博士学位。该生获1995年度中国科学院院长奖学金。

1996年

1月，被中国空气动力研究与发展中心聘为《近代空气动力学丛书》编委会委员。

7月1日，被中国共产党中国科学院京区委员会评为中国科学院京区优秀共产党员。

9月11日至26日，在台湾成功大学开设题为"涡运动理论"的短期课程，并顺访"中央研究院"和台湾大学应用力学研究所。

9月，访问台湾的"中央研究院"，在数学所和物理所分别作题为"基于低维伽辽金方法的钝体尾迹的稳定性与分叉研究"以及"计算气动热力学的有限元近似"的学术报告。

10月4日，在香港科技大学作题为"基于低维伽辽金方法的钝体尾迹的稳定性与分叉研究"的学术报告。

10月7日，在香港理工大学作题为"计算气动热力学的有限元近似"的学术报告。

10月8日，在香港大学作题为"基于低维伽辽金方法的钝体尾迹的稳定性与分叉研究"的学术报告。

1997年

1月，承担国家自然科学基金项目"旋拧射流穿越激波对增强超声速混合的机理研究"（编号：59676021），至2001年12月。

8月11日，在加拿大温莎大学作题为"基于低维伽辽金方法的钝体尾迹的稳定性与分叉研究"的学术报告。

8月15日，访问ICOMP（美国NASA Lewis Center的Ohio Aerospace Institute），并作题为"基于低维伽辽金方法的钝体尾迹的稳定性与分叉研究"学术报告。

9月9日，在加拿大国家研究委员会（NRC）空气动力学研究所作题为"计算气动热力学的有限元数值模拟"以及"钝体尾迹的稳定性与分叉研究"的学术报告。

10月，当选为中国科学院院士。

12月，其博士生段占元完成博士论文"有限差分—有限元杂交算法及其应用"，在次年3月通过答辩，获得博士学位。

担任香港理工大学机械工程系顾问委员会委员，至2000年。

1998年

4月，被清华大学工程力学系聘为兼职教授。

6月11日，在香港科技大学作题为"三维波状板理论及其在鱼类运动生物力学中的应用"的学术报告。

6月14日，在香港科技大学作题为"基于守恒律的热流和表面摩阻的高精度有限元计算方法及其应用"的学术报告。

12月，被《空气动力学学报》聘请为第三届编辑委员会成员。

1999 年

1月，承担国家自然科学基金重点项目"计算空气动力学中新型有限元算法和杂交技术及其应用"（编号：19889210），至2001年12月。

6月17日，到香港大学机械工程系访问，作题为"热流和表面摩阻的高精度有限元计算方法"的学术报告。

2000 年

1月，被中国科学技术大学聘为教授。

6月，被清华大学力学系继续聘为兼职教授。

2001 年

1月，承担国家自然科学基金（NSFC）面上项目"研究昆虫拍翼方式的流动物理"（编号：#10072066），至2003年12月。

1月8日，到香港科技大学参加流体力学前沿问题研讨会，并做报告。

4月，被中国船舶科学研究中心水动力学国防科技重点实验室委员会聘为第二届学术委员会委员。

11月19日，参加新世纪力学研讨会——钱学森技术科学思想回顾与展望，并做大会报告。

2002 年

10月16日，获何梁何利基金科学与技术进步奖。

12月10日，申请中国科学院知识创新工程重要方向项目"飞行与游动的生物运动力学和仿生技术"。

2003 年

3月10日，申请国家自然科学基金项目"昆虫翼柔性变形的力学效应与节能机制"。

4月23日，与马晖扬一起，在空气动力学实验室基础上申请成立了中国科学院研究生院生物运动力学实验室。

6月，参加"空气动力学前沿问题研讨会"，并做了题为"关于生物运动力学的研究"的报告。

10月21—23日，出席以"飞行和游动的生物力学与仿生技术"为主题的第214次香山科学会议，与中国航天科技集团701所崔尔杰共同被邀请担任会议执行主席。在会上，童秉纲和陆夕云做了"关于飞行和游动的生物力学研究"主题评述报告。

12月11—13日，出席以"仿生学的科学意义与前沿"为主题的第220次香山科学会议，与中科院上海植生所研究员杜家纬、中科院院士李朝义和中科院化学所研究员李峻柏，一起应邀担任会议执行主席。在会上，童秉纲和陆夕云又一次做了"关于飞行和游动的生物力学研究"主题评述报告。

2004 年

1月，承担国家自然科学基金（NSFC）重大研究计划培育项目"昆虫翼动态变形问题"（编号：#90305009），至2006年12月。

1月，承担国家自然科学基金（NSFC）重点项目分担任务"研究鱼类的机动运动"（编号：#10332040），至2007年12月。

1月8日，在中国科学院研究生院2003年度考核中被评为优秀个人。

1月，其博士生胡文蓉完成博士论文《鱼类单向机动运动二维流动特征的数值研究》，通过答辩，获得博士学位。

5月，被中国人民解放军总装备部聘为"超空泡武器流体动力基础研究"项目专家组副组长。

6月，其博士研究生余永亮做出开创性成果，完成博士论文《昆虫拍翼的流体力学机理研究》，通过答辩，获得博士学位。

2005 年

2月，童秉纲作为兼职导师指导的航天11院俞继军完成博士论文《混杂碳—碳复合材料的细观烧蚀原理》，通过答辩，获得博士学位。

4月，被中国人民解放军总装备部聘为国家安全重大基础研究（编号：973-61324）项目专家组专家。

7月1日，被中国共产党中国科学院研究生院委员会评为优秀共产党员。

2006 年

1月，被聘为中国科学院力学研究所高温气体动力学重点实验室学术委员会委员。

3月，作为兼职导师指导的航天11院博士生艾邦成，完成博士论文《高超声速飞行器非烧蚀热防护热环境特征研究》，通过答辩，获得博士学位。

10月17日，受邀到航天11院做报告《生物运动力学的若干研究》。

2007 年

向家乡张家港市档案馆捐赠了127件个人档案。

申请国家自然科学基金"近空间飞行器的关键基础科学问题"重大研究计划的培育项目"研究尖化前缘气动加热的工程理论"获批，至2010年。

1月，其博士生鲍麟，完成博士论文《昆虫翼柔性变形的力学效应研究》，通过答辩，获得博士学位。

3月14日，被中国科学院评为第三届中国科学院创新文化建设先进个人。

10月19日，中国科学院研究生院为其召开了主题为"为人师表，教书育人"的研讨会，庆祝其从教55周年。

2008 年

1月，承担国家自然科学基金（NSFC）重大研究计划培育项目"研究尖化前缘气动加热受稀薄气体效应影响的工程理论"（编号：#90716011），至2010年12月。

1月，申请中国科学院知识创新工程重要方向项目"飞行和游动生物运动力学的若干关键基础科学问题与仿生技术",至 2011 年 12 月。

4 月,其博士生杨焱完成博士论文《锦鲤常规自由游动的流动物理研究》,通过答辩,获得博士学位。

5 月 10 日,获中国科学院研究生院杰出贡献教师称号。

2009 年

1 月,承担鱼游方面课题,国家自然科学基金(NSFC)重点项目分担任务,编号:#10832010,至 2012 年 12 月。

1 月,获北京市教育委员会和北京市学位委员会颁发的突出贡献荣誉。

2 月 18 日,被《工程研究——跨学科视野中的工程》编辑部聘为《工程研究——跨学科视野中的工程》首届编辑委员会委员。

5 月 12 日,被安徽省人民政府评为安徽省学术和科技带头人。

2010 年

3 月,在中国科协第 38 期新观点新学说学术沙龙——"热学新理论及其应用"上,做了"高超声速尖头体驻点气动加热机理研究"的报告。

3 月 26 日,在"航天三院三部空气动力学高层研讨会",做了"气动加热新问题及其研究方法论的思考"的报告。

4 月 27 日,在中国科学院研究生院青年骨干培训班,做了题为"科学研究前沿和方法论与人生追求"报告。

5 月,其博士生周萌完成了博士论文《鲫鱼的形态、肌电、材料本构关系实验研究与"数字鱼"数据库初探》,通过答辩,获得博士学位。

9 月,被中国空气动力学会低跨超声速专业委员会聘为中国空气动力学会低跨超声速专业委员会第六届专委会荣誉顾问。

12 月 14 日,惊闻崔尔杰去世消息,写了短文《沉痛纪念崔尔杰先生》。

2011 年

1 月 3 日。担任《我国力学学科发展战略研究报告(2011—2020 年)》的审稿人。

为《2011—2020年我国力学学科发展战略研究报告》（计158页）做最终审稿。

5月，其博士生陈皓完成博士论文《非定常气动热力学原理初探》，通过答辩，获得博士学位。

5月，其博士生王智慧完成博士论文《尖化前缘气动加热受稀薄气体效应和非平衡真实气体效应的工程理论》，通过答辩，获得博士学位。

7月，被中国科学院研究生院授予工会先进工作者称号。

12月6日，参加钱学森科学与教育思想研讨会——教育思想专题，并担任执行主席。做了题为"钱学森工程科学教育思想的时代背景和中国特色"的闭幕报告。

12月23日，被中国科学院力学研究所聘为高温气体动力学国家重点实验室新一届学术委员会委员。

2012年

承担国家自然科学基金（NSFC）重大研究计划培育项目"研究尖化前缘气动加热受化学非平衡效应的工程理论"（编号：#91116012），至2014年12月。是前一个项目（编号#90716011）（2008—2010）结题时获评"突出进展"给予的奖励。

1月16日，收到中国科协办公厅和教育部办公厅邀请，担任中国科协教育部科学道德和学风建设宣讲专家。

9月2日，在第6届全国高超声速前沿问题研讨班上，做了题为"气动加热的若干工程理论研究"以及"尖化前缘受稀薄气体效应和非平衡真实气体效应的工程理论"的报告。

2013年

5月15日，其与姜贵庆合作培养的博士生李邦明完成博士论文《壁面流动分离——再附产生高气动热的广义物理模型及其理论和应用研究》通过答辩，获得博士学位。

5月17日，其博士研究生刘庚完成博士论文《鱼类自主游动的数值模拟及其流动物理研究》，通过答辩，获得博士学位。

5月18日，举办国科大生物运动力学实验室成立十周年座谈会，回顾了其领导该实验室取得的成就。

8月，其博士生王智慧的博士论文被评为2013年度"中科院优秀博士论文"，本人荣获"中科院优秀研究生指导教师奖"。

2014 年

5月18日，委托余永亮副教授具体指导的博士研究生管子武完成博士论文《蝙蝠前飞时其模型翼主动大变形气动响应及被动变形效应研究》，通过答辩，获得博士学位。

5月24日，其博士研究生张薇完成博士论文《鱼类巡游的综合游动力学正问题和反问题整体模化研究及其肌肉力学性能分析》，通过答辩，获得博士学位。

8月29日，王智慧的博士论文被 Springer 出版社遴选为 Recognizing Outstanding PhD Research，作为 Springer Theses 出版。

2015 年

所主持完成的两个自然科学基金委培育项目（编号 #90716011 和 #91116012）被重大研究计划专家组评选为"优秀项目"。

其博士生余永亮晋升教授。

附录二 童秉纲主要论著目录

[1] 童秉纲，庄礼贤，李显霖. 1984. 计算三维振动机翼上跨－亚声速压力分布的局部线化面元法，空气动力学报，2(3):20-27. 又被译刊于 AD-A168449, 1986.

[2] Tong B G, Hui W H. 1986. Unsteady embedded Newton-Busemann flow theory. J. spacecraft and Rockets, 23(2): 129-135.

[3] 童秉纲，孔祥言，邓国华. 1990. 气体动力学. 北京：高等教育出版社. 国家教委工程力学专业教材委员会审定教材. 获 1995 年度国家教育委员会优秀教材一等奖. 又获 1998 年度教育部科技进步二等奖.

[4] Wang Q X, Zhuang L X, Tong B G. 1991. Flow around an unsteady thin wing close to curved ground. J. Fluid Mech., 226: 175-187. 作者更正：Corrigenda. J. Fluid Mech., 1993, 254: 271.

[5] Cheng J Y, Zhuang L X, Tong B G. 1991. Analysis of swimming three-dimensional waving plate. J. Fluid Mech., 232: 341-355.

[6] 童秉纲，尹协远. 1992. 关于涡方法的讨论. 空气动力学报，10(1): 1-7.

[7] Tong B G, Zhuang L X, Cheng J Y. 1992. The hydrodynamic analysis of fish swimming performance and its morphological adaptation. Proc. 5th

Asian Congress of Fluid Mechanics, Aug. 1992, S. Korea: 1082−1090 (Inv. General Lecture); Published in Sādhanā of Indian Academy of Science, 1993, 18(3−4): 719−728.

[8] 童秉纲，尹协远，朱克勤. 1994. 涡运动理论. 合肥：中国科学技术大学出版社.

[9] Wang T Y, Tong B G, Ma H Y. 1994. A deterministic vortex method for solving the Navier−Stokes equations. Acta Mechanica Sinica, 10(2): 121−128.

[10] Lu X Y, Tong B G, et al. 1994. Numerical study on the vortex structures in the wake of an oscillating circular cylinder in a uniform flow. J. Hydrodynamics, Ser. B, 6(1): 12−22.

[11] Wang Y, Tong B G, et al. 1997. A non−oscillatory no−free−parameter finite element algorithm and its applications in CFD. International Journal for Numerical Methods in Fluids, 24: 141−153.

[12] 孙德军，尹协远，童秉纲. 1997. 钝体尾迹稳定性研究及流动控制探讨. 空气动力学报，15(1): 73−80.

[13] Duan Z Y, Tong B G, Jiang G Q. 2000. Finite element formulation of heating rate and skin friction on basis of conservation laws. Acta Mechanica Sinica, 16(2): 128−132.

[14] Yu Yongliang, Tong Binggang, Ma Huiyang. An analytic approach to theoretical modeling of highly unsteady viscous flow excited by wing flapping in small insects. ACTA Mechanica Sinica (English Serials) 2003, 19(6): 508−516.

[15] Hu Wenrong, Yu Yongliang, Tong Binggang. A numerical and analytical study on a tail−flapping model for fish fast C−start. ACTA Mechanica Sinica (English Series) 2004, 20(1): 16−23.

[16] 童秉纲，陆夕云. 关于飞行和游动的生物力学研究. 力学进展 2004, 34(1): 1−8.

[17] Yu Yongliang and Tong Binggang. A flow control mechanism in wing

flapping with stroke asymmetry during insect forward flight. ACTA Mechanica Sinica (English Series) 2005, 21(3): 218-227.

[18] 鲍麟，童秉纲. 模型翼拍动中动态柔性变形效应的数值研究. 中国科学院研究生院学报，2005,22(6):676-684.

[19] 余永亮，童秉纲，马晖扬. 昆虫拍翼方式的非定常流动物理再探讨. 力学学报 2005, 37(3): 257-265.

[20] Bao Lin, Hu Jin-song, Yu Yong-liang, Cheng Peng, Xu Bo-qin, Tong Bing-gang. Viscoelastic constitutive model related to deformation of insect wing under loading in flapping motion. Appl. Math. Mech. 2006, 27(6): 741-748.

[21] Yang Yan, Wu Guanhao, Yu Yongliang, Tong Binggang. Two-dimensional self-propelled fish motion in medium: an integrated method for deforming body dynamics and unsteady fluid dynamics. Chinese Physics Letters, 2008, 25(2): 597-600.

[22] Yang Yan, Wu Guanhao, Yu Yongliang, Tong Binggang. Flow physics of routine turns of Koi Carp (Cyprinus Carpio Koi). Journal of Biomechanical Science and Engineering, 2009, 4(1): 67-81.

[23] Wang Zhihui, Bao Lin, Tong Binggang. Variation character of stagnation point heat flux for hypersonic pointed bodies from continuum to rarefied flow states and its bridge function study. Sci. China (G). 2009, 52(12):2007-2015.

[24] Yang Yan, Wu Guanhao, Yu Yongliang, Tong Binggang. A study on flow physics of burst-and-coast swimming of koi carp (Cyprinus carpio koi) based on measurements and numerical simulations. Journal of Aero Aqua Bio-mechanisms 2010, 1(1): 30-38.

[25] Li Bangming, Bao Lin, Tong Binggang. Physical criterion study on forward stagnation point heat flux CFD computations at hypersonic speeds. Appl. Math. Mech. 2010, 31(7):839-850.

[26] Chen Hao, Bao Lin, Tong Binggang. A theoretical study on the unsteady

aerothermodynamics for attached flow models. Sci. China (G). 2010, 53(8):1505−1514.

[27] Wang Zhihui, Bao Lin, Tong Binggang. Rarefaction criterion and non-Fourier heat transfer in hypersonic rarefied flows. Physics of Fluids, 2010, 22: 126103.

[28] 童秉纲，余永亮，鲍麟. 技术科学要求创造工程技术的理论. 工程研究，2011, 3(1): 1−7.

[29] Zhou Meng, Yin Xiezhen, Tong Binggang. An experimental investigation into electromyography, constitutive relationship and morphology of crucian carp for biomechanical "digital fish". Science China. Physics, Mechanics & Astronomy, 2011, 54(5): 966−977.

[30] Geng Liu, Yong-Liang Yu, Bing-Gang Tong. Flow control by means of a traveling curvature wave in fishlike escape responses. Physical Review E, 2011, 84(5): 056312.

[31] Zhihui Wang, Lin Bao, and Binggang Tong. Theoretical modeling of the chemical non-equilibrium flow behind a normal shock wave. AIAA Journal, 2012, Vol. 50(2):494−499.

[32] Geng Liu, Yong-Liang Yu, and Bing-Gang Tong. Optimal energy-utilization ratio for long-distance cruising of a model fish. Physical Review E,2012, 86 , 016308.

[33] 李邦明，鲍麟，童秉纲. 高超声速压缩拐角峰值热流位置预测模型研究. 力学学报. (2012)05−0869−07.

[34] 童秉纲. 钱学森工程科学教育思想的时代背景和中国特色. 气体物理—理论与应用. 2012.04.

[35] WANG ZhiHui, BAO Lin & TONG BingGang. An analytical study on nonequilibrium dissociating gas flow behind a strong bow shockwave under rarefied conditions. SCIENCE CHINA .Physics, Mechanics & Astronomy. 2013,56(4).

[36] WANG ZhiHui, BAO Lin & TONG BingGang. Theoretical modeling of

chemical nonequilibrium stagnation point boundary layer heat transferunder rarefied conditions. SCIENCE CHINA .Physics, Mechanics & Astronomy. 2013,56(5).

[37] Zhang W, Yu Y L, Tong B G. Prediction of fish body's passive visco-elastic properties and related muscle mechanical performance in vivo during steady swimming. Sci China-Phys Mech Astron, 2014, 57: 354-364.

[38] ZHANG Wei, YU Yong-Liang and TONG Bing-Gang, Prediction of fish body's visco-elastic properties and related muscle mechanical performance in vivo during steady swimming. Science China Physics, Mechanics and Astronomy, 2014, 57(2): 354-364. (SCI)

[39] 张薇，余永亮，童秉纲. 鱼类巡游中的活体肌肉力学性能预测. 力学学报.

后 记

这是我第一次作为课题负责人开展学术研究，也是第一次为院士做口述史，收尾之际，内心万分惶恐。本书历时三年有余，从采集资料到整理成文，童秉纲院士及全体项目组成员付出了巨大的辛劳。

李敖说"不是近乡，没有情怯"，此时，临近出版，我竟也有类似的胆怯，生怕出错、遗漏，一遍遍读来改去，却始终不敢交稿。一方面是自身原因，我本理科出身，并非文史专业，现从事行政，想完成一本关于口述史的书，对我来说备感压力，虽然有项目组同事鼎力相助，但内心忐忑仍无法抑止；另一方面是对童先生的崇敬之情日甚，生怕由于个人才学疏漏而无法准确描述，更害怕让读者觉得晦涩无趣。

这本书以童院士口述为主线，以其他历史资料、访谈答问为佐证，希望能够为读者呈现出一幅立体的个人成长卷轴。如何成才、如何做事，古往今来，名家名言、历史传奇，早已对此不断阐释、不断重复，又不断验证。与童秉纲同时代的优秀科学家，常常有着相似的历史背景和优秀品质，采集成册时，往往会有共同的关键词——苦难、顽强、专注、爱国……但是，不同的人生经历会产生不同的故事，不同的故事背后也有着不同的人情、思想和态度。这些才是我们着重挖掘和描绘的。在写作过程中，我的眼前逐渐勾勒出童秉纲的形象。他不是一位生来就能力卓越的学术大家，而是一个多维的、在历史长河中不断进化的、真实的人。他吃五谷杂粮，他有喜怒哀乐，他有经历人生低谷的无奈，他更有一飞冲天的魄力和精彩……在波澜壮阔的历史进程中，童秉纲书写出了个人的精彩篇章。其中滋味、感受，只能请读者细细品味。

我们撰写这本书，既是对童院士成长经历的描述和分析，也是在向老一辈科学家致敬。当然，一本口述史是很难突破历史和客观局限的，我们所展现出来的很可能只是真实历史某一视角和我们的片面理解。但是，我们依然希望，读者们能在合上书本之后，静静地想一想、品一品，从这位老科学家的经历中汲取营养，丰富自己。这是我们最期待的。

历时三年有余的童秉纲学术成长经历采集工程暂告结束，作为重要成果之一的口述历史，凝聚了全体项目组成员的辛劳和贡献，承载着童秉纲院士的关心和心血，也包含了所有参与过这项工作的朋友的投入。如今书稿付梓，回头看去，我要感谢的人太多太多了。

我们项目组成员包括：国科大人文学院科技哲学教授王大洲及其博士生李秀波、硕士生朱雅婷，国科大工程科学学院应用数学副教授宋元涛，国科大流体力学教授余永亮、副教授鲍麟以及副教授王智慧，童院士的博士生兼秘书管子武、王仲威。另外，我们还邀请了北京理工大学逄金辉副教授和樊利平老师、赵霞老师，北京大学中文系博士生陈琳琳同学加入到采集工作当中。

我首先要感谢的是童秉纲院士。童院士是我们项目组名副其实的核心。我曾听一些课题组负责人跟我"吐槽"，有的院士对这种采集工作不够理解，也有的不够重视，致使工作开展不畅。而我却很幸运，童院士不仅大力支持、全程参与，还帮助我迅速建立了一支强有力的采集团队。最让人感动的是，童院士多次强调要以真实的故事和历史事实为主，少说教，要本着对历史负责和为后人留下有启迪和有用的东西的态度来做这件事情。因此，他以身作则，全力协助，尽其所能地为采集工作提供了许多实物资料和有价值的资料信息。

其次要感谢我们采集小组的每一位成员。看似庞大的团队，实际上各成员均为兼职。然而难得的是，大家不计个人得失，利用业余时间完成了大量的采集工作。宋元涛副教授在立项前期，整理了大量资料，并梳理了基本的脉络，为项目实施提供了基础；王大洲教授对采集工程的设计、文字撰写等工作，提出了很多建议，高屋建瓴，为项目开展绘制了工作蓝图；北理工逄金辉副教授、樊利平老师、赵霞老师，指导其研究生刘硕和楚戈玲同学、北大田维希同学，参与了实物采集与分类、人员访谈等大量工作，他们丰富的经验帮助项目组高效、准确地完成了任务，他们是项目组工作运转的发动机；李秀波同学在采集、年表撰写、长编、文稿起草等工作中贡献很大，特别是在撰写过程中，总能提出具有思想性的建议，是采集工作的"主力队员"；北大的陈琳琳同学，文字功底扎实，表达清晰准确，在写作过程中，不仅能对文字润色，还常常能从第三者角度，给予我们意见和建议，是大家都很欣赏的文学才女；管子武和王仲威两位同学，是前后任的秘书，年轻又精明能干，不仅能够协调组织各类事项，还在资料整理、汇编等方面做了很多工作，是项目组的"小管家"；余永亮、鲍麟、王智慧三位老师，是不可或缺的专业人士，既熟悉童院士的个人成长经历，也了解访谈涉及到的专业知识，为我们这些非专业的"棒槌"把关、解惑；国科大电教中心的黄勇老师，是视频制作的专家，为采集工作的视频采集和制作付出了很多辛苦，是我们采集工程的技术支撑。还有很多参与了访谈工作的同事，也在这里一并谢过，这本书也有你们的汗水和贡献。

更要感谢在采集过程中，给予我们支持、帮助的相关单位和个人。国科大校党委班子是本次采集工程的最有力支持者，直接促成了本次工作实施；哈尔滨工业大学校史馆、中国科学技术大学校史馆、张家港市档案馆等单位为我们提供了大量历史资料；杨基明、庄礼贤、孙德军、陆夕云、尹协振、孔祥言、邓国华、尹协远、马晖扬、吴介之、韩肇元、黄文虎、朱克勤、晋晓林、童秉慈、余永亮、鲍麟、王智慧、王仲威、管子武、艾邦成、俞继军、杨焱、姜贵庆、赵经文等多位童院士的同事、朋友、学生、合作者，参与了我们的访谈。他们的有力支持，帮助我们更加精细地理清了童院士学术成长脉络，也加深了对其经历的理解。

中国科协党组成员、书记处书记王春法，老科学家采集工程首席专家张藜教授，中科院自然科学史所研究员樊洪业，都对采集工作给予支持和指导，使得采集工作更为顺利和规范。

写到文末，我想说点"悄悄话"——感谢"童秉纲学术成长经历采集工程"这项课题！

因为它让我知道了，原来自己可以写大部头的文字。对我来说，这不只是一项科研工作，更是对自己的考验。顶着组长的头衔，我深感责任重大。一面是校党委交予的重托和童院士殷切的期望，另一面是自己毫无经验和专业基础的窘迫现状。当落笔签订下任务书时，我内心都在颤抖，生怕无法胜任这份工作。直到现在，我的内心仍无法平静。

我的工作很忙，事情很多，常常加班到深夜而无法照顾家人，很是愧疚。谢谢我的父母和妻子对我的宽容和理解，谢谢我即将降生的孩子。

赵　硕

2016 年 5 月 22 日深夜

于国科大礼堂二层，玉泉路校区管理办公室

老科学家学术成长资料采集工程丛书
已出版（76种）

《卷舒开合任天真：何泽慧传》　　　《此生情怀寄树草：张宏达传》

《从红壤到黄土：朱显谟传》　　　　《梦里麦田是金黄：庄巧生传》

《山水人生：陈梦熊传》　　　　　　《大音希声：应崇福传》

《做一辈子研究生：林为干传》　　　《寻找地层深处的光：田在艺传》

《剑指苍穹：陈士橹传》　　　　　　《举重若重：徐光宪传》

《情系山河：张光斗传》　　　　　　《魂牵心系原子梦：钱三强传》

《金霉素·牛棚·生物固氮：沈善炯传》　《往事皆烟：朱尊权传》

《胸怀大气：陶诗言传》　　　　　　《智者乐水：林秉南传》

《本然化成：谢毓元传》　　　　　　《远望情怀：许学彦传》

《一个共产党员的数学人生：谷超豪传》《没有盲区的天空：王越传》

《含章可贞：秦含章传》　　　　　　《行有则　知无涯：罗沛霖传》

《精业济群：彭司勋传》　　　　　　《为了孩子的明天：张金哲传》

《肝胆相照：吴孟超传》　　　　　　《梦想成真：张树政传》

《新青胜蓝惟所盼：陆婉珍传》　　　《情系梁菽：卢良恕传》

《核动力道路上的垦荒牛：彭士禄传》《笺草释木六十年：王文采传》

《探赜索隐　止于至善：蔡启瑞传》　《妙手生花：张涤生传》

《碧空丹心：李敏华传》　　　　　　《硅芯筑梦：王守武传》

《仁术宏愿：盛志勇传》　　　　　　《云卷云舒：黄士松传》

《踏遍青山矿业新：裴荣富传》　　　《让核技术接地气：陈子元传》

《求索军事医学之路：程天民传》　　《论文写在大地上：徐锦堂传》

《一心向学：陈清如传》　　　　　　《钤记：张兴钤传》

《许身为国最难忘：陈能宽传》　　　《寻找沃土：赵其国传》

《钢锁苍龙　霸贯九州：方秦汉传》　《虚怀若谷：黄维垣传》

《一丝一世界：郁铭芳传》　　　　　《乐在图书山水间：常印佛传》

《宏才大略：严东生传》　　　　　　《碧水丹心：刘建康传》

《我的气象生涯：陈学溶百岁自述》　　《我的教育人生：申泮文百岁自述》
《赤子丹心 中华之光：王大珩传》　　《阡陌舞者：曾德超传》
《根深方叶茂：唐有祺传》　　　　　《妙手握奇珠：张丽珠传》
《大爱化作田间行：余松烈传》　　　《追求卓越：郭慕孙传》
《格致桃李半公卿：沈克琦传》　　　《走向奥维耶多：谢学锦传》
《躬行出真知：王守觉传》　　　　　《绚丽多彩的光谱人生：黄本立传》
《草原之子：李博传》

《宏才大略 科学人生：严东生传》　《探究河口 巡研海岸：陈吉余传》
《航空报国 杏坛追梦：范绪箕传》　《胰岛素探秘者：张友尚传》
《聚变情怀终不改：李正武传》　　　《一个人与一个系科：于同隐传》
《真善合美：蒋锡夔传》　　　　　　《究脑穷源探细胞：陈宜张传》
《治水殆与禹同功：文伏波传》　　　《星剑光芒射斗牛：赵伊君传》
《用生命谱写蓝色梦想：张炳炎传》　《蓝天事业的垦荒人：屠基达传》
《远古生命的守望者：李星学传》